Schreiben leicht gemacht

Gabriela Baumgartner

Schreiben leicht gemacht

Brief- und Vertragsmuster für den Schweizer Alltag

Beobachter
Ratgeber

Die Autorin

Gabriela Baumgartner arbeitet als Juristin und Journalistin für das Beobachter-Beratungszentrum. Nach einer kaufmännischen Ausbildung studierte sie an der Universität Zürich Rechtswissenschaft und absolvierte anschliessend ein Nachdiplomstudium zum Master of Law an der Universität Bern. Neben ihrer Arbeit beim Beobachter leitet Gabriela Baumgartner Schreibseminare für den Kaufmännischen Verband.

Dank

Ich danke allen ganz herzlich, die an diesem Buch mitgewirkt haben: Vorab meiner geschätzten Kollegin Irmtraud Bräunlich Keller für die Idee, fürs Gegenlesen und für ihren wertvollen Input. Dann meinen Kolleginnen und Kollegen vom Beobachter-Beratungszentrum – Doris Huber, Karin von Flüe, Daniel Leiser, Rosmarie Naef, Walter Noser, Rolf Prevot, Hansjürg Reber, Patrick Strub und Barblina Töndury –, von denen sich wichtige Praxistipps in den einzelnen Kapiteln finden. Auch meine Freundin und ehemalige Kommilitonin Yolanda Mutter und mein Lebenspartner Markus Hegglin haben wertvolle Beiträge geleistet, ebenso die Lektorin Käthi Zeugin.

Zu diesem Buch gehört eine CD-ROM mit allen 203 Brief- und Vertragsmustern im Wordformat.

Beobachter-Buchverlag

www.beobachter.ch

Herausgeber: Der Schweizerische Beobachter, Zürich
Lektorat: Käthi Zeugin, Zürich
Umschlaggestaltung: artimedia.ch (Grafik), Tres Camenzind (Bild)
Layout und Satz: Bruno Bolliger, Caslano

ISBN 3 85569 347 1
ISBN 978 3 85569 347 4

Dieses Buch wurde auf chlor- und säurefreiem Papier gedruckt.

Inhalt

Vorwort

Sie kennen das: Der Brief muss heute noch zur Post, doch der Cursor blinkt schon seit Minuten an der gleichen Stelle. Langsam wird Ihnen heiss, die Wangen färben sich zartrosa und unter dem Haaransatz perlen einzelne Schweissströpfchen. Wie einsteigen? Was schreiben? Welche Worte passen zu meiner Botschaft und wie ausführlich soll sie überhaupt sein? Jetzt: Sie hämmern einen Satz in die Tasten, doch bevor Sie den Schlusspunkt setzen, verwerfen Sie Ihre Idee und löschen die Buchstaben. Jetzt blinkt der Cursor wieder an der gleichen Stelle. Was tun?

Wenn Ihre Botschaft einfach nicht in die richtigen Worte gekleidet auf den Bildschirm oder aufs Papier will, ist der Grund oft gar nicht so kompliziert: Vielen Schreiberinnen und Schreibern fällt es schwer, ihren in Mundart oder in einer Fremdsprache gefassten Gedanken ins Hochdeutsche zu übersetzen. Andere überlegen sich erst beim Schreiben, was sie eigentlich mitteilen wollen. Kein Wunder, wirken solche Briefe dann etwas hölzern und unstrukturiert. Und: Wer ohne Konzept einfach drauflosschreibt, gerade so, wie er denkt, der vergisst oft wichtige Informationen oder bringt gar widersprüchliche Aussagen zu Papier. Wieder andere Schreiber kommen beim Formulieren irgendwie nicht vom Fleck. Oft liegt das daran, dass sie zu wenig Fakten in den Text einbringen können. Dann heisst es: nochmals über die Papierberge, lesen, recherchieren, mehr erfahren.

Klar und verständlich schreiben ist keine Hexerei. Schreiben ist zu einem grossen Teil solides Handwerk, das sich Schritt für Schritt erlernen lässt. Aber: Schreiben ist harte Arbeit. Einige wenige Menschen können auf Anhieb druckreif formulieren. Sie brauchen die Anregungen im ersten Teil dieses Buches nicht – können aber von den rechtlichen Erläuterungen in den nach Themen gegliederten Kapiteln profitieren. Allen anderen Leserinnen und Lesern will dieses Buch mit einfachen Regeln und Tipps aus der Praxis zeigen, wie man heute schreibt: kurz, direkt und ohne Floskeln. Viel Spass dabei!

Gabriela Baumgartner
Zürich, im August 2006

1

Einleitung

Beim Beobachter-Beratungszentrum rufen zwischen 200 und 400 Menschen an – jeden Tag. Die Beraterinnen und Berater bekommen alles zu hören, von einfachen Fragen bis zu hochkomplexen juristischen Problemstellungen. Ihre Aufgabe ist es in beiden Fällen, den Anrufenden das Gesetz verständlich zu erklären, sodass diese sich für ihr Recht wehren können. Aus dem Beratungszentrum stammen die meisten Beispiele in den folgenden Kapiteln.

Hilfe zur Selbsthilfe

Das Beratungszentrum des Beobachters leistet Hilfe zur Selbsthilfe. Den Abonnentinnen und Abonnenten wird die Rechtslage dargelegt, sie erfahren, welche Argumente am ehesten Erfolg versprechen und wie sie in einem Streitfall am besten vorgehen sollen. Ganz am Anfang einer rechtlichen Auseinandersetzung steht dann meist ein Brief. Ein eingeschriebener Brief. Mit ihm widerruft eine Abonnentin den Kauf, zu dem sie sich an der Haustür hat überreden lassen. Mit einem Brief kündigt ein anderer Abonnent die Wohnung oder den Arbeitsvertrag. In einem Brief reklamiert ein dritter, weil ihn der Lärm der Nachbarn unerträglich dünkt oder weil der Chef mit der Lohnzahlung im Rückstand ist. Wieder andere mischen sich mit einem Leserbrief in die öffentliche Diskussion ein oder engagieren sich mit einer Petition. Und auch wenn es darum geht, die eigenen Angelegenheiten zu regeln, steht zu Beginn meist ein Schreiben: ein Testament, ein Darlehensvertrag, eine Vereinbarung mit einem Handwerker oder eine Patientenverfügung.

Im Rahmen ihrer Tätigkeit werden die Beraterinnen und Berater an der Beobachter-Hotline sehr häufig nach Vorlagen und Mustern gefragt. Oder die Ratsuchenden möchten die Einsprache gegen die Kündigung gleich diktiert erhalten. Die Erfahrung zeigt: Viele Menschen trauen sich das Schreiben nicht mehr zu. Dabei ist Schreiben wichtig und wird immer wichtiger. Wer etwas zu sagen hat, muss seine Botschaft auch schriftlich in die richtigen Worte und in die richtige Form kleiden können. Dabei will Ihnen dieses Buch helfen.

Was bietet dieses Buch?

Am Anfang steht ein kurzer Schreibkurs: Sie erfahren, wie man geschliffen formuliert. Dass es auch ohne aufgeplusterte Floskeln und ellenlange Schachtelsätze geht. Sie sehen, welche Arbeit vor dem Schreiben kommt, wie man einen Text vorbereitet. Zudem erhalten Sie einen Überblick über die aktuelle Rechtschreibung samt den Regeln zu den Satzzeichen. Wann immer Sie unsicher vor dem Bildschirm sitzen, weil Sie nicht wissen, mit welchem Satz Sie beginnen sollen oder ob man nun «Stängel» oder «Stengel» schreibt: Gleich anschliessend, in Kapitel 2, erfahren Sie es.

In Kapitel 3 dreht sich alles ums gefällige Äussere, um die Darstellung. Wo kommt der Absender hin? Wo das Datum? Steht die Unterschrift auf der linken oder rechten Blatthälfte? Antworten finden Sie ab Seite 43.

Wissenswertes über Verträge aller Art und die rechtlichen Regeln, die für sie gelten, vermittelt Ihnen das vierte Kapitel (Seite 59). Dort sind die wichtigsten Fragen versammelt, die an der Beobachter-Hotline immer wieder gestellt werden: Welche Verträge müssen schriftlich geschlossen werden, wann genügt ein Händedruck? Wie lange muss ich Quittungen aufbewahren? Und was gilt bei E-Mail und Fax?

Kapitel 5 befasst sich mit besonders schwierigen Briefen: mit den Reklamationen und den Antworten auf Reklamationen. Ab Seite 65 finden Sie neben Musterbriefen auch eine Menge Tipps, die Sie beim Reklamieren wie beim Antworten beachten sollten.

Ab dem sechsten Kapitel finden Sie vielfältige Musterbriefe aus allen Bereichen des Alltags – und dazu wertvolle rechtliche Erläuterungen. Diese Kapitel sind inhaltlich ähnlich aufgebaut wie die Fachbereiche im Beobachter-Beratungszentrum:

- In Kapitel 6 gehts ums Wohnen, um Briefwechsel mit Vermietern, Nachbarinnen und Handwerkern (ab Seite 73).
- Im nächsten Kapitel zum Thema Familie (Seite 117) finden Sie Muster und Tipps zum Zusammenleben mit und ohne Trauschein, Vorschläge für Glückwünsche und Kondolenzschreiben, einen Anstellungsvertrag für Ihre Putzfrau, einen Kaufvertrag für den Hund sowie Testamentsmuster. Und am Schluss des Kapitels: Musterstatuten für Ihren Verein sowie Hilfe beim Schreiben eines Protokolls.

- Das Kapitel zum Thema Arbeit (Seite 179) befasst sich mit Bewerbungen, Arbeitsverträgen, dem Wunsch nach einer Auszeit, Konflikten am Arbeitsplatz und mit dem Gang vors Arbeitsgericht.
- Kapitel 9 handelt vom Kaufen und vom Geld. Ab Seite 219 geht es um Kauf- und Leasingverträge, Versicherungsgeschäfte, um Datenschutz, Betreibungen und finanzielle Sorgen.
- In Kapitel 10 finden Sie Tipps für Ihre Korrespondenz mit Sozialversicherungen und Behörden, für Anfragen, Einsprachen und Beschwerden (ab Seite 267).
- Das letzte Kapitel (Seite 303) schliesslich handelt vom Schreiben für die Öffentlichkeit: von Leserbriefen, Petitionen und Pressemitteilungen.

Der Grossteil der Muster und Vorlagen sind echte Beispiele aus der Praxis oder beschreiben Probleme und Situationen, wie sie sich so oder ähnlich tatsächlich abgespielt haben. Trotzdem: In diesem Buch finden Sie ausschliesslich Vorschläge, wie man es machen *könnte*. Benutzen Sie die Muster als Anregung und finden Sie beim Schreiben zu Ihrem eigenen, persönlichen Stil. Bei rechtlichen Unsicherheiten lohnt es sich auf jeden Fall, eine Fachperson zu konsultieren. So gehen Sie auf Nummer sicher.

Die CD-ROM zum Buch

Dem Buch beigelegt ist eine CD-ROM. Darauf finden Sie alle Muster im Wordformat. Sie können sich die Texte kopieren, Teile davon verwenden, andere mit eigenen Formulierungen überschreiben – ganz wie Sie es für Ihren Brief oder Vertrag brauchen. Nützlich sind auch die «leeren» Vorlagen. Darin ist beispielsweise die Struktur für ein Protokoll oder die korrekte Darstellung eines Briefes vorgegeben. Kopieren Sie die Vorlage und füllen Sie Ihren Text ein.

Die Muster finden Sie auf der CD-ROM alle unter «Dokumente». Sie sind wie im Buch nummeriert. Unter «Buchkapitel» können Sie auch nach Kapitel und Thema suchen. Unter «Anhang» finden Sie die leeren Vorlagen, die Literaturhinweise sowie die Adressen und Links.

So finden Sie sich in diesem Buch zurecht

Auf den weissen Seiten erhalten Sie die Hintergrundinformationen, die Sie brauchen, um in einer bestimmten Situation den passenden Brief zu schreiben. Die Muster dazu finden Sie auf den blauen Seiten; blau gedruckte Verweise führen Sie zur richtigen Stelle. Jedes Muster hat eine Nummer, mit der es auch auf der CD-ROM rasch zu finden ist.

Zwei Piktogramme auf den weissen Seiten zeichnen besonders hilfreiche Abschnitte aus:

Praxistipps aus dem Beobachter-Beratungszentrum

Beobachter-Ratgeber mit ausführlichen Informationen zum Thema

2

So schreibt man heute

Wer schreibt, will gelesen und verstanden werden. Ein Brief, der beim Empfänger Fragen hinterlässt, hat sein Ziel verfehlt. Geradezu ärgerlich ist ein Schreiben, bei dem die Leserin die Botschaft aus ellenlangen Schachtelsätzen, angereichert mit leeren Phrasen und unverständlichen Fachausdrücken, herausschälen muss. Kurz, direkt und ohne Floskeln – so schreibt man heute.

Klar und verständlich

Weniger ist mehr, lautet das Motto. Zeit ist schliesslich Geld. Doch diese Forderung verunsichert. Wirkt ein sehr kurzer Brief nicht unhöflich, fragen sich viele Schreiberinnen und Schreiber. Oder: Wie viel Spontanes ist in einem Geschäftsbrief erlaubt? Wie viel Humor?

Auf diese Fragen gibt es keine eindeutige Antwort. Wie viel Lockerheit, Humor oder Kürze Sie Ihrer Leserin zumuten können, müssen Sie jedes Mal neu herausfinden, wenn Sie einen Brief schreiben. Ob Sie Ihren Adressaten mit *Grüezi Herr Müller* oder mit *Sehr geehrter Herr Müller* ansprechen, entscheiden Sie allein mit Ihrem gesunden Menschenverstand. Ob Sie ans Ende des Briefes *herbstliche Grüsse* oder traditionell *freundliche Grüsse* setzen, bestimmen Sie oder Ihre Vorgesetzen. Hier gibt es keine allgemein gültigen Regeln. Das wäre auch sinnlos. Sprache und Ton müssen zum Briefinhalt und zum Absender – im Geschäftsalltag zum Unternehmen – passen. Da versteht es sich von selbst, dass der Werbebrief eines Fitnessstudios anders daherkommen muss als die letzte Mahnung eines Versandhauses. Neben dem richtigen Ton auch die treffenden Worte zu finden, darum geht es in erster Linie in diesem Kapitel.

Bevor Sie Ihren Computer einschalten oder zum Griffel greifen, überlegen Sie sich jedes Mal:

- Für wen schreibe ich diesen Brief? Für eine Behörde, eine ältere Person, für einen potenziellen Kunden?
- Was will ich dem Empfänger sagen? Erstellen Sie eine kurze Textdisposition (Muster auf Seite 52) und notieren Sie sich stichwortartig, welche Aussagen Sie in welchem Briefteil platzieren wollen.

Moment! Warten Sie noch mit Drauflosformulieren. Überlegen Sie zuerst, wie Sie Ihre Gedanken klar und verständlich an die Frau oder den Mann bringen. Auch dazu gibt es Regeln zu beachten:

- Fassen Sie sich kurz! Gerade das papierlose Schreiben per E-Mail verleitet zur Geschwätzigkeit. Doch Ihr Leser will sich keine Prosastücke zu Gemüte führen – zumindest nicht eines von Ihnen. Er will in möglichst wenigen Sätzen erfahren, was Sie ihm mitteilen wollen und was Sie von ihm erwarten.

- Kommen Sie zur Sache, höflich und bestimmt. Und zwar rasch. Viele Schreiber kommen erst gegen Ende des Briefes auf den eigentlichen Punkt. Das ist falsch und verärgert Ihre Leserin. Schreiben Sie nicht um den heissen Brei, halten Sie sich zurück mit Belehrungen und Tiefsinn. Versuchen Sie auf keinen Fall, sich krampfhaft originell, witzig oder locker zu geben. Durch eine opulente Verpackung wird die Botschaft nicht besser.

Die Schönheit der schlichten Sprache

Wodurch unterscheidet sich ein guter von einem schlechten Text? Ganz einfach: Ein guter Text ist verständlich und angenehm zu lesen. Viele Menschen halten sich für dumm oder ungebildet, wenn sie einen kompliziert geschriebenen Text nicht verstehen. Nur wenige stellen den Schreiber in Frage. Warum eigentlich? Überlegen Sie sich einmal, warum Sie wohl den folgenden Text nicht verstehen und ihn darum freiwillig wohl auch nicht lesen würden: «Allerdings ist die staatliche Funktionserfüllung nur formaler Natur, weil Rechtsnormen private Normen inhaltlich übernehmen, die staatliche Kontrolle private Kontrollmechanismen instrumentalisiert oder staatliche Kontrollentscheidungen privat erzielte – einvernehmliche oder staatliche – Streitschlichtungen sanktionieren.»

Wie bitte? Dieser Satz ist nicht einmal für juristisch ausgebildete Leserinnen und Leser einfach verständlich, weil er eine Anreihung abstrakter Substantive enthält, unter denen man sich beim besten Willen nichts vorstellen kann. Und abgesehen vom unverständlichen Fachchinesisch ist der Satz viel zu lang. Wer das lesen und verstehen will, braucht neben einigem Fachwissen auch eine gute Portion Geduld. Das kann aber nicht das Ziel eines guten Textes sein.

Also: Ein guter Text ist so kurz wie möglich, er enthält keine Floskeln, keine Fremdwörter, keine Wiederholungen und ist nicht in elitärem Fachjargon geschrieben. Ein wirklich guter Text ist interessant und anregend, er macht die Adressaten neugierig. Kurz: Ein guter Text macht beim Lesen so richtig Spass. In Geschäftsbriefen oder in einer Reklamation ans Versandhaus können Sie das letzte Kriterium meist nicht erfüllen, weil Sie nichts besonders Spannendes zu schreiben haben und in der Regel keinen Unterhaltungsauftrag erfüllen. Vergessen Sie diese letzte Anforderung also wieder. Die anderen Punkte dagegen sollten Sie sich unbedingt merken und in Zukunft die folgenden Regeln beherzigen. Sie stützen sich auf die Stilkunde «Deutsch für Kenner», in der Wolf Schneider mit vielen einleuchtenden Beispielen zeigt, wie man Leser gefangen nimmt.

Kurze, konkrete Substantive wählen und sparsam einsetzen

Substantive sind die Hauptwörter. Mit ihnen bezeichnen wir Lebewesen (*Tier, Kind*), Dinge (*Auto, Kerze*) oder abstrakte Begriffe (*Liebe, Kälte*). Packen Sie wenige und nur kurze Substantive in einen Satz. Kürze bedeutet Kraft: *Risiko* ist aussagekräftiger als *Gefährdungspotenzial, Wissenslücke* ist deutlicher als *Informationsdefizit, heftiger Regen* sagt mehr als *ergiebige Niederschläge.* Suchen Sie nach schlichten Wörtern, die etwas Konkretes beschreiben, unter dem sich die Leserin sofort etwas vorstellen kann: *Fluss, Weiher* und *Bergsee* ist konkreter als *Gewässer; Katze, Adler* und *Lama* sagt mehr als *Tier.*

Ein Wort ist umso klarer, je weniger Silben es hat. Mit der Kürze wächst die Verständlichkeit. Wählen Sie das kürzere Substantiv oder sogar zwei kurze statt ein langes: *Spanien und Portugal* statt *Pyrenäenhalbinsel, Wind- und Sonnenkraftwerke* statt *alternative Technologien.* Kürzen Sie Substantive: *Antwort* statt *Rückantwort, Initiative* statt *Eigeninitiative, Glatteis* statt *Glatteisbildung, Rauch* statt *Rauchentwicklung.*

Benützen Sie beim Schreiben ein Synonym-Wörterbuch. So erweitern Sie Ihren Wortschatz. Niemand mag in einem Text über Gartenpflege auf jeder zweiten Zeile von «Pflanzen» lesen.

Kein Satz ohne konjugiertes Verb

Verben beschreiben eine Tätigkeit (*spielen, laufen*). Das Verb ist der Motor im Satz. Ein Satz ohne konjugiertes Verb ist ein unvollständiger Satz. Suchen Sie nach dynamischen, aussagekräftigen Verben und verzichten Sie auf schwerfällige. Dazu gehören die meisten, die auf «-ieren» enden (*verbalisieren, dislozieren, instrumentalisieren, polemisieren*). Vermeiden Sie Verdoppelungen (*vorprogrammieren, aufoktroyieren*) und Streckverben (*in Erwägung ziehen, Verzicht leisten, Stimmenthaltung üben*). Und auch hier gilt: Das konkrete Verb sagt mehr als das verallgemeinernde: *hüpfen, schlendern* oder *hetzen* ist farbiger als *gehen*; *plaudern, schreien* oder *flüstern* ist ausdrucksvoller als *sagen*.

Nur aktive, also konjugierte Verben sind frisch und dynamisch. Das Passiv ist eine schwer verständliche Form. Vermeiden Sie es, denn es verschweigt die handelnde Person: *Der Hund wird geschlagen.* Ebenso schwerfällig wirkt der Infinitiv, die unkonjugierte Grundform des Verbs: *Wir haben beschlossen, Ihr Gesuch zu bewilligen.*

Vermeiden Sie Adjektive

Mit Adjektiven oder Eigenschaftswörtern soll etwas näher beschrieben werden: *das schöne Haus, mir geht es schlecht.* Aber: Zu viele Adjektive blähen Ihren Text auf und verwässern eine Aussage, statt sie zu betonen. Besonders hässlich sind die Varianten im Kasten.

Unerwünschte Adjektive	
Modefüllwörter	eklatant, geflissentlich, ungeahnt, unmissverständlich, wohlweislich
Verdoppelungen (Pleonasmen)	schwarzer Rabe, weisser Schimmel, dunkle Ahnung, seltene Rarität, integrierender Bestandteil, mögliche Option, bestehender Status
Adjektiv plus Substantiv statt nur Substantiv	kommunaler Sektor (statt Gemeinde), schulischer Bereich (statt Schule)
Steigerungen, wo eine Steigerung nicht möglich ist	in keinster Weise, zu unserer vollsten Zufriedenheit

Erwünscht sind Adjektive nur, wenn sie unterscheiden: *das blaue, nicht das rote Kleid.* Oder wenn sie werten: *ein sehenswerter Film.* Wo ein Eigenschaftswort nicht zwingend nötig ist, ist es falsch.

Vermeiden Sie Füllwörter

Nichtssagende Füllwörter gibt es zuhauf: in diesem Zusammenhang, gewissermassen, selbstredend, schlichtweg, insbesondere, meines Erachtens, regelrecht, echt, dann, gar, ja, nun, wohl ... Verzichten Sie darauf. Entweder braucht es sie sowieso nicht oder sie lassen sich mit einem präzisen Begriff ersetzen.

Füllwörter ersetzen

So nicht	Besser
zu diesem Zeitpunkt	jetzt
keine Seltenheit	häufig
ein Ding der Unmöglichkeit	unmöglich
lässt an Deutlichkeit nichts zu wünschen übrig	(sehr) deutlich

Vorsicht bei Fremd- und Modewörtern

Fremdwörter machen einen Text schwer verständlich. Besonders peinlich ist es, wenn Sie sie falsch verwenden oder falsch schreiben. Damit machen Sie sich vor Ihrer Leserin lächerlich. Verzichten Sie also auf Fremdwörter und suchen Sie einen deutschen Ausdruck (siehe Kasten auf Seite 27).

Bei den Modewörtern und gängigen Redewendungen scheiden sich die Geister: Sie können damit Ihre Leser abholen, sie aber auch verärgern. Setzen Sie Modewörter überlegt ein. Abgedroschen sind beispielsweise folgende Wendungen:

- Es ist mir bitterer Ernst.
- Das ist nur die Spitze des Eisbergs.
- Studios schiessen wie Pilze aus dem Boden.
- Diese Mitteilung macht mich betroffen.

- Der Spitzensportler machte bei dieser Benefizveranstaltung eine gute Figur.
- Wenn das so weitergeht, müssen alle den Gürtel enger schnallen.
- Wir wollen doch nicht gleich das Kind mit dem Bad ausschütten.

Fremdwörter und der Ersatz dafür

So nicht	Besser
Er leidet psychisch und physisch.	seelisch und körperlich
Das ist eine bahnbrechende Innovation.	Neuerung, neue Erfindung
kreieren	gestalten, erschaffen
Vieles, was im Abfall landet, lässt sich recyclen.	wieder verwerten
Das verspricht ein grosses Event zu werden.	Ereignis, Veranstaltung
Der Plot des Films ist wirr.	Inhalt, Struktur
Die Ärzte melden vermehrt Fälle von Influenza.	Grippe

Machen Sie mal einen Punkt

Verpacken Sie nur einen Gedanken in einen Satz. Lange, überladene Sätze erschweren die Verständlichkeit und sind zudem eine Fehlerquelle. Ein Satz mit neun Wörtern gilt bereits als schwer verständlich. Bevorzugen Sie also kurze Hauptsätze. Unterbrechen Sie keinen Hauptsatz mit einem Nebensatz. Also nicht: *Ich gehe, da es regnet, nicht spazieren*, sondern: *Ich gehe nicht spazieren. Es regnet.*

Alle Regeln am Beispiel

Nach so viel Theorie zur Veranschaulichung zwei Beispiele. Im ersten Brief mahnt eine Hausbesitzerin ihre Mieter zur Ordnung. Das Schreiben wimmelt von leeren Floskeln, passiven Verbformen und abstrakten Substantiven. Wer soll sich da angesprochen fühlen? Die mahnende Botschaft erreicht die Adressaten nicht, der Brief wird – wenn überhaupt – gelesen und gleich wieder vergessen. Besser: Sprechen Sie Ihre Leser mit konkreten Wörtern an und machen Sie klar, was Sie erwarten. Verstecken Sie sich nie hinter abstrakten Formulierungen.

Hausbesitzerin mahnt Mieter zu Ordnung	
So nicht	**Besser**
Hausordnung	**Hausordnung**
Sehr geehrte Mieter/Innen	Sehr geehrte Mieterinnen Sehr geehrte Mieter
Bei einem kürzlichen Rundgang wurde festgestellt, dass sich immer mehr Unrat in den allgemeinen Räumen ansammelt. Die Verursacher sind aufgefordert, diesen bis Ende September ordnungsgemäss zu entsorgen.	Es ist nicht gestattet, Möbel wie Schuhkästen oder Schirmständer in den Treppenhäusern abzustellen. Wegen der Brandgefahr dürfen auch keine Fahrräder im Kellervorraum deponiert werden.
Freundliche Grüsse	Bitte entfernen Sie diese Gegenstände bis Ende September.
	Freundliche Grüsse

Auch das nächste Beispiel aus dem Kundendienst eines Modehauses ist nicht geglückt: Der Verfasser macht aus einem lustvollen Einkaufsbummel eine bürokratische Staatsaffäre. Da vergeht einem die Lust auf die neue Frühjahrsmode. Besonders hässlich: Fast jeder Satz fängt mit «wir» an. Besser: Erwähnen Sie konkrete Vorteile, laden Sie ein und heben Sie ein spezielles Angebot hervor.

Modehaus schickt einer Kundin ihren Kundenausweis

So nicht	Besser
Kundenkarte	**Willkommen!**
Sehr geehrte Frau Menzi	Sehr geehrte Frau Menzi
Wir freuen uns, dass Sie einen neuen Kundenausweis unseres Hauses beantragt haben.	Wir heissen Sie als VIP-Stammkundin sehr herzlich willkommen.
Wir legen Ihnen Ihren persönlichen Ausweis bei. Es ist sehr wichtig, dass Sie diesen Ausweis bei jedem Einkauf in unserem Haus vorweisen, damit wir Sie stets frühzeitig über unser Spezialangebote, Saisonneuheiten etc. informieren können.	Als Beilage erhalten Sie Ihren persönlichen Kundenausweis. Weisen Sie die Karte bei jedem Einkauf vor: Mit der VIP-Member-Card können Sie bei uns bargeldlos einkaufen und sammeln wertvolle Bonuspunkte. An Ihrem Geburtstag erhalten Sie jedes Jahr einen Spezialrabatt von 15 Prozent. Mit unserem Newsletter informieren wir Sie regelmässig über die aktuellen Angebote.
Wir danken Ihnen für Ihr Verständnis und sind stolz, Sie zu unserer bevorzugten Stammkundschaft zählen zu dürfen.	Besuchen Sie uns bald. Soeben sind die trendigen Bouclé-Blazer in den aktuellen Pastellfarben eingetroffen.
Freundliche Grüsse	Freundliche Grüsse

Schreiben ohne Floskeln

Floskeln sind ein Ärgernis. Für den Leser wie für die Schreiberin. Dem Leser stehlen sie Zeit, weil sie keine Informationen enthalten. Die Schreiberin hindern sie am Denken und am Entwickeln eigener Formulierungen. In manchen Texten empfindet man Floskeln als eine Frechheit. Oft führen sie einem die Geringschätzung des Verfassers vor Augen, der seine Leser rasch mit ein paar Standardphrasen abspeisen will. Achten Sie also darauf, dass folgende Formulierungen nie wieder in Ihren Texten auftauchen:

Floskeln sind unnötig

So nicht	**Besser**
Wir hoffen, Ihnen mit diesen Unterlagen gedient zu haben.	Dieser Satz schloss noch vor einigen Jahren jeden Brief. Heute können Sie ihn getrost weglassen.
Ich nehme Bezug auf Ihr Schreiben vom …	Danke für Ihr Schreiben vom …
Wir möchten Ihnen mitteilen … Wir möchten uns entschuldigen …	Dann tun Sie es, und schreiben Sie nicht um den heissen Brei herum! Verwenden Sie die Möglichkeitsform nur, wenn etwas wirklich unsicher ist: Über Ihren Auftrag würden wir uns freuen.
Bitte senden Sie die Unterlagen an die Unterzeichnende.	Sprechen Sie nicht von sich selbst in der dritten Person.
Ich möchte es nicht versäumen, Ihnen zu danken.	Ich danke Ihnen.
Für Ihre Bemühungen danken wir Ihnen.	«Bemühungen» klingt schwerfällig. Danken Sie konkret, für die gute Zusammenarbeit zum Beispiel.

Beiliegend sende ich Ihnen ...	Wörtlich genommen sind Sie selbst die Beilage. Besser: Als Beilage sende ich Ihnen ...
Ich sehe Ihrer Antwort mit Freude entgegen.	Ich freue mich auf Ihre Antwort.
Sollte sich Ihre Überweisung mit diesem Schreiben gekreuzt haben, ist oben genannter Betrag hinfällig geworden.	Warum so zögerlich und kompliziert? Lassen Sie diesen Satz weg. Sie müssen sich nicht entschuldigen, wenn Sie säumige Zahler mahnen.
Zu unserer Entlastung senden wir Ihnen ...	Sagen Sie geradeheraus, was Sie Ihrem Adressaten zurückschicken.
Ich stehe Ihnen jederzeit zur Verfügung.	Dieser Satz stimmt meist nicht. Schreiben Sie, wann und wo Sie erreichbar sind.
Zu Ihrer Kenntnisnahme erhalten Sie ...	Veraltet. Lassen Sie die Floskel weg und schreiben Sie, was Sie der Empfängerin mitschicken.
Bitte nehmen Sie zur Kenntnis, dass ...	Mit dem Lesen nimmt man Kenntnis. Das müssen Sie nicht noch extra sagen. Kommen Sie zur Sache!
Wir bitten um Verständnis.	Ist meist nicht ehrlich gemeint. Weglassen.
... sehen wir uns gezwungen ...	Stimmt nicht. Stattdessen: Wenn Sie die Rechnung nicht bezahlen, werden wir Sie betreiben.
Ohne Ihren Gegenbericht ...	Schafft nur Unklarheiten. Stattdessen: Dieses Angebot gilt bis zum ... oder: Bitte teilen Sie mir Ihren Entscheid bis zum ... mit.

Beispiele mit und ohne Floskeln

Im nächsten Beispiel erkennt jedes Kind, dass hier ein typischer Standardbrief in der Welt herumgeschickt wird. Aber Kunden mögen keine floskelhaltigen, unpersönlichen Standardbriefe. Hier hat die Versicherungsgesellschaft eine Chance vergeben. Mit dem Abschluss des Schadenfalls könnte sie der Kundin noch einmal eine Werbebotschaft übermitteln und ihr das Gefühl geben, ihre Versicherungen am richtigen Ort abgeschlossen zu haben.

Versicherung schliesst Schadenfall nach Einbruch ab

So nicht	Besser
Schaden Nummer 123566	**Schaden Nummer 123566**
Sehr geehrte Frau Kunz	Sehr geehrte Frau Kunz
Wir haben oben erwähnten Schadenfall erledigen können. Aufgrund der uns zur Verfügung stehenden Unterlagen haben wir Ihnen den Betrag von 5390 Franken auf Ihr Bankkonto bei der Raiffeisenbank Bachenbülach überwiesen.	Einbrecher sind niemals willkommen. Wir hoffen, Sie haben sich von Ihrem Schrecken gut erholt. Ihre Schadensmeldung haben wir geprüft und Ihnen heute 5390 Franken auf Ihr Konto überwiesen.
Wir hoffen, dieses Schadenereignis zu Ihrer Zufriedenheit erledigt zu haben, und stehen Ihnen für weitere Fragen gerne zur Verfügung.	Beachten Sie unsere beiliegende Broschüre zur Einbruchsverhütung. Darin finden Sie nützliche Tipps, damit Sie künftig von solch unangenehmen Überraschungen verschont bleiben.
Freundliche Grüsse.	Freundliche Grüsse

Auch das folgende Beispiel aus dem privaten Bereich ist nicht angenehm zu lesen: Die Verfasserin versteckt sich hinter Substantivierungen und Floskeln; was sie wirklich beanstandet, geht aus ihrem Brief nicht hervor.

Kundin reklamiert wegen Beschädigung eines Bücherregals	
So nicht	**Besser**
Ihre Lieferung	**Bücherregal Contra**
Sehr geehrter Herr Ritter	Sehr geehrter Herr Ritter
Ich nehme Bezug auf Ihre Lieferung eines Bücherregals Contra vom 10. dieses Monats. Leider musste ich an zwei Regalbrettern einen Defekt feststellen. Ich möchte Sie um umgehenden Ersatz bitten.	Pünktlich am 10. Oktober ist das Bücherregal Contra bei uns eingetroffen. Doch beim Auspacken haben wir festgestellt, dass sich an zwei Regalbrettern das Fournier löst.
Freundliche Grüsse	Bitte senden Sie uns so rasch wie möglich zwei neue Bretter (32 x 84 cm, weiss lasiert).
	Vielen Dank und freundliche Grüsse

Schreiben ist Arbeit – packen Sie es an

Nur wenige Menschen können auf Anhieb druckreif formulieren. Für alle anderen gilt: Schreiben ist Arbeit. Und nach dem Schreiben fängt die Arbeit erst richtig an, denn jeder Text muss noch überarbeitet werden. Dieses Überarbeiten dauert oft länger als das Schreiben selbst. Setzen Sie deshalb Ihre Erwartungen nicht zu hoch an. Nehmen Sie sich Zeit, um an Ihrem ganz persönlichen Stil zu arbeiten.

Was Sie vor dem Schreiben tun sollten

- Erstellen Sie vor dem Schreiben eine Textdisposition (Muster auf Seite 52) und halten Sie alle nötigen Unterlagen bereit.
- Entscheiden Sie sich, ob Sie den Brief in der Wir- oder Ich-Form schreiben wollen.
- Schreiben Sie jetzt Ihren Brief. Nun können Sie drauflosformulieren – gerade so, wie es Ihnen in den Sinn kommt. Wichtig: Machen Sie sich erst ganz am Schluss ans Überarbeiten. So sparen Sie wertvolle Zeit.

Was Sie nach dem Schreiben tun sollten

- Überarbeiten Sie Ihr Werk: Enthält es Floskeln oder sperrige, schwer verständliche Formulierungen? Stimmen die Satzlängen? Ist die Botschaft klar und verständlich? Gibt es Wiederholungen? Kontrollieren Sie, ob Sie höchstens einmal einen Satz mit «ich» oder «wir» anfangen und ob Sie bestimmte Ausdrücke nicht zu oft gebrauchen.
- Geben Sie jetzt Ihren Text einer Kollegin oder einem Bekannten zum Gegenlesen und lassen Sie konstruktive Kritik einfliessen.
- Wenn Sie es sich leisten können, lassen Sie Ihren Text einen Tag liegen. Manchmal kommen einem nach Feierabend oder unter der Dusche plötzlich noch gute Ideen.

Legen Sie eine persönliche Sammlung mit Textbausteinen für verschiedene Brieftypen oder eine Musterbriefsammlung an. So können Sie auf eigene Vorlagen zurückgreifen, wenn Sie mal vor lauter Zeitdruck in einen Schreibstau geraten.

Neue Rechtschreibung: gar nicht so kompliziert

Seit dem 1. August 2005 sollten die neuen Rechtschreibregeln gelten, die 1996 verabschiedet wurden. Sollten. Denn nach der Einführung 1998 brach ein Proteststurm gegen die Reform los. Massgebende Medien in Deutschland und in der Schweiz stellten sich gegen die neuen Regeln oder akzeptierten sie nur teilweise. Ende 2004 wurde der «Rat für deutsche Rechtschreibung» gegründet, der Anfang 2006 neue Vorschläge für die umstrittenen Bereiche vorlegte. Seit August 2006 wird die neue Rechtschreibung mit diesen Anpassungen nun an deutschen Schulen gelehrt, und nach einem Jahr Übergang soll sie verbindlich sein.

An den Schweizer Schulen werden seit 1998 die neuen Regeln gelehrt, die alte Schreibweise wird aber nicht als falsch beurteilt. Die Schweizerische Erziehungsdirektorenkonferenz hat die jüngsten Vorschläge in die Vernehmlassung gegeben. Verschiedene Gruppierungen sind damit gar nicht glücklich – unter anderen der Dachverband der Schweizer Lehrerinnen und Lehrer. Doch die Schweiz wird sich kaum einen Alleingang in Sachen Rechtschreibung leisten.

Hier nun die Regeln der neuen deutschen Rechtschreibung, wie sie seit Sommer 2006 für Deutschland gelten.

Geschrieben wird nach dem Stammprinzip

Wörter aus der gleichen Wortfamilie werden gleich geschrieben. Beispiele: *nummerieren* (wegen Nummer), *platzieren* (wegen Platz), *Gämse* (Gams), *Stängel* (Stange), *Gräuel* (Grauen), *einbläuen* (blau), *behände* (Hand), *Tipp* (tippen), *Tollpatsch* (toll).

Wegen des Stammprinzips werden bei zusammengesetzten Wörtern neu von drei gleichen Konsonanten alle geschrieben: *Schifffahrt* (Schiff, Fahrt), *Schritttempo* (Schritt, Tempo), *Brennnessel* (Brenn, Nessel). Bei einigen Wörtern fällt das frühere «h» weg, weil ähnliche Wörter ebenfalls ohne «h» geschrieben werden: zum Beispiel *Känguru* (wegen Kakadu, Gnu) oder *rau* (wegen blau, grau).

Fremdwörter

Bei Wörtern, die aus anderen Sprachen stammen, kann das «h» geschrieben oder weggelassen werden: *Katarrh* ist so gut wie *Katarr*, *Joghurt* steht neben *Jogurt*. Gleichberechtigt sind in den Silben «phon», «phot» und «graph» sowie in ein paar anderen Fällen auch «ph» und «f»: *Delphin* oder *Delfin*, *Biographie* neben *Biografie*, *Saxophon* und *Saxofon*. Neben *substantiell* gilt jetzt auch *substanziell* als korrekt, neben *Potential* auch *Potenzial*.

Fremdwörter aus dem Englischen werden in der Mehrzahl mit «ys» geschrieben: *Hobbys, Ladys, Partys, Penaltys, Ponys, Rowdys*. Viele zweiteilige Begriffe können entweder mit Bindestrich oder zusammengeschrieben werden: *Swimming-Pool* neben *Swimmingpool* (aber nicht Swimming Pool), *Show-down* oder *Showdown*, *Centre-Court* und *Centrecourt*.

Bei Fremdwörtern aus dem Französischen ist neben den Endungen «-ée» und «-é» auch die Endung «-ee» möglich: *Exposé* und *Exposee*, *Frappé* und *Frappee*, *Séparée* neben *Separee*. In der Schweiz wird aber die französische Endung bevorzugt.

Substantive und Substantivierungen werden grossgeschrieben

Neu gibt es mehr Grossgeschriebenes: *gestern Abend, in Bezug auf, im Übrigen, ins Trockene bringen, des Öfteren, im Voraus, etwas zum Besten geben*. Man schreibt heute: *Die Ersten werden die Letzten sein*, ebenso: *Jung und Alt, Gross und Klein* oder *im grossen Ganzen*. Ausnahme von der Regel: *die beiden, die einen, die anderen, die meisten*.

Zusammensetzungen von Substantiv und Verb werden in der Regel getrennt und das Substantiv wird grossgeschrieben: *Rad fahren, Maschine schreiben, Hof halten*. Aber in Verbindung mit «sein», «bleiben» und «werden» wird diese Regel aufgeweicht: man *macht Angst* und *hat Schuld*, doch man *ist schuld, bleibt schuld* und es *wird einem angst*.

Bindestrich zwischen Zahlen und Wörtern

Korrekt ist: *13-jährig, der 13-Jährige, 80-prozentig*. Wenn aber nach der Zahl kein Wort, sondern eine Nachsilbe steht, fällt der Bindestrich weg: *68er, 100%ig*. Und wie ist's mit *15fach oder 15-fach*? Beides ist richtig.

Trennen nach Sprechsilben

Wörter werden heute konsequenter nach Sprechsilben getrennt. All die Ausnahmen, die früher mühsam auswendig gelernt werden mussten, gelten nicht mehr.

- «st» wird getrennt wie «sp»: *Fens-ter, meis-tens*
- «ck» kommt auf die neue Zeile wie «ch» oder «sch»: *Zu-cker, lo-cken.*
- Bei einigen Buchstabenkombinationen gibt es mehrere Möglichkeiten: *Quad-rat* neben *Qua-drat, möb-liert* und *mö-bliert, Dip-lom* oder *Di-plom, Mag-net* so gut wie *Ma-gnet, Indust-rie* neben *Indu-strie* und *Indus-trie*
- Zusammengesetzte Wörter, die nicht mehr als solche erkannt werden, können nach Sprechsilben oder nach Wortteilen getrennt werden: *wa-rum* und *war-um, he-ran* oder *her-an, inte-ressant* neben *inter-essant.*

Getrennt oder zusammenschreiben?

In diesem Bereich lassen die neuen Regeln häufig beide Formen zu: Grundsätze sind beispielsweise *allgemein gültig* oder *allgemeingültig*, Geschäfte *Gewinn bringend* oder *gewinnbringend.* Man kann *Dank sagen* oder *danksagen*, etwas *zu Stande bringen* oder *zustande bringen*, den Teller *leer essen* oder *leeressen.* Eindeutig sind folgende Regeln:

- «So», «wie» und «zu» werden abgetrennt: *so viel, zu wenig.*
- Zusammensetzungen mit «irgend» werden zusammengeschrieben: *irgendjemand, irgendwann*; Ausnahme: *irgend so etwas.*
- Verbindungen von zwei Verben werden in der Regel getrennt geschrieben: *tanzen lernen, spazieren fahren, verloren gehen.* Bei «bleiben» und «lassen» ist auch Zusammenschreiben möglich, wenn die Verbindung im übertragenen Sinn gebraucht wird: *Wenn du nicht mehr lernst, wirst du sitzenbleiben (oder sitzen bleiben).* Dasselbe gilt für *kennen lernen* bzw. *kennenlernen.*
- Verbindungen mit «sein» werden getrennt geschrieben: *da sein, zusammen sein.*

Im Zweifelsfall nachsehen: Den ausführlichen Leitfaden zur neuen deutschen Rechtschreibung können Sie von der Internetseite der Bundeskanzlei unter www.admin.ch (> Index > R) herunterladen. Auch vorne im Duden finden Sie die Rechtschreibregeln übersichtlich zusammengefasst.

Duzt man sich heute gross oder klein?

Wer den Briefempfänger siezt, schreibt das Anredepronomen gross, keine Frage: *Wir freuen uns, Sie und Ihre Tochter am Elternabend zu begrüssen.* Wie ist das aber, wenn man die Briefempfängerin duzt? Wird dann die Anredeform gross- oder kleingeschrieben?

Heute ist beides möglich und korrekt. Wenn Sie also Ihrer Kollegin ein E-Mail oder einen Brief schreiben, können Sie sie getrost mit einem kleinen *du* anreden. Das Gleiche gilt übrigens auch für die Anredepronomen in der Mehrzahl: *ihr* und *euch.* Wenn Sie Ihrer Kollegin aber weiterhin mit einem grossen *Du* Respekt zollen wollen, ist das genauso richtig. In den Beispielen in diesem Buch wurde durchwegs das grosse *Du* gewählt – als Zeichen der Wertschätzung des Lesers und der Leserin.

Satzzeichen: die wichtigsten Regeln in Kürze

Sie gehören in jeden Brief und sie sind die Quelle vieler Fehler: die Satzzeichen. Gerade Kommas werden häufig nach Gefühl gesetzt. Aber auch das Setzen von Punkt, Strichpunkt und Gedankenstrich wirkt in vielen Texten oft etwas improvisiert. Hier eine kurze Übersicht über die wichtigsten Regeln – zusammengefasst aus dem Standardwerk «Richtiges Deutsch» von Walter Heuer.

- **Punkt, Fragezeichen und Ausrufezeichen** stehen nach einem vollständigen Satz. Das Fragezeichen wird nur nach direkten Fragen gesetzt: *Wo ist sie wohl hingekommen?* Oder: *Er fragte: «Wie geht es dir?»* Nach einer indirekten Frage steht kein Fragezeichen: *Sie fragte ihn, wie es ihm gehe.* Üben Sie sich beim Setzen von Ausrufezeichen in vornehmer Zurückhaltung. Gerade in Briefen wirken sie rasch aufdringlich oder kindisch.
- Der **Doppelpunkt** steht vor der direkten Rede: *Er sagte: «Ich werde die Wahl annehmen.»* Er kann auch Aufzählungen einleiten: *Auf dem Markt werden Früchte aller Art angeboten: Äpfel, Birnen, Bananen und Trauben.* Und er wird benutzt, um Spannung zu erzeugen: *Seine grösste Freude: mit der kleinen Tochter zu balgen.*
- Der **Strichpunkt** ist stärker als ein Komma und schwächer als ein Punkt. Er eignet sich, um Sätze übersichtlich zu gliedern: *Er rannte, so schnell er konnte; doch der Zug war bereits abgefahren.* Bei Aufzählungen trennt der Strichpunkt Gruppen von Wörtern, deren einzelne Glieder bereits durch ein Komma unterteilt sind: *Auf dem Markt gibt es Äpfel, Birnen, Bananen; Brombeeren, Himbeeren, Erdbeeren; Salat, Kohl und Lauch.*
- Der **Gedankenstrich** ist ein Pausenzeichen. Er kennzeichnet Unerwartetes, betont Unausgesprochenes und dient zur Hervorhebung: *Alaska, ja – weisst du, wo das ist, mein Junge? Kaninchen in Rotwein – niemals. Und die heilige Kuh bleibt am Leben – und heilig.*
  Wenn ein Komma zu schwach erscheint, kann ein Gedankenstrich einen eingeschobenen Satz oder Satzteil hervorheben: E*r war – wer könnte es ihm verübeln? – über diesen Streich masslos erbittert.* Ist ohne Einschub ein Komma nötig, wird es nach dem zweiten Gedankenstrich gesetzt: *Erst als mein Vater gestorben war – du warst da schon auf der Welt –, begann meine Mutter zu erzählen.*
  Und schliesslich steht der Gedankenstrich zwischen Rede und Gegenrede, wenn der Wechsel nicht durch eine neue Zeile gekennzeichnet ist: *«Wir lassen uns Geschichten erzählen?» – «Was für Geschichten?»*
- **Auslassungspunkte** bezeichnen den plötzlichen Abbruch der Rede: *Ach, mein Junge. Ich könnte dir Geschichten erzählen ...* Oder sie bezeichnen nicht fertig gesprochene Wörter: *Ein solches Sch.... rühre ich nicht an.* Auslassungspunkte in Klammern in einem Zitat zeigen an, dass der Text nicht vollständig wiedergegeben wurde: *Nicht versichert*

sind Unfälle wegen Bewusstseinsstörungen, ausgelöst durch Trunkenheit, Drogeneinfluss (...).

- In **Klammern** stehen erklärende Hinweise, Bemerkungen und Zusätze: *Er lebt im Winter in Pontirone (bei Biasca).* Es ist auch möglich, nur Wortteile einzuklammern: *(Teil-)Renovation,* wenn sowohl die Renovation des ganzen Gebäudes wie auch eines Teils davon gemeint ist.
- **Anführungszeichen** stehen vor und nach der direkten Rede: *Er sagte: «Ich nehme die Wahl an.»* Sie kennzeichnen Buch-, Werk- und Zeitungstitel sowie Zitate im Text: *Die «Neue Zürcher Zeitung» hat darüber berichtet.* Und sie können Wörter oder Wortgruppen herausheben, in Frage stellen oder ironisieren: *Hier will er das Geld «verloren» haben.*

  Kompliziert wirds, wenn das Schlusszeichen mit einem anderen Satzzeichen zusammentrifft. Gehört der Punkt zum angeführten Text, steht er vor dem Schlusszeichen, sonst nachher: *«Du kannst es mir morgen zurückgeben.»* Aber: *Eheleute, so das Zivilgesetzbuch, «schulden einander Treue und Beistand».* Bei der direkten Rede wird der Punkt vor dem Schlusszeichen durch ein Komma nach diesem ersetzt, wenn der übergeordnete Satz erst folgt oder weitergeht: *«Ich zeige es ihnen», sagte er. Sie sagte: «Ich komme gleich wieder», und eilte hinaus.* Endet die direkte Rede mit einem Fragezeichen oder Ausrufezeichen, steht dieses Komma ebenfalls: *«Psst!», zischte er. «Was willst du hier?», fragte sie ihn.*

Das verflixte Komma

Am meisten Schwierigkeiten bereitet das Komma. Hier die wichtigsten Regeln dazu:

- Das Komma steht zwischen den Bestandteilen von **Aufzählungen**, die nicht mit «und», «oder», «sowie» und Ähnlichem verbunden sind: *Die Zeitung enthielt einen kurzen, informativen Bericht. Hühner, Enten, Gänse müssen vorläufig eingesperrt bleiben. Nach Hause gehen, ein Bad einlaufen lassen, mich selber verwöhnen – das brauche ich jetzt.* Aber: *Hunde und Katzen sowie Hühner und Enten müssen vorläufig eingesperrt bleiben.*

  Wenn zwei Adjektive ein Substantiv beschreiben, steht das Komma nur, wenn die Adjektive gleichrangig sind: *ein süsses, klebriges Getränk* (das Getränk ist süss und klebrig). Wenn das zweite Adjektiv und das Substantiv zusammen eine Einheit bilden, die vom ersten Adjektiv beschrieben wird, steht kein Komma: *ein florierendes italienisches Geschäft* (das italienische Geschäft floriert).

- Vor **«aber», «sondern»** und verwandten Konjunktionen steht ein Komma: *Traurig, aber wahr. Nicht die Behörde, sondern das Volk muss die Entscheidung fällen. Die Veranstaltung findet am Sonntag statt, jedoch nur bei schönem Wetter.*
- Das **Datum** nach einer Tagesangabe wird mit Komma abgetrennt, wobei das zweite Komma fakultativ ist: *Am Dienstag, 19. April(,) beginnt der Kurs.*
- Das Komma trennt **Zusätze und Einfügungen** vom Rest des Satzes ab: *Das Stück, ein Ohrwurm, kommt schon wieder am Radio. Mit Herrn Reber, seinem Chef, steht Peter auf Kriegsfuss. Sie kommt morgen, und zwar früh. Haustiere, besonders Katzen, spüren Wetterwechsel meist vor den Menschen.* Manchmal können Sie Kommas setzen oder weglassen – je nachdem wie Sie den Satz verstehen: *Werner knallte(,) rot vor Wut(,) die Karten auf den Tisch.*
- **Nebensätze** werden durch Kommas vom übergeordneten Satz abgetrennt: *Ob die Meldung stimmt, weiss ich nicht. Ich freue mich, dass du zugesagt hast. Mit dem Flugzeug, das dort vor dem Hangar steht, möchte ich nicht fliegen. Ich weiss noch genau, was du mir sagtest, als ich dich damals besuchte.*
- Zwischen **gleichrangigen Nebensätzen** steht ein Komma, wenn sie nicht mit «und», «oder» und ähnlichen Konjunktionen verbunden sind. *Wo er wohnt, was er tut, wovon er lebt, weiss man nicht.* Aber: *Wo er wohnt und was er tut, weiss man nicht.*
- Werden **Hauptsätze** mit «und», «oder» etc. verbunden, kann ein Komma stehen, muss aber nicht: *Niemand kam ihm zu Hilfe(,) und keine Stimme war zu hören. Kommst du mit(,) oder hast du noch etwas vor?* Dasselbe gilt für Satzverbindungen mit «entweder ... oder» und «weder ... noch»: *Entweder er bezahlt(,) oder man wirft ihn hinaus.*

  In langen Sätzen oder wenns zu Missverständnissen kommen kann, sollten Sie ein Komma setzen: *Ich fotografierte die Berge, und meine Frau lag in der Sonne.*
- **Infinitivgruppen**, die mit «um», «ohne», «anstatt», «als» und «ausser» eingeleitet sind, werden mit Kommas abgetrennt: *Ohne sich vom Gast-*

geber zu verabschieden, verschwanden sie. Etwas Besseres, als eine Reise zu gewinnen, kann mir gar nicht passieren. Auch wenn die Infinitivgruppe von einem Wort im Hauptsatz abhängig ist, muss ein Komma stehen: *Sie erinnerte ihn daran, die Post zu holen. Sein Ziel, das Rauchen aufzugeben, wird er nicht erreichen. Meine Freundin hasst es, früh aufzustehen.*

In allen anderen Fällen ist das Komma fakultativ: *Sie nahm sich vor(,) ihre Eltern zu besuchen.* Das gilt auch für die selteneren Partizipgruppen: *Sie sank(,) zu Tode erschreckt(,) aufs Sofa.*

Auch die Regeln zur Zeichensetzung finden Sie vorne im Duden – gut verständlich zusammengefasst und mit Beispielen versehen.

3

Formelle Briefe korrekt dargestellt

Früher war alles ganz einfach: Die Absenderadresse kam oben links hin, sechsmal schalten, dann kam die Empfängeradresse auf die rechte Seite zu stehen. Dreimal schalten, dann – unter der Empfängeradresse – das Datum, dreimal schalten, der Betreff, und so weiter und so weiter. Heute gibts mehr Möglichkeiten.

Die Regeln für Geschäfts- und andere formelle Briefe

Heute trifft man unterschiedliche Briefdarstellungen: Manche Schreiben sehen aus wie früher, auf anderen steht die Empfängeradresse plötzlich links, die Unterschriften sind dann wieder rechts ... Ja, was gilt denn nun, wollen viele Schreiberinnen und Schreiber wissen.

Die Antwort ist einfach: Alles ist möglich. Richten Sie die Adressblöcke, das Datum und die Grussformel nach dem Briefpapier und nach den Fenstern im Kuvert aus. Achten Sie darauf, dass Ihr Schreiben optisch ansprechend gestaltet ist. Und beherzigen Sie für alle anderen Fragen die folgenden Regeln. Sie sind übrigens eine Zusammenfassung aus dem Standardwerk von Max Sager und Georges Thiriet «Regeln für das Computerschreiben», mit dem an den Kaufmännischen Berufsschulen unterrichtet wird.

Die formale Gestaltung

Als Erstes die wichtigsten Regeln zur Gestaltung des Briefes (eine leere Vorlage mit den richtigen Abständen finden Sie auf der CD-ROM zu diesem Buch):

- **Seitenränder:**
  oben 2,5 bis 3 cm
  unten 3 cm
  links 3 cm
  rechts 1,5 bis 2 cm
  Die erste Zeile der Empfängeradresse steht 4,5 cm vom oberen Blattrand.
- **Ausrichtung:** linksbündig
  Achten Sie auf einen gleichmässigen rechten Rand und trennen Sie wenn nötig einzelne Wörter.
- **Zeilenabstand:** einfach
  Bei sehr kurzen Briefen wählen Sie besser einen 1,5fachen Zeilenabstand.

- **Schriftgrösse:** 10 oder 12 Punkte
- **Hervorheben:** durch Fett- oder Kursivschrift
  Veraltet sind Unterstreichen, Grossbuchstaben oder Sperren.

Oft ist weniger mehr! Zu viele optische Reize wirken aufdringlich und erschweren das Lesen. Wählen Sie also für den ganzen Brief nur eine Schrift. Für Hervorhebungen wird heute meist Fettschrift verwendet; gehen Sie sparsam um damit.

Die Empfängeradresse

Das genormte Adressfeld umfasst acht Schreibzeilen. Es kann links oder rechts auf dem Blatt stehen. Postalische Vermerke werden oft mit einer Leerzeile abgetrennt.

Acht Adresszeilen	
1 Einschreiben	1 A-Post
2	2
3 Herrn	3 Frau
4 Günther Weber	4 Petra Wiederkehr
5 Zürichstrasse 120	5 Präsidentin Turnverein Riehen
6 6300 Zug	6 Bachweg 34
7	7 Postfach 1224
8	8 4125 Riehen

Wird der Platz knapp, können Sie die Leerzeile weglassen oder die Anrede und den Namen auf die gleiche Zeile setzen. Das Wort «Firma» wird in der Adresse nicht geschrieben. Auch die Einleitung «An» ist veraltet und wird weggelassen.

Weitere Adressbeispiele	
Jean Frey AG Frau Petra Müller Förrlibuckstrasse 70 Postfach 8021 Zürich	Herrn und Frau Kurt und Petra Scherrer Kistlerweg 10 3006 Bern
Frau Petra Müller Jean Frey AG Förrlibuckstrasse 70 Postfach 8021 Zürich	Familie Dr. Kurt Scherrer Kistlerweg 10 3006 Bern

Eine häufige Frage: Schreibt man in der Adresse «Herr» oder «Herrn»? Auf Briefen ist es üblich, den Adressaten zu beugen, das heisst, den grammatikalisch korrekten Akkusativ anzuwenden: *(an) Herrn Kurt Scherrer.* Nach dieser Lehre wäre die Adressangabe *Herr Kurt Scherrer* grammatikalisch unkorrekt. An den Kaufmännischen Schulen in der Schweiz wird dennoch gelehrt, für den Herrn in der Adresse den Nominativ zu verwenden: *Herr Kurt Scherrer.*

Datum und Betreff

Für die Datumsangabe gibt es verschiedene Schreibweisen:

- alphanumerisch: 6. September 2007
- numerisch: 6.9.2007

Als unschön gilt: 06.09.2007 oder 06.09.07. Lassen Sie die Nullen weg, wo sie keine Bedeutung haben.

Der Betreff oder Behandlungsvermerk ist die Inhaltsangabe Ihres Briefes und steht deshalb ohne eigenen Titel. Zusätze wie «Betrifft», «Betr.», «Gegenstand» oder Ähnliches sind veraltet und werden weggelassen. Einige Beispiele:

- Willkommen im Romantic-Hotel (Bestätigung einer Hotelbuchung)
- Ist bei Ihnen ein Zimmer frei? (Buchungsanfrage)
- Wo bleibt mein Sofa? (Mahnung wegen Lieferverzug)

Fassen Sie sich kurz. Behandlungsvermerke über mehrere Zeilen sind nicht lesefreundlich. Früher wurde unterstrichen, heute verhilft Fettschrift zur optischen Hervorhebung. Ist der Betreff eine Frage, setzen Sie das Fragezeichen. Verwenden Sie Ausrufezeichen nur mit grösster Zurückhaltung, am besten gar nicht.

Die Anrede

In der Schweiz gilt: Nach der Anrede folgt kein Satzzeichen; der Brieftext fängt mit einem Grossbuchstaben an. Bei der unpersönlichen Anrede haben sich folgende Wendungen durchgesetzt:

- Sehr geehrte Damen und Herren
- Sehr geehrte Damen
  Sehr geehrte Herren

Akademische Titel werden in die Anrede einbezogen:

- Sehr geehrte Frau Dr. Hugentobler
- Sehr geehrte Frau Prof. Hugentobler
- Sehr geehrte Frau Doktor
- Sehr geehrte Frau Professorin

Oft verwendete, weniger förmliche Anredeformen	
Liebe Mitarbeiterinnen und Mitarbeiter	Liebe Familie Müller
	Guten Tag Frau Müller
Liebe Kolleginnen und Kollegen	Grüezi Frau Müller
Sehr geehrte, liebe Frau Kollegin	Hallo Severin

Der Briefschluss

Er umfasst die Grussformel sowie die Unterschrift und steht (je nach Platzierung der Empfängeradresse) rechts oder links am unteren Blattrand.

Bei Geschäftsbriefen gehört natürlich auch der Firmenname dazu. Unterschreiben mehrere Personen, steht der oder die Ranghöhere auf der linken Seite. Die handschriftliche Unterschrift steht über dem maschinengeschriebenen Namen. Unterschriften können auch untereinander angeordnet werden – dann steht die handgeschriebene Unterschrift neben der getippten.

Beispiele von Unterschriften

Freundliche Grüsse	Mit freundlichen Grüssen
Viele Grüsse	Mit sommerlichen Grüssen
Freundliche Grüsse Zürcher Kantonalbank Filiale Horgen Peter Kuster Sarah Meier	Freundliche Grüsse Möbel Pfister Verkaufsunterstützung i.A. Dominik Haselbach

Schreiben Sie – in der getippten Unterschrift – den Vornamen aus. Sonst weiss der Adressat nicht, ob er einer Frau oder einem Herrn antworten soll.

Wo genau der Beilagenvermerk zu stehen kommt, hängt von der Platzierung der Grussformel ab: Steht diese rechts, beginnt er eine Zeile nach der maschinenschriftlichen Angabe der Unterzeichner oder vier Zeilen nach dem Firmennamen. Steht die Grussformel links, beginnt der Beilagenvermerk vier Zeilen nach der maschinengeschriebenen Angabe der Unterzeichner bzw. acht Zeilen nach dem Firmennamen. Mangelt es an Platz, können Sie weiter oben beginnen, nötigenfalls schon auf der Höhe der Grussformel. Das Wort «Beilage» wird häufig weggelassen, stattdessen werden die Beilagen namentlich aufgeführt.

Das Postskriptum (PS)

Postskriptum (abgekürzt PS) heisst «das Nachgeschriebene». Und: PS schreibt man ohne Abkürzungspunkte. Als die Briefbotschaften noch mit der Schreibmaschine auf ein Blatt Papier gehämmert wurden, verwendete man ein PS, wenn man etwas Wichtiges vergessen hatte – und nicht das Ganze nochmals tippen wollte.

Das PS hat unbestrittenermassen einen hohen Aufmerksamkeitswert. Gerade in Werbebriefen wird es genutzt, um die wichtigsten Vorteile eines Angebots nochmals hervorzuheben. Denn Leserforschungen haben gezeigt, dass in Werbebriefen das PS oft der einzige Text ist, der überhaupt gelesen wird. Ein paar Beispiele:

- Schicken Sie uns die ausgefüllte Teilnahmekarte noch heute zurück. Vielleicht gehören Sie zu den glücklichen Gewinnern!
- Wenn Sie Ihre Mitgliedschaft noch in diesem Monat erneuern, profitieren Sie von einem Gratis-Monat.
- Nicht vergessen: GV am 20. September um 19.00 Uhr – anschliessend Weindegustation.

Wenn der gleiche Brief an viele geht

Sie kennen das Problem: Ihr Brief geht an mehrere Personen im Betrieb, an Frauen wie Männer. Oder Sie schreiben eine Einladung für alle Nachbarn; mit den einen sind Sie per Du, mit anderen per Sie. Was tun? Schreiben Sie nur, was Sie auch aussprechen können. Unschön sind die Doppelformen «Sie/Du» oder «Euch/Ihnen», ebenso hässlich die Zusammenzüge «MitarbeiterInnen» oder «Mitarbeiter(innen)». Lösen Sie solche Fragen eleganter:

- Wenn Sie Frauen und Männer meinen, nennen Sie beide: *liebe Mitarbeiterinnen, liebe Mitarbeiter.*
- Wenn Sie die Adressaten Ihres Briefes sowohl duzen wie siezen, wählen Sie immer die Höflichkeitsform: *Ich lade Sie alle herzlich ein.* Achtung: Immer wieder liest man in Briefen an einen Kundendienst oder eine Beratungsstelle die Formen «euch» oder «ihr». Das ist unhöflich. Wenn Sie mit den Empfängern nicht per Du sind, ist «Sie» immer die korrekte Anrede.

Der Textaufbau

Gliedern Sie Ihren Brief optisch und inhaltlich in Einleitung, Hauptteil und Schlussteil. Erstellen Sie vor dem Schreiben eine kurze Disposition, in der Sie stichwortartig festhalten, was Sie Ihrer Adressatin in welchem Teil sagen wollen.

Die drei Teile Ihres Briefes	
Einleitung	
Motto: Holen Sie Ihre Leser ab. Sagen Sie ihnen kurz und bündig, worum es geht.	Die Einleitung soll so kurz wie möglich sein. Was Sie im Betreff schon erwähnt haben, brauchen Sie hier nicht zu wiederholen. Wo eine Einleitung keinen Sinn macht, können Sie sie auch weglassen.
Hauptteil	
Motto: Kommen Sie zur Sache.	Der Hauptteil soll klar machen, was Sie mit dem Brief erreichen wollen. Wollen Sie sich bewerben? Reklamieren? Mahnen? Kündigen? Im Hauptteil ist auch Platz für nützliche oder nötige Zusatzinformationen, zum Beispiel für eine Begründung, für ein Angebot oder für eine Werbebotschaft. Tipp: Schreiben Sie nur, was die Leserin noch nicht weiss. Verzichten Sie auf Wiederholungen!
Schlussteil	
Motto: Verabschieden Sie sich mit einer klaren Aussage von Ihrem Leser.	Hier soll der Empfänger erfahren, was Sie wollen und welche Reaktion Sie von ihm erwarten. Der Schlussteil kann mit der Dank- und Grussformel zusammenfallen.

Zur Illustration ein Beispiel, das garantiert ohne Textdisposition geschrieben wurde: Im folgenden Brief fehlt ein klarer Aufbau, der Verfasser schreibt, was ihm gerade in den Sinn kommt. Dafür wimmelt es von passiven Formen, von Schachtelsätzen und von leeren Floskeln.

So nicht

Englischkurse

Sehr geehrter Herr Peter

Der Unterzeichnende hat versucht, Sie telefonisch zu erreichen;
dies jedoch ohne Erfolg.

Die Planung der neuen Lehrgänge im Rahmen der Qualitätssicherung
hat ergeben, dass wir Sie leider nicht mehr berücksichtigen können.

Wir bedauern, Ihnen diesen Entscheid mitteilen zu müssen; stehen
Ihnen jedoch zur Beantwortung allfälliger Fragen gerne zur Verfügung.

Für die weitere Zukunft wünschen wir Ihnen viel Erfolg.

Freundliche Grüsse

Sprachschule XY

Erst nach mehrmaliger Lektüre merkt die geneigte Leserin, dass Herr Peter bei der Sprachschule XY als Lehrer tätig war und mit diesem Schreiben entlassen wird. Wo liegt das Problem?

- Der Verfasser schreibt um den heissen Brei und versteckt seine unangenehme Botschaft in Floskeln und aufgeblähten Formulierungen.
- Den ersten Satz nimmt man dem Rektor ganz und gar nicht ab. Im Gegenteil: Man kann sich gut vorstellen, dass er froh ist, die Kündigung nicht persönlich aussprechen zu müssen.
- Die Begründung verschleiert mehr, als sie sagt: Nicht die Planung der neuen Lehrgänge und auch nicht die Qualitätssicherung haben ergeben, dass Herr Peter nicht weiter berücksichtigt werden kann. Die Schule ist mit seinen Leistungen nicht mehr zufrieden. Das müsste in einer korrekten Begründung stehen.

- Und zum Schluss bedauert der Schreiber nicht etwa, dass er den Lehrer entlassen muss, sondern, dass er ihm die Kündigung mitteilen muss.
- Der Rektor wünscht dem entlassenen Lehrer viel Erfolg – nach einem solchen Schreiben ist das blanker Zynismus.

Auch Kündigungen können klar und doch höflich abgefasst werden. Am Anfang steht die klare Disposition; dann folgt das korrekt formulierte Schreiben (fast) von selbst.

> Muster 1

Textdisposition für das Kündigungsschreiben	
Einleitung	• Bezug nehmen auf Gespräch • Kündigung aussprechen
Hauptteil	• Negative Rückmeldungen aus Kursen im letzten Sommer • Zielvereinbarung wurde formuliert • Ziele nicht erreicht
Schlussteil	• Danke für Mitarbeit • Weiterbildung empfehlen • Alles Gute wünschen

Kündigung

Sehr geehrter Herr Peter

Wie wir Ihnen bereits mündlich mitgeteilt haben, kündigen wir Ihren Anstellungsvertrag per 30. Juni.

Im letzten Sommer haben wir Sie darauf hingewiesen, dass die Rückmeldungen Ihrer Studierenden negativ ausgefallen waren. Darauf haben wir mit Ihnen Zielvereinbarungen formuliert. Die Auswertung des letzten Semesters zeigt nun leider, dass Sie diese Ziele nicht erreicht haben.

Für Ihre Mitarbeit und Ihren Einsatz an unserer Schule in den vergangenen Jahren danken wir Ihnen. Wir sind überzeugt, dass Sie mit einer Weiterbildung Ihre methodischen und didaktischen Fähigkeiten weiter entwickeln können.

Wir wünschen Ihnen für Ihre Zukunft alles Gute.

Freundliche Grüsse

1

Korrektes Kündigungsschreiben

Die Regeln für E-Mails

Eine elektronische Mitteilung besteht aus Anschrift, Betreff und dem eigentlichen Text. Zudem können Dienstvermerke (zum Beispiel «privat»), Prioritätsstufe, Versand- und Ablaufdatum eingegeben werden. Durch die Einrichtung einer Leseempfangsbestätigung können Sie veranlassen, dass der Empfänger den Erhalt der Nachricht quittiert. Und schon bald wird man sogar eingeschriebene Mails verschicken können.

Die Möglichkeiten der elektronischen Kommunikation verleiten dazu, rasch zu reagieren. Kaum gelesen, wird das Mail beantwortet – womöglich in Mundart – und ohne den Text durchzusehen, klickt man auf «Senden». Unter engen Freundinnen und Gleichgesinnten mag das ja angehen. Doch sobald es ein bisschen formeller wird, gelten für E-Mails die gleichen Regeln wie für herkömmliche Briefe:

- Sprechen Sie den Empfänger persönlich, mit Namen an
- Formulieren Sie einen passenden Betreff, und zwar so, dass gar nicht erst der Verdacht aufkommt, es könnte sich um ein unerwünschtes Werbemail handeln. Sonst wird Ihre Nachricht ungelesen gelöscht.
- Beachten Sie die Gross- und Kleinschreibung, bemühen Sie sich um fehlerfreies Deutsch und korrekte Grammatik. Die Sitte, ein Mail konsequent in Kleinbuchstaben zu schreiben, wird von vielen Empfängern als unhöflich empfunden. Schreiben Sie Ihren Text auf keinen Fall in GROSSBUCHSTABEN, denn das wirkt auf viele Leute wie SCHREIEN, und wer lässt sich schon gerne anschreien?
- Verwenden Sie Abkürzungen und Smileys nur dann, wenn Sie sicher wissen, dass die Empfängerin sie kennt, versteht und auch schätzt. Vornehme Zurückhaltung ist angebracht.
- Beenden Sie Ihr Mail mit einer zum Inhalt passenden Grussformel.
- Löschen Sie bei der Antwortfunktion die vorausgegangenen Texte. Sonst verschicken Sie unnötige Datenbandwürmer.
- Verzichten Sie auf einen Anhang mit Vertraulichkeitshinweis (Disclaimer). Diese Text-Rattenschwänze weisen auf die Vertraulichkeit des Mails hin und bitten die Empfängerin, es sofort nach Erhalt zu löschen. Solche Anhänge haben keinen nachgewiesenen Nutzen. Für etwas wirklich Vertrauliches wählen Sie besser einen sicheren Weg.

> Muster 2 bis 5

Wer im Geschäft häufig Mails verschickt, richtet sich meist eine einheitliche Signatur mit folgenden Informationen ein: Vorname, Name und persönliche Mailadresse; Firmenname, Adresse mit Telefon- und Faxnummer (inklusive Vorwahl); eventuell Slogan, aktuelle Zusatzinformationen auf Angebote, Link auf Homepage. Mit Vorteil verwenden Sie auch für Ihre privaten Mails eine solche Signatur: mit Adresse, Telefonnummern und E-Mail. Damit erleichtern Sie es den Empfängern, mit Ihnen in Kontakt zu treten. Und bei Mails an die Lebenspartnerin oder den Schwiegervater können Sie die Signatur ja jederzeit löschen

Verzichten Sie auf elektronisches Briefpapier und Bilder. Solche Extras brauchen viel Zeit beim Herunterladen und viel Speicherplatz. Das kann einen Empfänger verärgern.

From: Vera Furrer
To: Christine Walser
Subject: na endlich ...
Date: Tue, 14 Nov 2006 22:53:59

Hallo, liebe Christine

Ist ja ewig gegangen, bis ich mich wieder melde. Blöderweise war ich im Oktober gleich nochmals krank. Wiederholung vom September. Ja nu.

Jetzt hab ich die Grippe hoffentlich für die nächsten Jahre hinter mir. Nicole und ich würden Dich gerne mal treffen, um mit Dir über neue Choreografien zu plaudern (und über anderes natürlich auch!). Ich arbeite ja unterdessen im Kreis 5 – und von da ist es jeweils eine halbe Weltreise, bis ich im Seefeld bin.

Wie siehts bei Dir am 24. November aus? Hättest Du so um sechs oder halb sieben Zeit für einen Drink? Oder wie wäre der 1. Dezember? Da habe ich um 14 Uhr ein Interview (dauert etwa anderthalb Stunden) und bin den Rest des Nachmittags frei.

Schön, wenn wir uns bald sehen könnten. Ich hoffe, es geht Dir gut.

Ganz liebe Grüsse

2

Kontakt aufnehmen per Mail

Von: Christine Walser
An: Vera Furrer
Datum: Mittwoch, 15. November 2006, 07:30 Uhr
Betreff: RE: na endlich ...

Hoi Vera

Schön, wieder von Dir zu lesen!

Ich hoffe, es geht Dir besser und Du lässt das Kranksein jetzt bleiben!

Mir geht es sehr gut, habe zwar viel zu tun gehabt und muss diese Woche nochmals eine weitere Show absolvieren. Danach wird es hoffentlich wieder etwas ruhiger. Ich bin nächste Woche nicht da, komme erst wieder am 26. November nach Hause.

Der 1. Dezember wäre gut für mich. Bin aber bis 17 Uhr am Unterrichten an der Uni. Geht es Dir auch danach? Wenn nicht, finden wir sicher ein anderes Datum.

Ich grüsse Dich und Nicole. Hoffentlich bis bald.

3

Antwort mit Terminvorschlag

From: Vera Furrer
To: Christine Walser
Subject: Na endlich – zum Zweiten
Date: Wed, 15 Nov 2006 09:36

Hallo, liebe Christine

Am 1. Dezember gehts prima; auch nach 17 Uhr. Ich bin bis ca. 15.30 Uhr am Interview und danach verkrümle ich mich in die Bibliothek und lese ...

Wann wollen wir uns wo treffen? Wie wäre es um halb sechs oder um sechs im «Terrasse»?

Ich freue mich! Bis bald, ganz liebi Grüessli

4

Antwort auf die Antwort

Von: Christine Walser
An: Vera Furrer
Datum: Mittwoch, 15. November 2006, 10:25 Uhr
Betreff: RE: Na endlich – zum Zweiten

Hoi Vera

Super, ich kann am 1. Dezember um 17.30 Uhr im «Terrasse» sein!

Freu mich auf Dich und wünsche Dir eine schöne Woche.
Äs liebs Grüessli

5

Verabredung perfekt

4

Wann und wozu brauchts Verträge?

Wer seinem Kollegen auf die Schnelle ein paar hundert Franken ausleiht oder fürs Hochzeitsfest eine Zauberin engagiert und dann auf einer schriftlichen Vereinbarung besteht, macht sich oft unbeliebt. Gerade unter Bekannten und Freunden darf man sich doch vertrauen. Oder?

Schriftlich ist sicherer

Vor allem unter Bekannten und Freunden verzichten viele auf schriftlich Fixiertes. Schliesslich kennt und vertraut man sich. Und auch im Geschäftsleben wird der Vertrauensbeweis wieder gross geschrieben; eine Autogarage wirbt gar mit dem Slogan: «Kommen Sie zu uns. Wo ein Handschlag noch gilt!»

Gut und recht. Wer seine Geschäfte per Handschlag erledigt, spart Zeit und Papier. Doch diese Zeitersparnis kann Sie ganz schön teuer zu stehen kommen. Die Beraterinnen und Berater beim Beobachter erleben das jeden Tag. Beispiele gefällig?

Der junge Automechaniker nimmt für seine Freundin einen Kleinkredit auf, damit sie ihre Schulden zurückzahlen kann. Nachdem die junge Frau das Geld erhalten hat, gibt sie ihrem Freund den Laufpass. «Wie komme ich nun zu meinem Geld?», will der verzweifelte Mann wissen. Einen schriftlichen Darlehensvertrag hat er seine verschuldete Freundin nicht unterschreiben lassen und diese bestreitet heute auch prompt, das Geld erhalten zu haben.

Ein krasses Beispiel, sagen Sie? Ein Einzelfall? Nein! Eine Malermeisterin meldet sich beim Beobachter-Beratungszentrum. Bei einem Kunden hat sie Arbeiten für mehrere tausend Franken ausgeführt. Weil der Kunde nicht zahlt, betreibt sie ihn. Doch der Kunde erhebt Rechtsvorschlag. Die Handwerkerin müsste sich nun einen Anwalt nehmen und ihren Kunden vor Gericht ziehen. Hätte sie ihn gleich zu Anfang eine einfache Auftragsbestätigung unterschreiben lassen, käme sie wesentlich einfacher zu ihrem Geld.

Klarheit schaffen

Das Schweizerische Zivilgesetzbuch sagt: Wer ein Recht behauptet, trägt im Streitfall die Beweislast. Bei mündlich abgeschlossenen Verträgen ist das häufig ein aussichtsloses Unterfangen. Wenn Sie also auf Nummer sicher gehen wollen, sollten Sie wichtige Alltagsgeschäfte immer schriftlich festhalten. Das Ausarbeiten eines Vertrags bringt Ihnen neben der Beweissicherung nämlich noch andere Vorteile. In der Rechtsberatung zeigt sich immer wieder, dass die Parteien erst beim Aufsetzen des Vertrags realisieren, dass sie sich in gewissen Punkten gar nicht einig sind. Verhandeln und formulieren schafft auch Klarheit. Damit schwindet Ihr Risiko, später in eine rechtliche Auseinandersetzung verwickelt zu werden.

> Muster 6

Viele Menschen trauen sich nicht zu, selber einen Vertrag oder ein präzises Schreiben aufzusetzen. Häufig sind sie mit Formulieren überfordert und meist fehlt das rechtliche Fachwissen. Selbst wer sich die Mühe macht und ein Gesetzbuch in die Hand nimmt, wird aus dem Juristenkauderwelsch nicht schlau. Zudem unterscheidet das Gesetz zwischen so genannt zwingenden und dispositiven Normen. Während die zwingenden Gesetzesnormen unbedingt zu beachten sind, können die Parteien in einem Vertrag von den dispositiven abweichen und etwas anderes vereinbaren. Bloss: Wer weiss schon, welche Bestimmungen nun zwingend sind und welche nicht? Und wer weiss, was überhaupt in einen Vertrag gepackt werden darf und was nicht?

Machen Sie es sich nicht zu schwer: Nutzen Sie die in diesem Buch abgedruckten Vorlagen als Beispiele und als Hilfe. Stellen Sie Ihren Vertrag oder Ihren Brief nach Ihren Wünschen zusammen und legen Sie Ihr Werk dann bei einer Rechtsberatung zur Prüfung vor, wenn Sie unsicher sind.

In komplizierten Fällen (etwa bei Eheverträgen, Scheidungsvereinbarungen oder Testamenten) ist eine fundierte rechtliche Beratung ohnehin unverzichtbar. Sie können aber einen grossen Teil der Vorarbeit selber leisten – so sparen Sie Zeit und Geld. Bei dieser Vorarbeit stossen Sie vielleicht auf Punkte, die Sie zuerst klären müssen, oder auf Fragen, die Sie sich noch gar nicht überlegt haben.

Das müssen Sie über Verträge wissen

Viele Ratsuchende wenden sich an den Beobachter, weil sie wissen möchten, in welcher Form sie Verträge schliessen oder Briefe verschicken müssen. Hier eine Zusammenstellung der häufigsten Fragen und die Antworten dazu:

- Welche Verträge müssen schriftlich, welche dürfen mündlich abgeschlossen werden?

  Das Gesetz schreibt vor, dass Lehrverträge, Konsumkreditverträge (dazu gehören auch Leasingverträge), Ehe- und Erbverträge (auch das einfache Testament), Verträge zur Ehe- oder Partnerschaftsvermittlung, Grundstückkaufverträge und Bürgschaftsverträge schriftlich abgeschlossen werden müssen. Alle anderen Verträge (insbesondere Kauf- und Arbeitsverträge) kommen auch ohne Brief und Siegel, also mündlich, zustande.
- Welche Verträge müssen notariell beglaubigt werden?

  Der Bürgschaftsvertrag, Ehe- und Erbverträge sowie der Grundstückkaufvertrag müssen notariell beglaubigt werden.
- Ist ein Vertrag ungültig, wenn eine gesetzliche Formvorschrift nicht erfüllt worden ist?

  Nein, ein solcher Vertrag ist nicht in jedem Fall automatisch ungültig, er ist aber gerichtlich anfechtbar.
- Ist eine mündliche Zusage verpflichtend, auch wenn der Vertrag noch nicht unterschrieben wurde?

  Hier gilt die gesetzliche Vermutung, dass die Parteien, wenn sie miteinander vereinbaren, einen schriftlichen Vertrag zu schliessen, bis zu dessen Unterzeichnung ungebunden bleiben wollen. Aber Achtung: Möchten Sie aussteigen – beispielsweise aus einem Arbeitsvertrag –, müssten Sie im Streitfall beweisen, dass das tatsächlich so gemeint war. Zudem entstehen, wenn Vertragsparteien miteinander verhandeln, schon vor dem Vertragsabschluss gewisse Rechte und Pflichten, unter anderem Sorgfaltspflichten. Wer solche Pflichten grob verletzt, kann unter Umständen auf Schadenersatz verklagt werden, obwohl noch kein Vertrag unterzeichnet wurde.
- Welche Briefe muss man eingeschrieben schicken?

  Das Gesetz schreibt nirgends vor, dass ein Brief eingeschrieben verschickt werden muss. Weil aber im Streitfall immer die Absenderin beweisen muss, dass das Schreiben fristgerecht angekommen ist, sollten

Sie wichtige Briefe wie zum Beispiel Kündigungen immer eingeschrieben verschicken.

- Wie lange müssen Verträge und Briefe aufbewahrt werden?
  Für Unternehmen schreibt das Gesetz vor, dass sie ihre Unterlagen zehn Jahre aufbewahren müssen. Für Private gibt es keine solchen Vorschriften. Es empfiehlt sich aber auch für sie, alte und nicht mehr aktuelle Dokumente während zehn Jahren aufzubewahren.
- Was gilt bei Fax und E-Mail?
  Natürlich können Verträge auch per Fax und E-Mail geschlossen und Briefe auf diese Weise verschickt werden. Bestehen Sie aber aus Beweisgründen immer auf einem schriftlichen Vertrag mit Originalunterschriften.

So. Ab hier ists fertig mit der Theorie. Jetzt wenden wir uns dem Schreiben in unterschiedlichsten Situationen zu.

6

Vereinbarung für ein einfaches Alltagsgeschäft

Gebrauchsleihe Steinway-Klavier

Martina Steiner, Häldeliweg 45, 8500 Frauenfeld

und

Erwin Guyer, Steinenstrasse 12, 7320 Sargans

vereinbaren:

- Martina Steiner überlässt Erwin Guyer ihr Steinway-Klavier kostenlos zur Leihe. Das Klavier hat einen Wert von rund 3000 Franken.
- Für den fachgerechten Transport nach Sargans ist Erwin Guyer besorgt. Er übernimmt auch die Kosten für diesen Transport.
- Erwin Guyer und seine Familie dürfen das Klavier benutzen. Er verpflichtet sich, sorgfältig damit umzugehen und es regelmässig von einem ausgebildeten Klavierstimmer stimmen zu lassen.
- Möchte Martina Steiner ihr Klavier wieder zurückhaben, teilt sie dies Erwin Guyer zwei Monate im Voraus mit. Die Kosten für den Rücktransport gehen zulasten von Erwin Guyer.

Frauenfeld, 3. November 2006

Martina Steiner Erwin Guyer

5

Schwierige Botschaften: Reklamationen

Reklamationen und die Antworten darauf sind heikle Botschaften. Oft liegen auf beiden Seiten die Nerven blank. Wer sich erfolgreich beschweren will, muss besonders sorgfältig arbeiten: Wenn Sie sich in Details verlieren und einfach drauflosklagen, laufen Sie Gefahr, am Ziel vorbeizuschiessen. Mindestens so viel Fingerspitzengefühl brauchen Sie auch, wenn Sie auf Reklamationen antworten.

Reklamieren, aber richtig

Die Schalterbeamtin in der Bank war unfreundlich, der Briefträger hat wieder Nachbars Kuverts in Ihrem Briefkasten deponiert und der Tramchauffeur ist Ihnen mit einem frechen Grinsen vor der Nase weggefahren. Im Bauch steigt die Wut hoch und mit ihr manchmal der Vorsatz, jetzt mal gehörig auf den Tisch zu klopfen und sich über so viel Unverschämtheit zu beschweren. Im Kopf legt man sich minutenlang die schönsten, treffendsten Formulierungen zurecht. Dabei bleibts dann meist. Weil die genüssliche Vorstellung, wie wortgewandt man sich beschweren könnte, schon über den schlimmsten Ärger hinweggetröstet hat. Weil das Schreiben den Ärger im schlimmsten Fall unnötig verlängern könnte. Und schliesslich will man nicht als notorische Nörglerin oder als Stänkerer entlarvt werden.

Aber vielleicht kommt es ja doch einmal vor, dass sich der Ärger nicht so rasch verflüchtigt und Sie wirklich wutentbrannt in die Tasten greifen. Auch das ist gut. Mit dem Reklamieren verschaffen Sie sich Luft, und gleichzeitig erhält der Empfänger die Chance, sich mit seinem Verhalten auseinander zu setzen.

Bevor Sie nun aber Ihren ganzen Frust in die Tastatur hämmern: Überlegen Sie sich ein paar Punkte. Erstellen Sie unbedingt eine Textdisposition, bevor Sie sich ans Schreiben machen (siehe Seite 50). Schildern Sie am Anfang des Briefes möglichst knapp, was sich wann zugetragen hat. Schreiben Sie dann, wer Sie warum verärgert hat, was Sie genau bemängeln und welches Verhalten Sie allenfalls erwartet hätten. Machen Sie zum Schluss klar, was Sie jetzt oder in Zukunft erwarten. Bevor Sie den fertigen Brief abschicken, überprüfen Sie unbedingt folgende Punkte:

- Achten Sie darauf, dass Ihr Schreiben auf keinen Fall länger als eine Seite wird.
- Bleiben Sie sachlich: Polemik, politische oder weltanschauliche Ansichten zur Unterstreichung Ihrer Argumente haben in einem Reklamationsbrief genauso wenig zu suchen wie die Angabe militärischer Grade in einer Kontaktanzeige.
- Beleidigungen und Verunglimpfungen zeugen von schlechtem Stil; mit Drohungen machen Sie sich unter Umständen sogar strafbar.

- Halten Sie sich mit Anschuldigungen zurück und vergreifen Sie sich niemals im Ton. Das ist nämlich besonders peinlich, wenn sich herausstellen sollte, dass der Fehler bei Ihnen liegt.
- Eine gepflegte Sprache und eine saubere Darstellung unterstreichen Ihre Argumente.

> Muster 7 und 8

Es tut gut, sich den Ärger einmal so richtig von der Seele zu schreiben. Lassen Sie den Brief aber unbedingt einen Tag liegen und überarbeiten Sie ihn nochmals, bevor Sie ihn abschicken.

7

Reklamation an die Post

Verspätete Zustellung

Sehr geehrte Damen und Herren

Am letzten Montag habe ich am Postschalter in Hergiswil 55 Kuverts mit der Geburtsanzeige unseres Sohnes Daniel per A-Post abgeschickt.

Aufgrund der Reaktionen unserer Freunde und Bekannten stelle ich fest, dass sämtliche Briefe ihre Empfänger nicht wie versprochen am nächsten Tag erreicht haben. Die Anzeigen sind erst nach drei Tagen angekommen.

Da ich die Taxe für A-Post bezahlt habe, erwarte ich, dass Sie mir für die Verspätung einen Teil des Portos zurückerstatten.

Freundliche Grüsse

8

Reklamation an Taxiunternehmen

Taxibestellung für 11. März

Sehr geehrte Damen und Herren

Am 10. März habe ich bei Ihnen telefonisch einen Wagen bestellt.

Der Wagen sollte mich am 11. März um 5 Uhr früh abholen und zum Flughafen bringen. Doch leider wartete ich vergebens. Nur weil mein Sohn mich im letzten Moment gefahren hat, habe ich meinen Flug noch erreicht.

Ich hätte meine Ferien gerne entspannter angetreten. Beim nächsten Mal werde ich mich bestimmt nicht mehr auf Ihr Unternehmen verlassen.

Mit verärgerten Grüssen

Auf Reklamationen antworten

Eine Reklamation zu bekommen ist zunächst unangenehm. Doch wenn Sie ein Unternehmen besitzen oder leiten, dann sollten Sie sich unbedingt um Ihre unzufriedenen Kunden kümmern. Viele Kunden scheuen nämlich den Aufwand, sich zu beschweren, und rächen sich über einen schlechten Service, indem sie das nächste Mal einen anderen Anbieter berücksichtigen. Eine Reklamation gibt Ihnen die Chance, betriebsinterne Abläufe zu überprüfen, sie effizienter zu gestalten, Fehler zu erkennen und zu verbessern. Und: Sie haben die Chance, einen unzufriedenen Kunden ohne grossen Aufwand zufrieden zu stellen. Diese Chance sollten Sie unbedingt nutzen.

Ähnliche Überlegungen gelten auch für die private Korrespondenz. Wollen Sie mit Nachbarn, Bekannten und Arbeitskolleginnen ein gutes Verhältnis pflegen, müssen Sie sich auch mal entschuldigen können, wenn Ihnen ein Fehler unterlaufen ist.

Wer den ersten Ärger nicht verdauen kann und zum Griffel greift, um sich zu beschweren, ist mächtig sauer. Und er oder sie erwartet etwas von Ihnen: eine Entschuldigung vielleicht, eine Erklärung oder ein Entgegenkommen. Überlegen Sie sich also folgende Punkte, bevor Sie sich hinsetzen und Ihrem reklamierenden Gegenüber antworten:

- Lesen Sie das Reklamationsschreiben genau durch. Manchmal muss man zwischen den Zeilen lesen. Versuchen Sie herauszufinden, worüber sich die Verfasserin geärgert hat und was sie von Ihnen erwartet.
- Versuchen Sie, die Reklamation nicht persönlich zu nehmen.
- Versuchen Sie beim Schreiben, sich in die Rolle Ihres Gegenübers zu versetzen.
- Nichts ärgert Kunden so sehr wie das Gefühl, abgewimmelt und mit einer Reklamation nicht ernst genommen zu werden. Ihr Kunde wird eine abschlägige Antwort besser akzeptieren können, wenn Sie ihm zeigen, dass Sie sich wirklich mit seinem Brief auseinander gesetzt haben und auf seine Kritik eingegangen sind. Verstecken Sie sich also niemals hinter Fachausdrücken oder Gesetzesartikeln.
- Kommen Sie zum Punkt. Und zwar so rasch wie möglich. Ihr Kunde interessiert sich nicht dafür, an welchen Stellen in Ihrem Unternehmen

Sie welche Abklärungen getroffen haben und wer mit der Beschwerde betraut worden war. Er will wissen, was Sie auf seine Reklamation zu sagen haben.

- Spielen Sie Mitarbeitende nicht gegeneinander aus und machen Sie sich nicht klein. Bringen Sie niemals Ausreden vor – «der Lehrling hat ...» – «eine Panne des Computers ...» –, sondern stehen Sie zu Ihrem Fehler und entschuldigen Sie sich dafür.
- Versuchen Sie nie, die Reaktion Ihres Gegenübers abzuschwächen oder seine Wahrnehmung in Frage zu stellen.
- Weisen Sie persönliche Anfeindungen und Verunglimpfungen zurück. Gehen Sie auf Polemik nicht ein und bleiben Sie sachlich.

Was aber antworten? Ist die Reklamation berechtigt, müssen Sie sich vor Ihrer Textdisposition überlegen, ob Sie Ihrem Gegenüber etwas zur Wiedergutmachung anbieten können oder ob Sie es bei einer Entschuldigung bewenden lassen müssen. Letzteres ist besonders schwierig.

> Muster 9 und 10

Es soll auch vorkommen, dass eine Reklamation ganz und gar unberechtigt ist. Gerade dann sollten Sie es im Antwortschreiben auf keinen Fall am nötigen Fingerspitzengefühl mangeln lassen.

> Muster 11

Manchmal ist ein Gespräch einfacher als ein Antwortbrief. Und manchmal ist ein Antwortbrief einfacher, nachdem Sie mit Ihrem Kunden oder der reklamierenden Nachbarin gesprochen haben.

Verspätete Zustellung

Sehr geehrter Herr Vogt

Haben Sie vielen Dank für Ihr Schreiben vom 5. Mai. Kundenreklamationen wie die Ihre helfen uns, unsere Abläufe zu überprüfen und unseren Service zu verbessern.

Ihren Ärger können wir verstehen. Es ist bedauerlich, dass ausgerechnet eine so freudige Nachricht wie die Geburt Ihres Sohnes die Adressaten zu spät erreicht hat. Obwohl wir alles daran setzen, können wir Verspätungen bei täglich zehn Millionen adressierter Sendungen leider nicht ausschliessen. Im Wissen, dass wir Ihre Enttäuschung finanziell nicht entschädigen können, überreichen wir Ihnen als Beilage Briefmarken im Wert von Fr. 20.–.

Für die verspäteten Sendungen entschuldigen wir uns.

Freundliche Grüsse

9

Antwort der Post auf die Reklamation in Muster 7

Hundegebell

Grüezi Herr Imboden

Haben Sie vielen Dank für Ihre Zeilen. Wir können gut verstehen, dass Ihnen das gelegentliche Gebell unseres Blacky auf die Nerven geht.

Blacky ist ein junger, sehr lebhafter Hund. Natürlich muss er lernen, sich richtig zu benehmen. Dazu gehört auch, dass er nicht jedes Mal laut bellt, wenn er etwas sieht oder hört. Deshalb besuchen wir mit ihm einen Erziehungskurs.

Wir versprechen Ihnen, dass Blacky bald Fortschritte erzielen und Ihre Ruhe nicht mehr stören wird. Bis es so weit ist, bitten wir Sie um etwas Nachsicht und entschuldigen uns für die Störungen.

Freundliche Grüsse

10

Sich beim Nachbarn entschuldigen

11
Antwort auf ungerechtfertigte Reklamation

Lichtervorhang

Guten Tag Frau Huser

Für Ihre Reklamation vom 16. Dezember danken wir Ihnen.

Wir bedauern, dass die Weihnachtslichterkette Ihre Vorhänge angesengt hat.

Offenbar haben Sie übersehen, dass auf der Verpackung und in der Gebrauchsanweisung an mehreren Stellen deutlich darauf hingewiesen wird, dass sich diese Lichterkette bei mehrstündigem Gebrauch erhitzt und sich deshalb nicht für Wohninnenräume eignet, sondern nur für den Aussenbereich. Aus diesem Grund können wir auf Ihre Forderung, Ihre Vorhänge zu ersetzen, nicht eingehen.

Um Ihren Ärger jedoch etwas zu lindern, überreichen wir Ihnen als Beilage einen Rabattgutschein über zehn Prozent für Ihren nächsten Einkauf in unserem Haus.

Wir wünschen Ihnen frohe Festtage und ein glückliches, neues Jahr.

Freundliche Grüsse

6

Briefe an Vermieterinnen, Handwerker und Nachbarn

Suchen Sie eine Wohnung? Ist Ihre Freundin gerade zu Ihnen gezogen? Ärgern Sie sich über eine Mietzinserhöhung oder über eine überrissene Handwerkerrechnung? Dann sind Sie in diesem Kapitel genau richtig! Wenn Sie mit Ihrer Vermieterin, mit dem Nachbarn oder mit der Schreinermeisterin schriftlich zu tun haben, denken Sie dran: Bringen Sie Ihre Botschaft rasch auf den Punkt und sagen Sie in klaren, einfachen Worten, was Sie wollen.

Die Wohnungssuche

Die Suche nach einer neuen Bleibe ist längst nicht nur in Grossstädten ein Alptraum. Wer eine zahlbare Wohnung sucht, muss viel Zeit und noch mehr Nerven investieren. Nutzen Sie deshalb Ihr Beziehungsnetz. Erzählen Sie Ihren Freundinnen, den Kollegen am Arbeitsplatz, im Fitnessstudio und in der Maniküre, dass Sie auf Wohnungssuche sind. Durchforsten Sie Inserate und Internet. Und schreiben Sie Vermieter ganz gezielt an.

> **Muster 12 und 13**

Natürlich können Sie auch bei Liegenschaftenverwaltungen Anmeldeformulare ausfüllen. Viele Verwaltungen verlangen bereits bei der Anmeldung eine Kopie Ihres Betreibungsregisterauszugs. Diesen erhalten Sie gegen eine kleine Gebühr beim Betreibungsamt an Ihrem Wohnort.

Wird bei Ihnen eine Dreizimmerwohnung frei?

Guten Tag Herr Derendinger

Meine Freundin Marcia Müller wohnt in Ihrer Liegenschaft an der Brauerstrasse 2 in Wil. Die Überbauung und die Wohnungen gefallen mir sehr gut.

Seit einigen Monaten bin ich auf der Suche nach einer geräumigen Dreizimmerwohnung. Vor fünf Jahren bin ich in ein Mehrfamilienhaus ins Dorfzentrum gezogen. Ich arbeite in Wil beim Architekturbüro Triebelhorn als Bauzeichnerin und würde gerne in der Gemeinde bleiben. Da ich gelegentlich auch zu Hause arbeite, benötige ich aber dringend eine grössere Wohnung. Ich bin eine ruhige Mieterin, rauche nicht, habe keine Haustiere und könnte einen Mietzins bis zu Fr. 2000.– pro Monat bezahlen. Auf Wunsch kann ich Ihnen gerne Referenzen nennen.

Ich würde mich sehr freuen, wenn Sie an mich denken, sollte bei Ihnen in nächster Zeit eine passende Wohnung frei werden. Darf ich Sie gelegentlich anrufen und nachfragen?

Freundliche Grüsse

12

Vermieter direkt anschreiben

Chiffre R 043-161-645 – Tages-Anzeiger vom 25. März

Sehr geehrte Dame, sehr geehrter Herr

Im heutigen Tages-Anzeiger inserieren Sie eine sonnige 4-Zimmer-Wohnung an der Klosbachstrasse. Dieses Angebot interessiert uns sehr.

Wir sind eine dreiköpfige Familie (Vater, Mutter, 11-jährige Tochter sowie eine Katze) und leben seit bald acht Jahren im Quartier. Leider soll das Mehrfamilienhaus, in dem wir jetzt wohnen, umgebaut werden, sodass allen Mietern gekündigt wurde.

Uns liegt viel daran, in diesem Teil von Zürich bleiben zu können, denn die ganze Familie ist hier verwurzelt. Unsere Tochter geht ins Schulhaus Hof und möchte weiter mit ihren Freundinnen zusammen sein. Wir Eltern haben beide unseren Arbeitsplatz im Quartier. Zudem haben wir durch unsere Mitarbeit im Quartierverein viele private Kontakte geknüpft.

So weit die kurze Vorstellung unserer Familie. Weitere Fragen beantworten wir Ihnen gerne, zum Beispiel bei einer Wohnungsbesichtigung. Wir freuen uns darauf, von Ihnen zu hören.

Freundliche Grüsse

13

Bewerbung auf ein Chiffreinserat

Der Mietvertrag

Endlich ein Dach über dem Kopf gefunden? Dann her mit dem Vertrag. Vielerorts verwenden Vermieter einen Formularvertrag des Mieter- oder des Hauseigentümerverbands. Dazu gehören auch die Allgemeinen Vertragsbestimmungen und die Hausordnung. Das Gesetz kennt für den Mietvertrag keine Formvorschriften; er kann auch mündlich abgeschlossen werden. Aus Beweisgründen sollten Sie jedoch unbedingt auf einem schriftlichen Vertrag bestehen, der im Minimum folgende Punkte enthält:

- Vermieter (eventuell vertreten durch)
- Mieter
- Mietobjekt, Verwendungszweck (zum Beispiel als Familienwohnung), Nebenräume (Keller, Estrich), Mitbenützung von Waschküche, Trockenraum, Garten
- Mietbeginn, Kündigungsfristen und -termine; bei befristeten Verträgen Mietdauer
- Nettomietzins, Nebenkosten (Heizung, Warmwasser, Hauswartung, Antennen-, Kabelfernsehen; akonto oder pauschal)
- Höhe und Fälligkeit des Depots
- Berechnungsgrundlagen für den Mietzins (Hypothekarzinssatz, Landesindex der Konsumentenpreise, Kostenstand)
- Weitere Vereinbarungen: zum Beispiel Arbeiten, die der Vermieter vor dem Einzug noch ausführen lassen wird, Erlaubnis zum Halten eines Haustiers ...

> **Muster 14**

Fixfertige Verträge mit Durchschlägen zum Ausfüllen können Sie für wenige Franken beim Hauseigentümerverband oder beim Mieterinnen- und Mieterverband beziehen. Die kleine Investition lohnt sich: Mit diesen Vorlagen sind Sie sicher, dass nichts vergessen geht. Verlangen Sie auch gleich die Allgemeinen Geschäftsbedingungen und eine Hausordnung.

Mietvertrag

1. Vertragsparteien

1.1. Vermieterin/ Vermieter: ______________________________
____

Vertreten durch: ______________________________

1.2. Mieterin/Mieter: ______________________________

Name Ehegatte/in: ______________________________

Mitmieter/innen: ______________________________

Name, Vorname, Adresse, PLZ/Ort, Telefonnummer; bei Familienwohnungen: Name Ehegatte/Ehegattin; bei Mitmiete: Name(n) des/r Solidarpartner(in)

2. Mietsache

2.1. Mietobjekt: ________ -Zimmer-Wohnung

____

(Zimmerzahl, Ort, Strasse, Stockwerk)

2.2. zur Benützung als:

- ☐ Familienwohnung
- ☐ Wohnung Unverheirateter
- ☐ Zweitwohnung
- ☐ Möbliertes Zimmer
- ☐ Ferienwohnung
- ☐ ______________________________

2.3. Nebenräume:

- ☐ separates Zimmer
- ☐ Keller(abteil)
- ☐ Estrich(abteil)
- ☐ Mansarde
- ☐ Garage(n) Nr. ______________________
- ☐ Einstellplatz Nr. ______________________
- ☐ Abstellplatz Nr. ______________________
- ☐ ______________________________

2.4. Zur Mitbenützung:

- ☐ Waschküche
- ☐ Wäschehängeplatz
- ☐ Trockenraum
- ☐ Garten
- ☐ ______________
- ☐ ______________

3. Mietzeit und Kündigung

3.1. Mietbeginn: am ______________________________

(Datum und Zeitpunkt, zum Beispiel: mittags, 12 Uhr)

3.2. Mietdauer:

- ☐ auf unbestimmte Zeit
- ☐ erstmals kündbar auf den ______________
- ☐ feste Vertragsdauer bis: ______________

(Allfällige Bedingungen betreffend Vertragsverlängerung siehe Punkt 6 / Besondere Vereinbarungen)

14
Formular-mietvertrag

3.3. Kündigungsbestimmungen	Kündigungsfrist:*	☐ drei Monate ☐ ________________
	Kündigungstermin(e):	☐ auf jedes Monatsende, ausgenommen auf den 31. Dezember ☐ auf die ortsüblichen Termine, d.h. auf Ende: ________________

* Die gesetzliche Mindestkündigungsfrist für Wohnräume beträgt drei Monate (möbliertes Zimmer zwei Wochen). Die Kündigung dieses Mietvertrags durch den Vermieter/die Vermieterin ist auf Begehren des Mieters/der Mieterin zu begründen (Art. 271 Abs. 2 OR) und hat mit amtlichem Formular zu erfolgen. Die Kündigung durch den Mieter/die Mieterin hat mit Einschreibebrief zu erfolgen. Für die Kündigung von Familienwohnungen gelten die besonderen Bestimmungen (Ziff. 14) in den «Allgemeinen Bedingungen». Beachten Sie auch deren Ziffer 19 (Ausserterminliche Kündigung).

4. Mietzins

4.1. Nettomietzins: (monatlich)	Wohnung	Fr. ______
	Garage / Abstellplatz	Fr. ______
	________________________	Fr. ______
	________________________	Fr. ______

		akonto	pauschal	
4.2. Nebenkosten:	Heizung- und Warmwasserkosten	☐	☐	Fr. ______
	Wasser- und Abwasserkosten	☐	☐	Fr. ______
	Radio / TV	☐	☐	Fr. ______
	Hauswartung	☐	☐	Fr. ______
	______________	☐	☐	Fr. ______
	______________	☐	☐	Fr. ______
	______________	☐	☐	Fr. ______
	zahlbar je zu Beginn des laufenden Monats (total):			Fr. ______

4.3. Abrechnung:	Als Stichtag für die Nebenkostenabrechnung gilt: ☐ 30. Juni ☐ ________________________
4.4. Indexierter Mietvertrag:	Der Mietzins ist zu ____ % indexiert*. Er beruht auf der Indexbasis von ____ Punkten. Stand: (Monat/Jahr) _________ des «Landesindex der Konsumentenpreise», Basis: __________

*Ein Mietvertrag mit indexiertem Mietzins muss auf mindestens fünf Jahre fest abgeschlossen sein (siehe auch Ziff. 16B der «Allgemeinen Bedingungen zum Mietvertrag für Wohnräume»). Die höchstzulässige Indexierung beträgt 100 Prozent des Landesindexes der Konsumentenpreise.

4.5. Berechnungsgrundlagen: Der Mietzins basiert auf einem Hypothekarzinssatz (1. Hypothek, Kantonalbank) von ___ Prozent.
Der Mietzins basiert auf dem «Landesindex der Konsumentenpreise» bei _____ Punkten.
Stand: (Monat/Jahr) ____________ Basis: ____________
Die allgemeinen Kostensteigerungen sind abgegolten bis: (Monat/Jahr) ____________

4.6. Vorbehalt*: (Mietzinsreserve) Der Mietzins ist zu ____ Prozent bzw. zu Fr. ______ monatlich nicht kostendeckend.
Begründung:

____

*Der Vorbehalt (oder «Mietzinsreserve») ist eine einseitige Erklärung des Vermieters, dass der vertraglich abgemachte Mietzins nicht kostendeckend sei. Er muss in Prozenten oder Franken des Mietzinses ausgewiesen und klar begründet werden.

5. Sicherheitsleistungen

5.1. Kaution: Der Mieter/die Mieterin leistet eine Kaution von Fr. __________ Diese ist zu bezahlen:

☐ bei Vertragsunterzeichnung
☐ bis spätestens Mietantritt
☐ bis spätestens ____________________

Die Kaution wird auf einem Konto/Depot bei einer Bank auf den Namen des Mieters/der Mieterin hinterlegt (siehe Art. 257e OR).

6. Besondere Vereinbarungen

Integrierender Bestandteil dieses Vertrags sind:
☒ «Allgemeine Bedingungen zum Mietvertrag für Wohnräume» (siehe Rückseite) ☐ Hausordnung ☐ Weitere Beilagen:

____

Die Parteien bestätigen mit ihrer Unterschrift, dass sie ein Exemplar dieses Vertrags erhalten haben und sich mit dem Inhalt einverstanden erklären. Im Übrigen gelten die Bestimmungen des Obligationenrechts Art. 253 bis 274g.

Dieser Vertrag ist zweifach ausgefertigt worden. Er hat erst Gültigkeit, wenn beide Vertragsparteien unterzeichnet haben.

Der Vermieter/ die Vermieterin:	vertreten durch:	Der Mieter/ die Mieterin:*
____________	____________	____________
Datum: ________	Datum: ________	Datum: ________

* Bei Mitmietverträgen ist der Vertrag von sämtlichen Solidarmieterinnen bzw. Solidarmietern zu unterzeichnen.

Quelle: Schweizerischer Mieterinnen- und Mieterverband

Wohngemeinschaft: Untermiete oder gemeinsamer Vertrag?

Das Zusammenleben in Wohngemeinschaften ist beliebt. Manche ziehen zusammen, weil es günstiger ist oder weil der Wohnraum in Städten knapp ist. Andere suchen bewusst die Gemeinschaft.

Solidarisch mieten

Viele Vermieter schliessen mit den Mitgliedern einer Wohngemeinschaft so genannte Solidarverträge ab: Sämtliche Bewohner der Wohnung unterschreiben den Vertrag und haften damit solidarisch (alle für einen – einer für alle) für sämtliche aus dem Mietverhältnis entstehenden Verpflichtungen. Probleme kann es geben, wenn ein Bewohner die Wohngemeinschaft verlassen will. Stimmt die Vermieterin seiner Entlassung aus dem Mietvertrag nicht schriftlich zu, haftet der ausziehende Bewohner so lange weiter, wie der Mietvertrag besteht.

> Muster 15

Einen gemeinsamem Mietvertrag sollten deshalb nur Wohngemeinschaften unterschreiben, die bewusst zusammenleben möchten. Wenn sich eine Gruppe bloss als lockere Zweckgemeinschaft zusammengefunden hat, um Mietkosten zu sparen, ist es besser, eine Partei unterschreibt den Mietvertrag allein und schliesst mit den anderen Untermietverträge ab.

Die Untermiete

Wer Untermieter bei sich aufnimmt, muss den Vermieter darüber informieren. Dieser darf die Untermiete nur dann verbieten, wenn sie zu einer Überbelegung der Wohnung führt oder wenn das Zimmer zu missbräuchlichen Bedingungen vermietet wird.

> Muster 16 und 17

Achtung: Das Mietrecht mit seinen zahlreichen Formvorschriften und Fristen gilt auch, wenn kein schriftlicher Mietvertrag abgeschlossen wurde. Im Gegensatz zur Kündigung, die schriftlich (und beim Vermieter auf dem amtlichen Formular) erfolgen muss, kann ein Mietvertrag auch mündlich zustande kommen. Wer Schwierigkeiten und Beweisprobleme vermeiden will, schliesst besser einen schriftlichen Vertrag ab.

Beim Mieterinnen- und Mieterverband können Sie neben anderen Formularen für vier Franken einen Untermietvertrag mit Durchschlag zum Ausfüllen bestellen (www.mieterverband.ch).

15
Ausstieg aus einem Solidarmietvertrag

Mietvertrag Dreizimmerwohnung Müllerstrasse 34, 1. Stock

Sehr geehrter Herr Trachsel

Frau Jaqueline Ganz zieht per Ende April aus unserer gemeinsamen Wohnung aus.

Ich bitte Sie, Frau Ganz aus dem Vertrag zu entlassen und den Vertrag per 1. Mai auf meinen Namen umzuschreiben. Über das Mietzinsdepot haben Frau Ganz und ich uns geeinigt. Bitte lassen Sie das Depot samt Zinsen auf meinen Namen umschreiben. Den Mietzins kann ich allein aufbringen. Auf Wunsch schicke ich Ihnen gerne eine Betreibungsauskunft.

Freundliche Grüsse

16
Dem Vermieter die Untermiete anzeigen

Untermiete

Sehr geehrter Herr Trachsel

Ab dem 1. Mai wohnt Frau Martina Jakob bei mir. Sie wohnte bisher an der Zürcherstrasse 42 in 8600 Dübendorf.

Ich habe mit Frau Jakob einen Untermietvertrag für ein Zimmer in meiner Wohnung abgeschlossen. Als Mietzins haben wir 600 Franken exkl. Nebenkosten vereinbart.

Freundliche Grüsse

Untermietvertrag

Untervermieterin:	Erika Brunner, Müllerstrasse 14, 8158 Regensberg
Untermieterin:	Martina Jakob, Badstrasse 42, 5506 Mägenwil
Mietobjekt:	Die Untermieterin bezieht ein Zimmer in der Dreizimmerwohnung an der Müllerstrasse 14, 2. Stock, zur alleinigen Benützung. Zur Mitbenützung stehen ihr zur Verfügung: Küche, Bad, Gemeinschaftsraum, Keller, Estrich und Waschküche/Trockenraum.
Mietzins:	Der monatliche Mietzins beträgt Fr. 600.– exklusive Nebenkosten. Die Nebenkosten werden von allen Bewohnern gemeinsam getragen.
Inventar:	Die Untermieterin erstellt ein Inventar ihrer Möbel. Das Inventar wird laufend aktualisiert.
Kündigung:	Der Untermietvertrag besteht nur so lange, wie der Mietvertrag zwischen der Untervermieterin und dem Vermieter besteht. Will die Untervermieterin den Vertrag mit dem Vermieter kündigen, informiert sie die Untermieterin und setzt sich beim Vermieter dafür ein, dass die Untermieterin den Vertrag übernehmen kann. Will die Untervermieterin der Untermieterin kündigen, teilt sie ihr dies auf dem amtlichen Formular mit einer Frist von drei Monaten mit. Will die Untermieterin kündigen, gilt die gleiche Frist. Die Untermieterin kann auf einen früheren Zeitpunkt kündigen, wenn sie eine Nachmieterin findet.

Regensberg, 15. April 2006

Untervermieterin Erika Brunner	Untermieterin Martina Jakob

17

Untermietvertrag

Wohnen mit Mängeln

Bestehen Sie beim Einzug auf einem schriftlichen, detaillierten Wohnungsübergabeprotokoll. Wie Mietverträge sind auch Übergabeprotokolle beim Mieter- und beim Hauseigentümerverband erhältlich. Im Protokoll wird alles aufgeführt, was in der Wohnung nicht in Ordnung ist (Flecken, beschädigtes Lavabo, fehlende Schlüssel). Treten nach der Übergabe noch Mängel auf, melden Sie diese unverzüglich Ihrem Vermieter. Und zwar schriftlich.

> Muster 18

Melden Sie auch Mängel, mit denen Sie gut leben können und die nicht repariert werden müssen. Wenn Sie einen Mangel nicht melden, müssen Sie möglicherweise beim Auszug dafür aufkommen.

Mängelrügen richtig gemacht

Mängel tauchen nicht nur bei der Wohnungsübergabe auf. Der tropfende Wasserhahn, der verstopfte Badewannenabfluss oder der kalte Radiator im Winter können den Wohngenuss trüben. Melden Sie Mängel stets unverzüglich – am besten schriftlich.

Manchmal lässt sich der Vermieter ganz schön bitten, bis er einen Mangel behebt. Lassen Sie nicht zu viel Zeit verstreichen und mahnen Sie ihn. Freundlich, aber bestimmt.

> Muster 19 und 20

Wenn der Mangel nicht behoben wird

Wird ein Mangel nicht behoben, können Mieter eine Mietzinsreduktion fordern. Das Gesetz verlangt aber, dass sie dem Vermieter den Mangel zuerst schriftlich anzeigen und ihm eine angemessene Frist zur Behebung setzen. Je gravierender ein Mangel ist, desto kürzer darf diese Frist bemessen sein. Um Ihrer Forderung etwas Nachdruck zu verleihen, dürfen Sie dem Vermieter schreiben, dass Sie den Mietzins bei der Schlichtungsstelle hinterlegen werden, sollte er den Mangel nicht fristgerecht beheben.

> Muster 21

Unternimmt der Vermieter noch immer nichts, müssen Sie ihm nach Ablauf der gesetzten Frist schriftlich – und eingeschrieben – mitteilen, dass Sie nun den Mietzins bei der Schlichtungsstelle hinterlegen (mehr dazu auf Seite 99). Nehmen Sie auf keinen Fall nach eigenem Gutdünken Abzüge vom Mietzins vor.

> Muster 22

Umbau in der Wohnung: nicht ohne Einwilligung des Vermieters

Vorsicht, wenn Sie Ihre Mietwohnung umgestalten möchten. Wenn Sie dies eigenmächtig tun und nach ein paar Jahren ausziehen, kann Ihre Vermieterin verlangen, dass Sie den ursprünglichen Zustand wiederherstellen. Und das kann teuer werden.

Holen Sie deshalb unbedingt die Einwilligung Ihrer Vermieterin ein, bevor Sie Wände herausbrechen oder farbig streichen, Teppiche herausreissen oder Bodenbeläge verlegen lassen.

> Muster 23

Wenn der Umbau teuer ist oder Sie neue Geräte – beispielsweise eine Waschmaschine – installieren lassen, sollten Sie auch abmachen, wie viel Ihnen die Vermieterin bei einem Auszug daran bezahlt.

18

Meldung von Mängeln nach Wohnungsübernahme

Mängelliste

Sehr geehrte Damen und Herren

Nach der Wohnungsübergabe von vergangenem Dienstag habe ich folgende, im Übergabeprotokoll nicht enthaltenen Mängel festgestellt:

- Küche: Seifenschale hat einen vier Zentimeter langen Riss
- Korridor: Steckdose hat keinen Strom
- Wohnzimmer: Parkett in der Ecke (Eingang links) durchgebrochen

Ich bitte Sie, die Steckdose reparieren zu lassen. Die anderen Mängel müssen nicht behoben werden.

Freundliche Grüsse

19

Meldung eines Mangels in der Wohnung

Mängelrüge

Sehr geehrte Damen und Herren

Seit etwa einer Woche schliesst die Haustür nicht mehr richtig. Sie fällt nur scheinbar ins Schloss, lässt sich aber problemlos ohne Schlüssel von aussen öffnen.

Ich bitte Sie, diesen Mangel so rasch wie möglich zu beheben.

Freundliche Grüsse

20

Insistieren, wenn der Vermieter nicht reagiert

Zweite Mängelrüge

Sehr geehrte Damen und Herren

Vor zehn Tagen habe ich Ihnen geschrieben, dass die Eingangstür zu unserem Haus nicht richtig schliesst. Bis heute ist sie nicht repariert worden.

Ich fühle mich mit einer defekten Haustür nicht sicher. Bitte veranlassen Sie umgehend, dass das Schloss repariert wird.

Danke und freundliche Grüsse

Mängelrüge: defekte Heizung

Sehr geehrter Herr Widmer

Vorgestern habe ich Ihnen telefonisch gemeldet, dass die Heizung nicht funktioniert. Heute sind die Radiatoren noch immer kalt, sodass ich mit einem Elektroofen für eine angemessene Raumtemperatur sorgen muss.

Ich bitte Sie, umgehend für Abhilfe zu sorgen. Wie Sie wissen, stellt eine nicht funktionierende Heizung im Winter einen schweren Mangel an der Mietsache dar und berechtigt zu einer Mietzinsreduktion.

Sollte die Heizung bis in drei Tagen immer noch nicht funktionieren, werde ich den Mietzins bei der Schlichtungsstelle hinterlegen und eine Herabsetzung verlangen.

Freundliche Grüsse

21

Frist zur Mängelbehebung setzen

Wir frieren immer noch!

Sehr geehrter Herr Widmer

Vor zehn Tagen habe ich Sie schriftlich aufgefordert, die defekte Heizung reparieren zu lassen. Seither ist nichts geschehen. Die Heizkörper sind noch immer kalt.

Aus diesem Grund habe ich den Mietzins für den kommenden Monat bei der Mietschlichtungsstelle am Bezirksgericht Zürich eingezahlt. Gleichzeitig habe ich eine Mietzinsreduktion verlangt.

Mit freundlichen Grüssen

22

Mietzinshinterlegung schriftlich mitteilen

23

Wohnungsumbau beim Vermieter absichern

Wohnungsumbau

Sehr geehrte Frau Werner

Ich möchte gerne die Wand zwischen meinem Wohnzimmer und dem Esszimmer herausbrechen lassen und einen Durchgang errichten. Die Kosten für diesen Umbau würde ich übernehmen.

Allerdings bitte ich Sie um Ihre Zustimmung, damit ich bei einem allfälligen Auszug nicht wieder den früheren Zustand herstellen muss.

Für eine Besichtigung und eine Besprechung stehe ich Ihnen natürlich gerne zur Verfügung. Sie erreichen mich tagsüber unter meiner Geschäftsnummer.

Freundliche Grüsse

Mietzins und Nebenkosten

Die Mietzinsentwicklung ist ein häufiger Grund, weshalb Mieter und Vermieter miteinander korrespondieren. Zum Ärger vieler Mieter geben die meisten Vermieter die Erhöhung des Hypothekarzinssatzes konsequent weiter. Sinkt jedoch der Hypothekarzinssatz, erhalten viele keine Post vom Vermieter. Der Zins bleibt gleich. Nach dem Gesetz haben Mieter einen Reduktionsanspruch, wenn die Hypothekarzinsen purzeln. Allerdings wird Ihnen nichts geschenkt: Sie müssen selber aktiv werden und die Mietzinsreduktion beim Vermieter verlangen.

> Muster 24

Schicken Sie das Herabsetzungsbegehren aus Beweisgründen immer eingeschrieben. Eine Mietzinssenkung kann jeweils erst auf den nächsten Kündigungstermin verlangt werden. Dazu müssen Sie die Kündigungsfristen in Ihrem Vertrag beachten.

Lehnt der Vermieter eine Herabsetzung des Mietzinses ab, haben Sie ab Erhalt seines Schreibens 30 Tage Zeit, um Ihr Begehren bei der Mietschlichtungsstelle einzureichen. Bekommen Sie von Ihrem Vermieter gar keine Antwort, muss Ihr Begehren spätestens 60 Tage nach Ihrem Brief an ihn bei der Schlichtungsbehörde sein. Wie Sie dabei richtig vorgehen, erfahren Sie auf Seite 99.

Möchten Sie mehr darüber wissen, wann Sie eine Mietzinssenkung verlangen dürfen? Oder welche Gründe den Vermieter berechtigen, den Mietzins anzuheben? Im Beobachter-Ratgeber «Mietrecht» finden Sie Antwort auf diese und viele weitere Fragen zum Verhältnis zwischen Mieter und Vermieter (www.beobachter.ch/buchshop).

Stimmt die Nebenkostenabrechnung?

Wenn nach Abschluss der Heizperiode die Nebenkostenabrechnung ins Haus flattert, werden viele Mieterinnen und Mieter unsicher: Sind alle aufgeführten Posten gerechtfertigt? Sind die Kosten gerecht verteilt?

Was als Nebenkosten verrechnet werden kann, ist im Gesetz und in der dazugehörenden Verordnung aufgezählt. Mieter haben zudem das Recht, sämtliche Belege und den Verteilschlüssel einzusehen. Und grundsätzlich sind sie nur verpflichtet, die im Vertrag namentlich erwähnten Nebenkosten zu bezahlen. Fehlt dort also beispielsweise die Position «Hauswartung», dürfen diese Kosten nicht separat belastet werden.

> Muster 25 und 26

Heiz- und Nebenkostenabrechnungen sind häufig kompliziert und manchmal auch mit anderen Themen verquickt. Wenn Sie nach der Einsicht in die Belege immer noch ein ungutes Gefühl haben, können Sie beim Mieterinnen- und Mieterverband oder beim Beobachter-Beratungszentrum Hilfe holen.

Mietzinsherabsetzungsbegehren

Sehr geehrte Damen und Herren

Die Graubündner Kantonalbank senkt den Hypothekarzinssatz per 1. September 2006 auf 3 Prozent.

Ich bitte Sie, meine Nettomiete auf den nächsten vertraglichen Kündigungstermin entsprechend zu reduzieren und dabei auch die noch nicht weitergegebenen Hypothekarzinssenkungen zu berücksichtigen. Mein aktueller Mietzins basiert immer noch auf einem Hypothekarzins von 4,5 Prozent.

Für Ihre schriftliche Antwort innert 30 Tagen danke ich Ihnen. Sollten Sie meinem Herabsetzungsbegehren nicht oder nur teilweise entsprechen können, bitte ich Sie, mir Ihre Gründe darzulegen.

Freundliche Grüsse

24

Begehren um Herabsetzung des Mietzinses

Heiz- und Nebenkostenabrechnung

Sehr geehrter Herr Schmidt

Danke für die Nebenkostenabrechnung.

Beim Durchsehen habe ich zwei Positionen gefunden, die in den bisherigen Abrechnungen nie vorgekommen sind. Auch ist mir nicht klar, was damit abgegolten wird.

Ich möchte deshalb von meinem Recht auf Einsicht in die Belege Gebrauch machen und bitte Sie um einen Terminvorschlag. Am besten könnte ich am Mittwochnachmittag oder am Freitag bei Ihnen vorbeikommen.

Vielen Dank und freundliche Grüsse

25

Einsicht in Nebenkostenabrechnung verlangen

26

Fehler in der Nebenkostenabrechnung

Nebenkostenabrechnung

Sehr geehrte Frau Wiesner

Vielen Dank für die Nebenkostenabrechnung.

Offenbar ist Ihnen dabei ein Fehler unterlaufen: Sie verrechnen uns Fr. 250.– für Gartenarbeiten. Doch in unserem Mietvertrag vom 26. März 2002 ist unter den Nebenkosten kein Posten «Gartenarbeit» aufgeführt. Deshalb sind wir auch nicht verpflichtet, diese Kosten zu bezahlen.

Bitte schicken Sie uns eine bereinigte Nebenkostenabrechnung. Sollten Sie an der Verrechnung der Gartenarbeiten festhalten wollen, bitten wir Sie um eine Begründung.

Freundliche Grüsse

Vom Kündigen und Gekündigtwerden

Eine Kündigung ist im Mietrecht nur gültig, wenn sie schriftlich abgefasst ist. Das gilt für die Vermieterin genauso wie für den Mieter.

Beachten Sie die Kündigungsfristen und -termine in Ihrem Vertrag. Die Kündigung muss am letzten Tag vor Beginn der Kündigungsfrist bei der Vermieterin eintreffen. Schicken Sie deshalb Ihr Schreiben so früh wie möglich ab, mindestens drei Werktage vor Beginn der Kündigungsfrist, und zwar eingeschrieben. Eine Begründung der Kündigung ist nicht nötig.

> Muster 27

Heute sind in der Praxis ausserterminliche Kündigungen die Regel. Die Vermieterin muss Sie frühzeitig aus dem Mietvertrag entlassen, wenn Sie ihr einen zumutbaren, zahlungsfähigen Nachmieter präsentieren, der bereit ist, die Wohnung zu den bisherigen Bedingungen zu übernehmen.

> Muster 28

Die Kündigung muss schriftlich abgefasst sein – im Gegensatz zum Vertrag. Schicken Sie Ihr Kündigungsschreiben aus Beweisgründen immer eingeschrieben. Und Achtung: Bei einer Kündigung auf den Kündigungstermin muss Ihr Brief beim Vermieter eintreffen, bevor die Kündigungsfrist zu laufen beginnt – das heisst: am letzten Werktag des vorangehenden Monats.

Kündigt der Vermieter korrekt?

Ihr Vermieter muss eine ganze Reihe von Vorschriften beachten, wenn er Sie auf die Strasse stellen will. Zunächst muss er für die Kündigung das vom Kanton genehmigte Formular verwenden – sonst ist sie ungültig. Dieses Formular enthält Informationen, wie und wo Sie sich gegen die

Kündigung wehren können. Sind Sie verheiratet, muss der Vermieter die Kündigung Ihnen und Ihrer Ehefrau bzw. Ihrem Ehemann je mit separater Post zustellen. Zudem verbietet das Gesetz missbräuchliche Kündigungen, zum Beispiel Rachekündigungen oder eine Kündigung als Druckmittel zu Vertragsänderungen. Damit Sie überprüfen können, ob eine Kündigung allenfalls missbräuchlich ist, muss sie der Vermieter auf Ihren Wunsch hin begründen.

> Muster 29

Sind Sie mit einer Kündigung nicht einverstanden, wenden Sie sich am besten an die Mietschlichtungsstelle. Dort können Sie auch eine Erstreckung des Mietverhältnisses verlangen (siehe Muster 32).

Abnahmeprotokoll beim Auszug

Bei der Wohnungsabgabe können Sie nicht gezwungen werden, ein Abnahmeprotokoll zu unterschreiben. Lesen Sie alles gut durch. Mit Ihrer Unterschrift anerkennen Sie, für die vorhandenen Mängel finanziell aufzukommen. Wenn Sie mit der Kostenübernahme einzelner Posten nicht einverstanden sind, bringen Sie einen Vorbehalt an («Mit der Kostenübernahme der Positionen 3, 5 und 11 nicht einverstanden») oder vermerken Sie auf dem Protokoll, dass die beschriebenen Mängel zwar vorhanden sind, Sie aber bestreiten, dafür aufkommen zu müssen.

Wenn Sie schon im Vorfeld befürchten, bei der Wohnungsabgabe könnte es zu Schwierigkeiten mit dem Vermieter kommen, wenden Sie sich an den Mieterinnen- und Mieterverband, damit man Ihnen einen Experten zur Seite stellt.

Was geschieht mit dem Depot?

Nach dem Auszug und der Wohnungsabgabe muss der Vermieter das Depot zurückbezahlen, sofern die Mieterin nicht für Schäden einzustehen hat. Macht die Forderung des Vermieters nur einen Teil des Depots aus, kann die Mieterin die sofortige Auszahlung des Rests verlangen. Können Sie sich mit Ihrem Vermieter über die Höhe der Schäden nicht einigen, bleibt Ihnen wiederum der Gang zur Schlichtungsstelle (siehe Seite 98).

> Muster 30 und 31

Unternimmt der Vermieter ein Jahr nach Beendigung des Mietverhältnisses keine rechtlichen Schritte gegen die Mieterin, kann diese direkt bei der Bank die Auszahlung des Depots verlangen – auch ohne Einverständnis des Vermieters.

27

Kündigung auf einen ordentlichen Kündigungstermin

Kündigung

Sehr geehrter Herr Hofbauer

Fristgerecht kündige ich den Mietvertrag für meine Dreizimmerwohnung auf den 30. September 2006.

Für das angenehme Mietverhältnis in den fast fünf Jahren danke ich Ihnen herzlich.

Freundliche Grüsse

28

Ausserterminliche Kündigung

Kündigung

Sehr geehrte Damen und Herren

Ich kündige den Mietvertrag für meine Dreizimmerwohnung ausserterminlich per 31. August 2006.

Als Nachmieter schlage ich Ihnen Herrn Erik Freuler vor. Er ist bereit, die Wohnung per 1. September 2006 zu den bisherigen Bedingungen zu übernehmen. Als Beilage erhalten Sie ein Anmeldeformular von Herrn Freuler sowie eine Betreibungsauskunft.

Freundliche Grüsse

29

Eine Begründung der Kündigung verlangen

Kündigung meiner Wohnung

Sehr geehrter Herr Weber

Ich habe Ihr Kündigungsschreiben am 27. Dezember 2006 erhalten, wünsche aber eine schriftliche Begründung.

Für Ihre umgehende Antwort danke ich Ihnen.

Freundliche Grüsse

Rückzahlung Mieterkaution

Sehr geehrte Frau Furter

Bei der Wohnungsabgabe vom 30. März sind keine Schäden festgestellt worden, für die ich aufzukommen hätte. Inzwischen sind drei Monate vergangen, mein Depot habe ich aber noch immer nicht zurückerhalten.

Bitte veranlassen Sie die Saldierung meines Kontos und überweisen Sie mir mein Geld so rasch wie möglich. Einen Einzahlungsschein lege ich diesem Schreiben bei.

Freundliche Grüsse

30

Wenn das Depot nicht zurückbezahlt wird

Auszahlung meines Depots

Sehr geehrter Herr Gasser

Bei der Wohnungsabgabe am 29. August haben wir uns darauf geeinigt, dass ich für die Flecken auf dem Spannteppich im Wohnzimmer einen Minderwert von Fr. 200.– bezahle.

Unterdessen ist ein Monat vergangen, ohne dass ich den Rest meines Depots zurückerhalten hätte. Ich bitte Sie, mir mein Depot von Fr. 3000.– zuzüglich Zins und abzüglich die vereinbarten Fr. 200.– bis zum Monatsende zu überweisen. Als Beilage erhalten Sie nochmals einen Einzahlungsschein.

Freundliche Grüsse

31

Rest des Depots zurückverlangen

Keine Angst vor der Schlichtungsstelle

Die Schlichtungsbehörde in Mietsachen ist vergleichbar mit dem Friedensrichter im Zivilprozess. Sie setzt sich zusammen aus einem Mitarbeiter des Mietgerichts und je einer Vertreterin des Mieter- und des Hauseigentümerverbands. Das Verfahren vor der Schlichtungsstelle ist kostenlos. Sie benötigen dazu auch keinen Anwalt, sondern können Ihr Begehren selber formulieren oder das Formular des Mieterverbands verwenden.

Nachdem Sie Ihr Begehren eingereicht haben, werden Sie von der Schlichtungsstelle zu einer mündlichen Verhandlung eingeladen. Ziel dieser Verhandlung ist es, eine gütliche Einigung zwischen den Parteien zu finden. Lässt sich keine Einigung erzielen, müssen Sie als Kläger Ihr Anliegen innert 30 Tagen ans Mietgericht weiterziehen. Die Schlichtungsstelle behandelt sämtliche Streitigkeiten, die sich aus einem Mietvertrag ergeben können. Zu den häufigsten und wichtigsten Geschäften gehören der Kündigungsschutz und Mietzinsherabsetzungsbegehren.

Sich gegen eine Kündigung wehren

Obwohl in unserem Land der Grundsatz der Vertragsfreiheit gilt, sind Mieterinnen und Mieter relativ gut vor Kündigungen geschützt. Ihr Vermieter kann Sie nicht aus beliebigen Gründen auf die Strasse stellen. Wie bereits erwähnt, muss er Ihnen die Kündigung auf dem amtlich genehmigten Formular fristgerecht zustellen. Sie können eine Kündigung als missbräuchlich anfechten, wenn sie ausgesprochen wurde, weil Sie sich für Ihre Rechte gewehrt haben, oder wenn Ihr Vermieter Sie damit zwingen will, einen neuen Vertrag zu schlechteren Bedingungen zu unterschreiben. Verlangen Sie auf jeden Fall, dass Ihr Vermieter die Kündigung schriftlich begründet (siehe Muster 29).

Innert 30 Tagen seit Erhalt der Kündigung können Sie an die Schlichtungsstelle gelangen und dort die Aufhebung der missbräuchlichen Kündigung und eine Erstreckung des Mietverhältnisses verlangen. Die Schlichtungsstelle kann ein Mietverhältnis für eine Wohnung um maximal vier

Jahre verlängern. Allerdings müssen Sie glaubhaft darlegen können, dass die Kündigung einen Härtefall für Sie und Ihre Familie darstellt. Als Härtegründe gelten:

- eine angespannte Situation auf dem Wohnungsmarkt
- ein knappes Budget
- ein schlechter Gesundheitszustand und ein hohes Alter des Mieters
- ein drohender Schulwechsel für Kinder
- die Ortsverbundenheit der Mieterin
- die lange Dauer des Mietverhältnisses
- ganz allgemein ein besonders ungünstiger Zeitpunkt für einen Umzug (bevorstehende Geburt eines Kindes, Auslandreise, bevorstehender Umzug in ein Altersheim)

> **Muster 32**

Achtung: Ihr Erstreckungsbegehren hat keine Aussicht auf Erfolg, wenn Sie Ihre Pflichten aus dem Mietvertrag wiederholt verletzt haben – beispielsweise wenn Sie häufig den Mietzins zu spät bezahlten – oder wenn der Vermieter dringenden Eigenbedarf nachweisen kann.

Herabsetzung des Mietzinses verlangen

Häufig streiten sich Mieter und Vermieter auch über die Höhe des Mietzinses, etwa wenn Hypothekarzinssenkungen nicht weitergegeben wurden (siehe Seite 89). Wenn Ihre Vermieterin auf Ihr Herabsetzungsbegehren nicht eintritt, können Sie die Schlichtungsstelle einschalten.

> **Muster 33**

Den Mietzins hinterlegen

Die Hinterlegung des Mietzinses bei der Schlichtungsstelle ist das letzte Mittel, wenn die Vermieterin einen Mangel in der Wohnung einfach nicht in Ordnung bringen lässt. Vorher müssen Sie der Vermieterin die Hinterlegung aber erst androhen und ihr eine letzte Frist zur Behebung des Mangels setzen. Und Sie müssen der Vermieterin die Hinterlegung des Mietzinses schriftlich per Einschreibebrief anzeigen (mehr dazu auf Seite 85).

Bleibt die Vermieterin auch dann noch tatenlos, müssen Sie innert 30 Tagen nach der Mietzinshinterlegung schriftlich bei der Schlichtungsstelle die Mängelbehebung, die Mietzinsreduktion und allenfalls Schadenersatz (zum Beispiel für auswärtige Hotelübernachtungen) beantragen.

> Muster 34

Die Schlichtungsbehörde heisst je nach Kanton auch Schlichtungskommission, Wohnungs- oder Mietamt. Welche Stelle in Ihrem Kanton zuständig ist, erfahren Sie auf der Gemeindeverwaltung oder auf der Homepage des Mieterinnen- und Mieterverbands (www.mieterverband.ch).

Missbräuchliche Kündigung

Sehr geehrte Damen und Herren

Am 30. Juni habe ich von meinem Vermieter, Herrn Franz Weber, die Kündigung per 30. September erhalten.

Diese Kündigung ist missbräuchlich: Ich habe im letzten Jahr Herrn Weber aufgrund der gesunkenen Hypothekarzinsen aufgefordert, meinen Mietzins zu reduzieren. Herr Weber wollte zunächst auf mein Begehren nicht eintreten. Erst als ich mich an die Schlichtungsstelle wandte, hat er den Mietzins gesenkt.

Sollten Sie die Kündigung als nicht missbräuchlich erachten, beantrage ich eine Erstreckung meines Mietverhältnisses um zwei Jahre. Ich bin allein erziehende Mutter zweier Kinder im Kindergartenalter. Aufgrund meiner bescheidenen finanziellen Möglichkeiten hätte ich grosse Mühe, eine andere Wohnung zu finden.

Ich bitte Sie, Herrn Weber und mich zur Schlichtungsverhandlung vorzuladen.

Freundliche Grüsse

32

Missbräuchliche Kündigung anfechten und Erstreckung verlangen

Begehren um Herabsetzung des Mietzinses

Sehr geehrte Damen und Herren

Am 15. Juni habe ich meine Vermieterin gebeten, meinen Mietzins aufgrund der gesunkenen Hypothekarzinsen herabzusetzen. Bis jetzt habe ich keine Antwort erhalten.

Ich bitte Sie um Vorladung zur Schlichtungsverhandlung. Vom 6. bis 15. September bin ich in den Ferien.

Freundliche Grüsse

Beilagen
- Kopie meines Schreibens vom 15.6.2006 an die Vermieterin
- Kopie Mietvertrag

Kopie: Belcasa AG, Zürichstrasse 1, 8935 Schlieren (Vermieterin)

33

Mietzinsherabsetzung durchsetzen

34

Hinterlegung des Mietzinses

Mietzinshinterlegung wegen Mängeln an der Mietsache

Sehr geehrte Damen und Herren

Seit sechs Wochen funktioniert unsere Heizung nicht mehr. Ich habe meinen Vermieter am 12. Dezember und am 16. Dezember telefonisch auf diesen Mangel aufmerksam gemacht. Am 26. Dezember habe ich ihm schriftlich eine Frist von drei Tagen gesetzt, um die Heizung reparieren zu lassen. Auf diesen Brief habe ich keine Antwort erhalten. Und die Heizkörper sind immer noch kalt.

Deshalb habe ich heute den Mietzins für den Monat Februar auf das von Ihnen angegebene Konto überwiesen. Dem Vermieter habe ich die Hinterlegung schriftlich angezeigt.

Ich beantrage die Beseitigung dieses Mangels sowie eine angemessene Mietzinsreduktion und bitte Sie um Vorladung zur Schlichtungsverhandlung.

Mit freundlichen Grüssen

Handwerker in der Wohnung

Ärgerlich, wenn der neue Anstrich im Wohnzimmer plötzlich doppelt so viel kostet wie versprochen. Um sich vor unliebsamen Überraschungen zu schützen, sollten Sie immer auf einem schriftlichen Kostenvoranschlag des Handwerkers bestehen. Aber Achtung: Kostenvoranschläge sind meist nicht gratis. Allerdings sollten Sie der Handwerker oder das Geschäft darauf hinweisen, unter welchen Umständen Sie wie viel dafür bezahlen müssen. In der Regel wird der Kostenvoranschlag nur verrechnet, wenn Sie die Reparatur oder die offerierte Arbeit anschliessend nicht ausführen lassen.

Wurde im Kostenvoranschlag ein fester Preis für eine genau definierte Leistung abgemacht, müssen Sie keine Überschreitung tolerieren. Eine Mehrvergütung wäre höchstens dann geschuldet, wenn unvorhersehbare, ausserordentliche Umstände vorliegen.

Wurde im Kostenvoranschlag ein ungefährer Preis vereinbart, müssen Sie Abweichungen bis maximal zehn Prozent akzeptieren. Aus Beweisgründen ist es deshalb wichtig, sich auch ungefähre Voranschläge immer schriftlich bestätigen zu lassen.

> Muster 35 und 36

Mehr zum Umgang mit Handwerkern sowie viele praktische Informationen zu Renovationsarbeiten in Ihrem Haus oder Ihrer Wohnung finden Sie im Beobachter-Ratgeber «Umbauen, Renovieren, Erweitern – Machen Sie das Beste aus Ihrem Eigenheim» (www.beobachter.ch/buchshop).

Korrekte Verträge verhindern Streit

Wer eine Sauna im Kellergeschoss einbauen oder das Bad renovieren lässt, handelt sich neben viel Dreck oft eine gehörige Portion Ärger ein. Vor allem, wenn kein schriftlicher Vertrag vorhanden ist. Schliessen Sie deshalb auch für kleinere Arbeiten immer einen schriftlichen Vertrag ab. Dieser wird Werkvertrag genannt. Halten Sie darin möglichst genau fest, welche Arbeiten erledigt werden sollen und welche Entschädigung vereinbart worden ist.

> Muster 37

Das Gesetz sieht bei beweglichen Werken (Beispiel: Katzenleiter) eine einjährige Garantiefrist vor, bei unbeweglichen Werken (Beispiel: Fassadenrenovation) eine fünfjährige. Die Parteien können diese Fristen kürzen, die Garantie ganz ausschliessen oder auch längere Fristen vereinbaren. Während der Garantiefrist muss der Handwerker Mängel kostenlos nachbessern.

Versuchen Sie zu vereinbaren, dass Sie eine Zahlungsrate bis nach der Abnahme des Werks zurückbehalten können. So üben Sie Druck auf den Unternehmer aus und können ihn eher zur raschen Behebung allfälliger Mängel veranlassen.

Wenn Handwerker schlecht arbeiten

Mit oder ohne schriftlichen Vertrag: Prüfen Sie das Werk unverzüglich und rügen Sie Mängel aus Beweisgründen stets schriftlich. Setzen Sie dem Handwerker eine angemessene Frist zur Behebung. Zusätzliche Kosten brauchen Sie nicht zu fürchten: Nach Gesetz haben Sie bei einem Werkvertrag ein Recht auf unentgeltliche Nachbesserung.

Lässt sich ein Mangel nicht oder nur ungenügend beheben oder wäre eine Reparatur unverhältnismässig aufwändig, können Sie eine Vergütung für den Minderwert verlangen. Erkundigen Sie sich bei einem Fach- oder Berufsverband, wie hoch Sie bei Ihrer Forderung nach einer Preisminderung gehen können.

> Muster 38 und 39

Oft geht der Streit darüber, wer den Schaden bezahlen muss, erst nach der Instandstellung so richtig los. Fotografieren Sie deshalb den Mangel oder die beschädigten Teile. So halten Sie auch nach der Reparatur noch Beweismaterial in den Händen.

Wenn Handwerker Schaden anrichten

Manchmal richten Handwerker bei der Verrichtung ihrer Arbeit einen Schaden an. Auch dies müssen Sie sofort schriftlich anzeigen und die unentgeltliche Instandstellung verlangen. Achtung: Sie müssen dem Handwerker die Möglichkeit geben, den Schaden wieder gutzumachen. Bleibt er untätig, müssen Sie ihn mahnen und ihm mitteilen, dass Sie den Schaden auf seine Kosten anderweitig reparieren lassen werden, wenn er nicht umgehend seinen Verpflichtungen nachkommt. Erst wenn er auch diese Frist untätig verstreichen lässt, dürfen Sie zur so genannten Ersatzvornahme schreiten.

> Muster 40 und 41

Nachher ist man immer schlauer. Lassen Sie sich Referenzen geben oder erkundigen Sie sich bei einem Berufsverband über einen Betrieb, bevor Sie grössere Arbeiten vergeben. Am besten sind noch immer persönliche Empfehlungen.

35

Zu hohe Rechnung nach einer Offerte mit festem Preis

Überschreitung Kostenvoranschlag

Sehr geehrter Herr Keller

Über Ihre Rechnung vom 12. Juni bin ich sehr erstaunt.

Sie haben mir am 10. Mai für die Reparatur meines Rasenmähers schriftlich Fr. 400.– voranschlagt. Eine Abweichung von diesem Preis haben Sie sich in Ihrer Offerte nicht vorbehalten.

Aus diesem Grund habe ich Ihnen heute Fr. 400.– statt der verrechneten Fr. 560.– auf Ihr Konto überwiesen.

Freundliche Grüsse

36

Zu hohe Rechnung nach einem ungefähren Kostenvoranschlag

Überschreitung Kostenvoranschlag

Sehr geehrte Frau Streuli

Über Ihre Rechnung vom 28. November bin ich sehr erstaunt.

Sie haben am 10. September für den Herbstschnitt in unserem Garten schriftlich «ca. Fr. 800.–» voranschlagt. Nach der Rechtsprechung des Bundesgerichts bin ich nicht verpflichtet, eine Abweichung von mehr als zehn Prozent zu bezahlen.

Aus diesem Grund habe ich Ihnen heute Fr. 880.– statt der verrechneten Fr. 1050.– auf Ihr Konto überwiesen.

Freundliche Grüsse

Werkvertrag

Bestellerin: Nadja Steiger, Rübenweg 12, 4415 Lausen

Unternehmer: Spenglerei A. Wirth, Stadtgasse 3, 4410 Liestal

1. Der Unternehmer entfernt das alte Treppengeländer zur Eingangstür und entsorgt es auf seine Kosten. Er erstellt ein neues Treppengeländer aus feuerverzinkten Vierkantrohren, Durchmesser 2 cm (gemäss beiliegendem Plan). Das Geländer wird mit Chromstahlschrauben fixiert.
2. Der Unternehmer verpflichtet sich, die oben genannten Arbeiten innert vier Wochen nach Unterzeichnung dieses Vertrags auszuführen.
3. Der Werklohn für die Arbeiten beträgt Fr. 1200.– pauschal. Der Werklohn ist in drei gleichen Raten zu bezahlen. Die erste Rate ist bei Vertragsabschluss fällig, die zweite Rate innert drei Tagen nach Montage. Die dritte Rate muss innert 20 Tagen nach Montage bezahlt werden, sofern die Arbeiten korrekt ausgeführt wurden und die Bestellerin innert dieser Frist keine Mängel schriftlich gerügt hat.
4. Rügt die Bestellerin bestehende Mängel schriftlich, ist der Unternehmer verpflichtet, diese innert zehn Tagen zu beheben. Werden die Mängel innert dieser Frist nicht behoben, ist die Bestellerin berechtigt, sie auf Kosten des Auftragnehmers durch einen Dritten beheben zu lassen. Rügt die Bestellerin innert der genannten Frist keine Mängel, gilt das Werk als genehmigt.
5. Die Parteien vereinbaren eine Garantiefrist von zwei Jahren.

Lausen, 7. September 2006 — Liestal, 5. September 2006

Nadja Steiger — Spenglerei A. Wirth, Anton Wirth

37

Werkvertrag für ein neues Treppengeländer

38

Mängel rügen und Nachbesserung verlangen

Mängelrüge

Sehr geehrter Herr Wirth

Ihre Mitarbeiter haben am vergangenen Freitag bei meinem Haus das neue Treppengeländer montiert.

Heute Morgen habe ich festgestellt, dass sich eine der Schrauben aus der Verankerung gelöst hat.

Bitte rufen Sie mich an, damit wir so rasch wie möglich einen Termin für die Nachbesserung vereinbaren können.

Freundliche Grüsse

39

Vergütung für Minderwert verlangen

Verfärbtes Parkett

Sehr geehrte Frau Meili

Ihre Mitarbeiter haben am vergangenen Freitag den Parkettboden in unserem Wohnzimmer ausgewechselt.

Am Wochenende habe ich festgestellt, dass das Holz an drei Stellen leicht verfärbt ist. Ich verzichte darauf, dass Sie die verfärbten Parkettplatten auswechseln. Allerdings erwarte ich eine Preisminderung. Sind Sie mit 5 Prozent einverstanden?

Freundliche Grüsse

Schaden

Sehr geehrter Herr Peyer

Ihre Mitarbeiter haben gestern den Treppenlift in unserem Haus installiert.

Bei den Montagearbeiten haben sie die Motor-Abdeckhaube des Lifts beschädigt: Die Haube weist eine Beule und verschiedene Kratzer auf, zudem blättert der Lack an diesen Stellen ab. Bitte ersetzen Sie diese Abdeckhaube so rasch wie möglich.

Mit bestem Dank und freundlichen Grüssen

40

Anzeige eines Schadens

Zweite Mängelrüge

Sehr geehrter Herr Kuster

Vor vier Wochen habe ich Ihnen mitgeteilt, dass Ihre Mitarbeiter bei der Installation der Gegensprechanlage in unserem Korridor die Tapete beschädigt haben. Ich habe Sie gebeten, den Schaden möglichst rasch zu beheben. Bis heute habe ich jedoch keine Antwort von Ihnen erhalten.

Ich gebe Ihnen eine Frist bis zum Monatsende, um den Schaden in Ordnung zu bringen. Wenn Sie diese Frist ungenutzt verstreichen lassen, werde ich auf Ihre Kosten einen Maler mit der Ausbesserung beauftragen.

Vor diesem Hintergrund habe ich Ihre Rechnung vom 15. September um Fr. 1000.– reduziert. Den Restbetrag von Fr. 4000.– habe ich Ihnen heute überwiesen.

Freundliche Grüsse

41

Ersatzvornahme androhen und einen Teil der Zahlung zurückhalten

Die lieben Nachbarn

Wenn die Musik dröhnt, der Grill raucht, der Hund bellt und die Kinder kreischen, dann liegen bald die Nerven blank. In unseren vier Wänden sind wir besonders empfindlich. Kein Wunder, wird nirgendwo so heftig und verbittert gestritten wie unter Nachbarn.

Am besten lassen Sie Streit erst gar nicht aufkommen. Reden Sie mit Ihrem Nachbarn, wenn Sie etwas stört, und versuchen Sie, gemeinsam eine Regelung zu finden. Bleibt das Gespräch erfolglos, sollten Sie Ihren Nachbarn schriftlich auf sein störendes Verhalten aufmerksam machen.

Wenden Sie sich an die Vermieterin, wenn sich der Nachbar nicht einsichtig zeigt. Lärm und Gestank können im Mietrecht als Mangel gelten, wenn diese Immissionen eine gewisse Intensität erreichen. In diesem Fall können Mieter neben der Beseitigung des Mangels unter Umständen eine Mietzinsreduktion verlangen. Machen Sie in jedem Fall Ihre Vermieterin schriftlich auf den Mangel aufmerksam und bitten Sie um Abhilfe.

> Muster 42 und 43

Störungen frühzeitig ankündigen

Manchmal ist man ja selber so ein Störenfried, der Lärm, Qualm oder andere Unannehmlichkeiten verursacht. Sie können am ehesten auf Nachsicht oder Verständnis Ihrer Umgebung hoffen, wenn Sie Ihre Nachbarn im Voraus darauf hinweisen, dass am Samstag in Ihren Wänden ein rauschendes Fest steigen wird oder dass Sie am Wochenende umziehen und deshalb die Besucherparkplätze belegen werden.

> Muster 44 und 45

Kinder, Katzen und andere Störenfriede

Haben Sie selbst oder Ihre Familie zu Ärger Anlass gegeben, nehmen Sie Rügen und Reklamationen Ihrer Nachbarn ernst und reagieren Sie darauf. Nur so können Sie verhindern, dass sich die nachbarschaftlichen Beziehungen verschlechtern und der Streit schliesslich in Form gehässiger Briefe beim Vermieter landet.

Wichtig: Entschuldigen Sie sich für Ihr Fehlverhalten und unterbreiten Sie einen Lösungsvorschlag.

> Muster 46

Gerade Kinder können oft ein Anlass für nachbarliche Reklamationen sein. Treffen in einem Mehrfamilienhaus verschiedene Generationen mit unterschiedlichen Ruhe- und Austobebedürfnissen aufeinander, braucht es einiges an Toleranz und Kompromissbereitschaft. Von Ihnen, aber auch von der anderen Seite.

> Muster 47 bis 49

Streit mit Nachbarn kann einem die schönste Wohnung verleiden und nicht immer lässt sich das Problem mit einem netten Brief oder einem versöhnlichen Gespräch aus der Welt schaffen. Was gilt, wenns unter Nachbarn hart auf hart geht, erfahren Sie im Beobachter-Ratgeber «Nachbarrecht – Handbuch für Eigentümer und Mieter» (www.beobachter.ch/buchshop).

Als Vermieter Nachbarstreit schlichten

Vielleicht sind Sie ja Eigentümer eines Mehrfamilienhauses und leben mit Ihren Mieterinnen und Mietern unter einem Dach. Da ist die Herausforderung besonders gross, wenn sich zwei Parteien in die Haare geraten. Zum Beispiel, wenn sich ein Mieter über das Babygeschrei in der Nachbarwohnung beschwert. Dann finden Sie sich rasch einmal in der Rolle als Schlichter und Vermittler wieder. Und manchmal müssen Sie langjährigen Mitbewohnern auch unangenehme Mitteilungen machen.

> Muster 50 und 51

42

Reklamation bei der störenden Nachbarin

Benutzung der Waschmaschine

Liebe Frau Peterhans

Vor vier Wochen habe ich Sie gebeten, die Waschmaschine nach 22 Uhr nicht mehr einzuschalten.

Am Sonntag und gestern Dienstag haben Sie nun wieder bis kurz vor Mitternacht gewaschen. Die Geräusche stören meine Nachtruhe. Wie Sie wissen, liegt mein Schlafzimmer direkt über der Waschküche.

Bitte halten Sie sich künftig an die Hausordnung: Zwischen 22 Uhr und 7 Uhr ist das Waschen nicht erlaubt. Für Ihre Rücksichtnahme danke ich Ihnen.

Freundliche Grüsse

43

Den Vermieter einschalten

Belästigung durch Rauch

Sehr geehrte Damen und Herren

Herr Spörri in der Wohnung unter uns ist starker Zigarrenraucher. Er verbringt fast jeden Nachmittag und Abend auf seinem Balkon. Der Rauch seiner Zigarre wird vom Wind zu uns hoch getragen. Wir können unseren Balkon am Feierabend und am Wochenende nicht benützen, ohne ständig eingenebelt zu werden. Zudem müssen wir sämtliche Fenster auf jener Seite tagsüber geschlossen halten, da sonst der Rauch in unsere Wohnung dringt.

Wir haben schon einige Male versucht, mit Herrn Spörri zu reden. Doch er stellt sich auf den Standpunkt, er habe das Recht, auf seinem Balkon zu rauchen.

Durch den starken Rauch fühlen wir uns belästigt und in der vertraglich vereinbarten Nutzung unserer Wohnung eingeschränkt. Bitte sorgen Sie dafür, dass wir von diesen vermeidbaren Immissionen so rasch wie möglich befreit werden.

Freundliche Grüsse

Belegung der Besucherparkplätze am Samstag

Liebe Nachbarinnen
Liebe Nachbarn

Am Samstag ziehen wir um – von der Stadt aufs Land.

Das Zügelunternehmen wird ab 9 Uhr mit dem Aufladen beginnen. Aus diesem Grund werden die Besucherparkplätze bis ca. 16 Uhr belegt sein.

Für Ihr Verständnis danken wir Ihnen herzlich und wünschen Ihnen alles Gute!

Freundliche Grüsse

44

Rechtzeitig über Störungen informieren

There's a party!

Liebe Nachbarinnen
Liebe Nachbarn

Am Samstag gibt es bei uns eine Party: Wir feiern den 30. Geburtstag meiner Freundin.

Wir bitten Sie um Verständnis, wenn es etwas lauter zu- und hergeht als sonst und wenn es etwas später wird. Natürlich freuen wir uns, wenn auch Sie auf ein Glas Wein bei uns vorbeischauen.

Freundliche Grüsse

45

Eine Party ankündigen

46

Entschuldigung mit Lösungsvorschlag

Schäden im Gemüsebeet

Liebe Frau Knuchel

Für Ihr Schreiben danke ich Ihnen. Es tut mir wirklich leid, dass meine Katze Tina Ihr Gemüsebeet umgegraben hat und die Setzlinge an der Sonne vertrocknet sind. Leider ist es unmöglich, eine Katze auf Schritt und Tritt zu überwachen. Und in der Wohnung einsperren mag ich Tina natürlich auch nicht. Deshalb kann ich Ihnen nicht versprechen, dass solche Schäden in Zukunft nicht mehr vorkommen werden.

Um uns beiden künftigen Ärger zu ersparen, schlage ich Ihnen vor, Ihre Beete mit einem Gitter zu überdecken oder zu umzäunen. Ich würde mich zur Hälfte an den Kosten beteiligen.

Was halten Sie von meinem Vorschlag?

Freundliche Grüsse

47

Wenn unterschiedliche Bedürfnisse aufeinander treffen

Spielen im Garten

Lieber Herr Korrodi

Danke für Ihre Zeilen. Ich verstehe, dass Sie sich in Ihrer Abendruhe durch unsere spielenden Kinder hin und wieder gestört fühlen.

Allerdings will und kann ich meine beiden Söhne nicht jeden Abend in die Wohnung sperren. Die Hausordnung sagt ganz klar, dass die Kinder zwischen 8 Uhr und 21 Uhr im Garten spielen dürfen. Und zum Spielen gehört auch, dass sie herumrennen und sich austoben.

Ich werde meine Söhne zur Rücksichtnahme anhalten, bitte aber auch um Ihr Verständnis dafür, dass sich Kinder nun mal wie Kinder verhalten.

Freundliche Grüsse

Eingeschlagene Fensterscheibe

Guten Tag Frau Beck

Ich bitte Sie um Entschuldigung, dass mein Sohn beim Fussballspielen die Scheibe Ihres Kellerfensters zerschlagen hat. Seien Sie versichert, dass er es nicht mit Absicht getan hat.

Obwohl ich rechtlich dazu nicht verpflichtet bin, würde ich mich gerne am Schaden beteiligen. Bitte schicken Sie mir eine Kopie der Schreinerrechnung und einen Einzahlungsschein für Ihr Konto.

Freundliche Grüsse

48

Wenn Kinder Schaden anrichten

Hip-Hop über dem Kinderzimmer

Liebe Familie Franzen

Ihr Sohn Tobias hat sein Zimmer direkt über dem unserer Svenja. Das führt leider am Abend immer wieder zu Problemen: Tobias entspannt sich mit fetzigem Hip-Hop, während unsere Erstklässlerin spätestens um 20 Uhr schlafen sollte.

Wir verstehen, dass ein Jugendlicher um diese Zeit in seinem Zimmer Musik hören will. Trotzdem braucht Svenja ihren Schlaf, damit sie in der Schule zurechtkommt.

Können wir uns bald einmal zusammensetzen, um gemeinsam eine Lösung zu finden? Ausser am Dienstag sind wir diese und nächste Woche jeden Abend zu Hause. Bitte sagen Sie uns, wann Sie Zeit haben.

Vielen Dank und freundliche Grüsse

49

Ein klärendes Gespräch anbieten

Kinderlärm

Sehr geehrte Frau Lüthi
Sehr geehrter Herr Moor

Das Zusammenleben in einem Mehrfamilienhaus verlangt von uns allen Verständnis und Rücksichtnahme. Vor allem, wenn die Spielstunden lebhafter Kinder mit der Schlafenszeit eines «Nachtarbeiters» zusammentreffen.

Ich würde mich gerne mit Ihnen beiden an einen Tisch setzen und über die Konflikte sprechen, die sich in letzter Zeit ergeben haben.

Würde es Ihnen am 10. März um 18 Uhr passen? Gerne begrüsse ich Sie dann in meiner Wohnung. Ich bin sicher, dass wir im gemeinsamen Gespräch einen gangbaren Weg finden werden.

Freundliche Grüsse

50
Als Vermieter vermitteln

Veränderungen stehen bevor

Liebe Mieterinnen, liebe Mieter

Unser altes, gemütliches Haus hat viele Vorzüge, die wir alle schätzen. Doch nun steht eine grössere Änderung bevor.

Die Wasserleitungen müssen dringend saniert werden, und bei dieser Gelegenheit lassen wir auch die Bäder und Küchen erneuern.

Mit einer solchen Sanierung sind natürlich viel Baulärm, Staub und andere Unannehmlichkeiten für Sie verbunden. Und wenn die neuen Bäder und Küchen eingebaut sind, werden wir den Mietzins entsprechend anpassen.

Dies alles möchten wir Ihnen an einer Sitzung genauer erklären. Haben Sie am 13. Juli um 19 Uhr Zeit? Dann können wir Ihnen auch eine erste Schätzung für den zukünftigen Mietzins vorlegen und die Pläne zeigen.

Freundliche Grüsse

51
Als Vermieter einen Umbau ankündigen

7

Rund um die Familie

Mit Familienmitgliedern spricht man – statt ihnen zu schreiben. Hoffentlich. Aber in Zeiten von E-Mail und SMS machen Sie vielleicht einem Angehörigen eine ganz besondere Freude, wenn Sie ihm mit einem handgeschriebenen Brief zum Geburtstag gratulieren. Und schliesslich gibt es familiäre Angelegenheiten zu regeln, die so wichtig sind, dass Sie sie unbedingt zu Papier bringen sollten. Dieses Kapitel hilft Ihnen dabei.

Zusammenleben ohne Trauschein

Dass ein Paar ohne Trauschein zusammenlebt, ist heute eine Selbstverständlichkeit. Im Gesetz aber ist das Konkubinat noch immer nicht geregelt. Konkubinatspaare sind deshalb gut beraten, wenn sie ihr Zusammenleben selber vertraglich ordnen. Was im Moment nach viel Papierkrieg tönt, kann sich langfristig bezahlt machen. Bei einer Trennung etwa oder wenn einer der Partner invalid wird oder das Leben verliert.

> Muster 52

Passen Sie den Muster-Konkubinatsvertrag Ihrer konkreten Situation an. Ein solcher Vertrag ist besonders wichtig, wenn eine Seite mehr Haushaltsarbeit leistet und dafür die Erwerbstätigkeit einschränkt. Bei komplizierteren Konstellationen sollten Sie Ihren Vertragsentwurf unbedingt mit einem Notar oder einer Anwältin besprechen. Rechtliche Beratung sowie vorgedruckte Konkubinatsverträge zum Ausfüllen erhalten Sie auch bei den Frauenzentralen (www.frauenzentrale.ch).

Noch umfangreicher wird der Regelungsbedarf, wenn zum Konkubinatshaushalt auch Kinder gehören – gemeinsame oder solche aus einer früheren Partnerschaft. Ausführliche Informationen zu dieser und allen anderen Fragen rund ums Konkubinat erhalten Sie im Beobachter-Ratgeber «Zusammen leben, zusammen wohnen – Was Paare ohne Trauschein wissen müssen» (www.beobachter.ch/buchshop).

Ins Eigenheim des Partners ziehen

Zieht ein Paar zusammen in eine Mietwohnung, stellt sich die Frage, ob es einen gemeinsamen Mietvertrag (Solidarvertrag) unterzeichnen soll oder ob nur eine Seite den Mietvertrag unterschreibt (siehe Seite 80).

Eine rechtlich heikle Situation entsteht, wenn ein Paar in einem Haus zusammenlebt, das dem Partner bzw. der Partnerin allein gehört. Was viele Leute nicht wissen: Das Zusammenleben zweier Menschen in einer Wohnung oder in einem Haus begründet rechtlich gesehen nur dann ein Mietverhältnis zwischen den beiden, wenn dies ausdrücklich vertraglich vereinbart wird. Liegt also kein schriftlicher Vertrag vor, kann sich die Haus- oder Wohnungseigentümerin nicht auf das Mietrecht berufen und ihrem Partner das Mietverhältnis kündigen. Weigert sich der Partner auszuziehen, muss sich die Eigentümerin auf dem ordentlichen Prozessweg an den Richter wenden und die Ausweisung aus ihrem Haus verlangen. Wer sich vor solch einem Alptraum schützen will, schliesst also besser einen Vertrag.

> Muster 53

Versicherungen nicht vergessen! Schliessen Sie eine Hausrat- und Haftpflichtversicherung ab. Einzelne Gesellschaften bieten gemeinsame Policen an (siehe auch Seite 240). Vergleichen Sie verschiedene Offerten. Achtung: Schäden, die Sie am Mobiliar von im gemeinsamen Haushalt lebenden Personen verursachen, deckt die Haftpflichtversicherung nicht.

Vollmachten für den Notfall

Liegt ein Konkubinatspartner nach einem Unfall schwer verletzt und nicht ansprechbar im Spital, bestimmt das kantonale Recht, ob seine Lebensgefährtin Auskunft über seinen Gesundheitszustand bekommt und ob sie zu ihm vorgelassen wird. Im Kanton Zürich beispielsweise bestimmt das neue Patientinnen- und Patientengesetz, unter welchen Voraussetzungen Lebenspartner als nächste Angehörige und Bezugspersonen gelten. Gilt jemand nicht als nächste Bezugsperson, müssen die Ärzte sich ihm gegenüber an die Schweigepflicht halten.

Wenn Sie im Konkubinat leben, können Sie Ihrer Lebensgefährtin bzw. Ihrem Partner mit einer schriftlichen Erklärung das Recht einräumen, Ihre Interessen gegenüber Ärzten wahrzunehmen. Durch diese Erklärung werden die Ärzte und das Pflegepersonal von der gesetzlichen Schweigepflicht entbunden.

Wichtig: Geben Sie eine Kopie dieser Erklärung Ihrer Partnerin bzw. Ihrem Partner und eine Ihrem Hausarzt.

> Muster 54

Auch in anderen Bereichen muss Ihre Lebensgefährtin bzw. Ihr Partner im Notfall für Sie aktiv werden können. Mit einer Vollmacht lässt sich das regeln. Übergeben Sie der bevollmächtigten Person eine Kopie und informieren Sie Ihre Angehörigen sowie wichtige Stellen (zum Beispiel Ihre Bank) über die Vollmacht. Und noch etwas: Stirbt ein Vollmachtgeber, erlischt automatisch auch die Vollmacht.

> Muster 55

Konkubinatsvertrag

zwischen
Renate Vontobel, Rosenstrasse 12, 8640 Rapperswil
und
Andreas Elsner, Rosenstrasse 12, 8640 Rapperswil

1. Kosten, gemeinsamer Lebensunterhalt

Renate Vontobel und Andreas Elsner wohnen seit dem 1. Juli 2006 zusammen. Sie übernehmen die laufenden Kosten für die Haushaltsführung je zur Hälfte. Dazu richten sie eine Haushaltskasse ein, in die jede Seite jeweils am Ersten des Monats den Betrag von Fr. 500.– einzahlt. Aus der Haushaltskasse werden Ausgaben für Lebensmittel, Wasch- und Putzmittel beglichen. Die Partner bewahren bei ihren Einkäufen für den gemeinsamen Haushalt die Quittungen auf. Am Monatsende wird die Kasse abgerechnet und ausgeglichen.

Die Aufgaben im Haushalt teilen sich Renate Vontobel und Andreas Elsner.

Über das eigene Einkommen und Vermögen verfügen der Partner und die Partnerin je unabhängig. Jede Seite haftet auch allein für eingegangene Verpflichtungen und persönliche Schulden.

2. Mietzins

Der Mietvertrag für die Wohnung lautet auf Renate Vontobel. Zwischen den Konkubinatspartnern besteht ein schriftlicher Untermietvertrag (Beilage zu diesem Vertrag).

Die Kosten für Elektrizität, Gas, Hausrat- und Haftpflichtversicherung teilen sich die Konkubinatspartner hälftig.

3. Inventar

Über die Einrichtungsgegenstände haben Renate Vontobel und Andreas Elsner ein Inventar erstellt (Beilage zu diesem Vertrag). Es wird immer am Jahresende aktualisiert.

Ist ein Gegenstand nicht im Inventar aufgeführt, soll diejenige Person als Eigentümerin gelten, welche Rechnungen oder Quittungen über den Gegenstand vorweisen kann. Fehlen solche Belege, wird Miteigentum der Parteien angenommen.

Gegenstände, die Renate Vontobel und Andreas Elsner gemeinsam anschaffen oder geschenkt bekommen, werden ebenfalls ins Inventar aufgenommen. Bei einer Auflösung des Haushalts müssen sich die Parteien

52

Konkubinatsvertrag, wenn beide Seiten finanziell selbständig sind

über die Zuteilung dieser Stücke einigen. Zum Ausgleich schulden sie sich den Zeitwert dieser Gegenstände.

4. Besondere Vereinbarungen

Geschenke, die sich die Konkubinatspartner während ihres Zusammenlebens machen, sind bei einer Auflösung des Haushalts nicht zurückzugeben.

Rapperswil, 20. Juli 2006

Renate Vontobel Andreas Elsner

53

Vereinbarung, wenn ein Partner Eigentümer der Wohnung ist

Vereinbarung

zwischen
Konrad Pfister, Feldstrasse 26, 8127 Ebmatingen
und
Antonia Huber, Kienastenwiesweg 15, 8053 Zürich

1. Antonia Huber zieht am 1. Oktober 2006 als Mieterin in die Eigentumswohnung von Konrad Pfister an der Feldstrasse 26 in Ebmatingen ein.
2. Die Mieterin bewohnt ein Zimmer zur alleinigen Benützung und die restlichen Räume zur Mitbenützung.
3. Der Mietzins beträgt Fr. 1200.– pauschal pro Monat und ist jeweils am Ersten des Monats zu bezahlen. Im Mietzins sind sämtliche Nebenkosten wie Parkplatzbenützung, Heizung, Warmwasser, Elektrizität, Gas, Radio- und TV-Gebühren inbegriffen. Im Mietzins nicht inbegriffen sind die Kosten für den gemeinsamen Lebensunterhalt. Dazu haben die Parteien einen separaten Konkubinatsvertrag abgeschlossen.
4. Das Mietverhältnis kann von beiden Seiten unter Einhaltung einer dreimonatigen Kündigungsfrist auf die ortsüblichen Kündigungstermine aufgelöst werden. Vorbehalten bleibt die einvernehmliche schriftliche Beendigung zu einem anderen Zeitpunkt.

Ebmatingen, 28. September 2006

Konrad Pfister Antonia Huber

Entbindung vom Arztgeheimnis

Sollte ich wegen Krankheit, Unfall oder anderer Gründe nicht ansprechbar und damit nicht handlungsfähig sein, so bevollmächtige ich

Martin Brunner, geb. 12. Februar 1975, wohnhaft an der Seefeldstrasse 40, 8280 Kreuzlingen, Tel. 071 123 45 67,

zur Wahrung meiner Interessen gegenüber meinen behandelnden Ärztinnen und Ärzten. Ich entbinde die mich behandelnden Ärztinnen und Ärzte von ihrer Schweigepflicht gegenüber Herrn Brunner.

Herr Brunner soll umfassend Auskunft über meinen Gesundheitszustand erhalten. Geplante Therapien sollen mit ihm besprochen und dürfen nicht ohne seine Zustimmung durchgeführt werden.

Kreuzlingen, 22. Juli 2006

Zoë Bleuler

54

Entbindung vom Arztgeheimnis

Vollmacht

Sollte ich aus gesundheitlichen oder anderen Gründen nicht in der Lage sein, meine rechtlichen, persönlichen und wirtschaftlichen Angelegenheiten selber zu regeln, so bevollmächtige ich

Zoë Bleuler, geb. 8. August 1974, wohnhaft an der Seefeldstrasse 40, 8280 Kreuzlingen, Tel. 071 123 45 67,

mich rechtsgültig zu vertreten. Frau Bleuler ist berechtigt, sämtliche Angelegenheiten für mich wahrzunehmen und mich vor Gerichten, Behörden und gegenüber Privaten rechtsgültig so zu vertreten, wie wenn ich selber gehandelt hätte.

Diese Vollmacht tritt in Kraft, wenn ich sie selber für anwendbar erkläre, weil ich mich nicht mehr entscheidungsfähig fühle, oder wenn meine Handlungs- oder Urteilsunfähigkeit ärztlich festgestellt worden ist.

Kreuzlingen, 11. November 2006

Martin Brunner

55

Vollmacht für die Lebenspartnerin

Die Heirat und ihre Folgen

Hochzeitsanzeigen, die Einladung zum grossen Fest – das sind sehr persönliche Texte: Die einen zeigen ganz traditionell ihre Vermählung in der Kirche an, bitten alle Bekannten zum anschliessenden Apéro und laden den engeren Kreis zur stilvollen Hochzeitsfeier ein. Andere teilen auf einer Postkarte aus der Ferne mit: Wir haben geheiratet.

Weil solche Texte weitgehend Geschmacksache sind, finden Sie in diesem Buch keine Muster dafür. Doch daneben gibt es rund um die Heirat noch einiges Schriftliches zu erledigen, die Reservation des Saals fürs Fest beispielsweise.

> **Muster 56**

Wer alles muss es wissen?

Dass Sie nun verheiratet sind, müssen verschiedene Stellen wissen: der Vermieter, weil er in Zukunft eine Kündigung beiden Eheleuten separat zustellen muss; die AHV, weil die AHV-Nummer der Frau ändert; Ihr Arbeitgeber wegen der Unfallversicherung und der Pensionskasse. Der Meldung an den Arbeitgeber muss der Ehemann eine Kopie des Auszugs aus dem Eheregister beilegen. Die Frau muss ihrem Arbeitgeber auch den AHV-Ausweis mitschicken. Dieser wird an die Ausgleichskasse weitergeleitet, welche dann einen neuen Ausweis mit der neuen AHV-Nummer ausstellt. Sind Sie selbständig erwerbend, müssen Sie Ihre Ausgleichskasse direkt informieren.

> **Muster 57 bis 59**

Viele Eheleute geben sich gegenseitig Vollmachten über ihre Bankkonten. Doch Achtung: Stirbt der Partner, erlischt die Vollmacht – auch wenn sie ausdrücklich über den Tod hinaus erteilt wurde. Die Bank wird die Witwe nicht mehr über das Konto ihres verstorbenen Mannes verfügen lassen, sondern eine Erbbescheinigung verlangen. Ehepaare sollten deshalb mindestens ein Bank- oder Postkonto einrichten, das auf beide Namen lautet (und/oder-Konto). Nur so kann die eine Seite nach dem Tod der anderen problemlos Geld beziehen.

Mit der Heirat ändert in rechtlicher Hinsicht einiges, denn die eheliche Gemeinschaft ist im Gesetz ausführlich geregelt. Welche Rechte und Pflichten Verheiratete haben, wie Geldfragen in der Ehe geregelt werden – das und mehr erfahren Sie im Beobachter-Ratgeber «Eherecht – Was Paare heute wissen müssen» (www.beobachter.ch/buchshop).

Wenn es in der Ehe kriselt

Der Bund fürs Leben dauert bei immer mehr Paaren kaum ein Jahrzehnt. Doch wenn zwei Eheleute sich auseinander leben, wenn Streit den Alltag prägt, ist Auseinandergehen nicht immer die einzige Lösung. Oft kann eine Ehe- oder Familientherapie weiterhelfen. Andere Paare versuchen, im Rahmen einer Familienmediation zu einer für beide Seiten stimmigen Lösung zu finden.

Manchmal sind jedoch die Fronten dermassen verhärtet, dass eine Einigung im Gespräch zwischen den Eheleuten nicht mehr möglich scheint. Wenn es zur Beilegung eines Konflikts ein Machtwort braucht, kann man sich ans Eheschutzgericht wenden: eine Seite allein oder aber das Paar gemeinsam. Das Eheschutzgericht ist keine Anlaufstelle für kleine Alltagsstreitigkeiten; es muss ein ernsthaftes Fehlverhalten zu beurteilen sein. Am häufigsten wird es angerufen, wenn sich Mann und Frau in finanziellen Fragen nicht einig sind – oder aber, um die Regelungen für eine Trennung festzulegen.

Ziel eines Eheschutzverfahrens ist es, zwischen Frau und Mann zu vermitteln und die Ehe wenn möglich zu retten. Scheitert die Vermittlung, kann das Eheschutzgericht Anordnungen treffen. Es kann zum Beispiel anordnen, der Ehemann müsse seine Einkünfte offen legen oder er habe seiner Frau einen angemessenen Betrag zur freien Verfügung zu geben. Das Eheschutzgericht kann aber auch die Gütertrennung zwischen den Parteien anordnen.

Ein solches Eheschutzverfahren in Gang zu setzen, ist keine komplizierte Angelegenheit. Sie müssen ein kurzes schriftliches Begehren an den

Eheschutzrichter am Gericht Ihres Wohnorts richten. Anschliessend werden Sie und Ihr Partner bzw. Ihre Partnerin zu einer mündlichen Verhandlung aufgeboten.

> Muster 60

Will ein Ehepaar sich trennen oder scheiden, muss viel geregelt werden – besonders wenn Kinder da sind. Ausführliche Informationen und viele praktische Beispiele finden Sie in den beiden Beobachter-Ratgebern «Trennung – Von der Krise zur Lösung» und «Scheidung» (www.beobachter.ch/buchshop).

Reservation Gartensaal

Sehr geehrter Herr Müller

Vielen Dank für das ausführliche Gespräch gestern Abend. Wir freuen uns sehr darauf, unser Hochzeitsfest in Ihrem schönen «Haus am See» zu feiern.

Unterdessen haben wir aus Ihren Vorschlägen ein Menü ausgewählt und wissen auch, welche Musikgruppe wir bei unserem Fest haben möchten. Hier unsere Reservation:

- Datum: 15. Juni 2007, von 19.00 bis 02.00 Uhr
- Saal: Gartensaal mit der angrenzenden Terrasse bis zum See
- Anzahl Personen: 60
- Menü und Getränke: Nr. 3 aus Ihrer Menüliste, jedoch mit Dessert nach freier Wahl – zum selben Preis wie auf der Liste
- Musik: «Swinging Sixties», Begleitung zum Apéro sowie Tanzmusik nach dem Essen
- zum Abschluss: kleine Käseplatte für alle, die mögen

Einige Gäste kommen von weit her und möchten nach dem Fest im «Haus am See» übernachten. Bitte reservieren Sie provisorisch zehn Doppelzimmer. Bis Ende Monat werden wir Ihnen mitteilen, wie viele davon definitiv benötigt werden.

Für eine Bestätigung unserer Reservation danken wir Ihnen.

Freundliche Grüsse

56

Reservation fürs Hochzeitsfest

Wir heiraten!

Sehr geehrte Frau Hegnauer

Am 22. Mai werden meine langjährige Lebenspartnerin Susanne Fröhlich und ich heiraten. Frau Fröhlich wird in der Woche vor der Hochzeit zu mir ziehen.

Freundliche Grüsse

57

Mitteilung der Heirat an die Vermieterin

58

Brief des Ehemanns an die Arbeitgeberin

AHV-Nr. 625.79.123.456

Sehr geehrte Frau Gasser

Am 22. Mai haben meine langjährige Lebenspartnerin Susanne Fröhlich und ich geheiratet (ihre AHV-Nr. 783.82.876.543). Frau Fröhlich zieht in diesen Tagen zu mir.

Als Beilage überlasse ich Ihnen eine Kopie des Auszugs aus dem Eheregister.

Mit freundlichen Grüssen

59

Brief der Ehefrau an den Arbeitgeber

AHV-Nr. 783.82.876.543

Sehr geehrter Herr Lehmann

Am 22. Mai haben mein Lebenspartner Horst Kurriger und ich geheiratet (seine AHV-Nr. 625.79.123.456). Unsere neue Adresse lautet: Kernstrasse 13, 6300 Zug. Ich habe mich entschieden, meinen bisherigen Namen zu behalten.

Als Beilage sende ich Ihnen meinen AHV-Ausweis zur Weiterleitung an die Ausgleichskasse.

Mit freundlichen Grüssen

Eheschutzbegehren

Sehr geehrte Damen und Herren

In Sachen
Petra Neuhaus Müller, Zielgasse 15, 6300 Zug (Klägerin)
gegen
Ulrich Müller, Zielgasse 15, 6300 Zug (Beklagter)

erhebe ich Klage mit folgenden Anträgen:

1. Es sei der Beklagte zu verpflichten, mir über sein Einkommen, sein Vermögen und seine Schulden Auskunft zu erteilen.

2. Es sei der Beklagte zu verpflichten, mir für unseren gemeinsamen Sohn Kevin monatliche Unterhaltsbeiträge zu bezahlen, und zwar ab dem 1. Oktober 2006.

3. Es sei der Beklagte zu verpflichten, mir monatlich einen angemessenen Beitrag zur freien Verfügung zu stellen.

Alles unter Kosten- und Entschädigungsfolgen zulasten des Beklagten.

Gerne werde ich meine Anträge anlässlich der Verhandlung mündlich begründen.

Ich bitte Sie, uns beide zur Verhandlung zu laden.

Freundliche Grüsse

60

Einfaches Eheschutzbegehren

Briefe an die Schule

Manche Eltern fühlen sich peinlich an die eigene Schulzeit erinnert, wenn sie sich schriftlich an die Schule wenden müssen. Vor lauter Keine-Fehler-machen-Wollen tun sie sich besonders schwer mit dem Formulieren ihres Anliegens. Ruhig Blut. Blättern Sie zurück zu Kapitel 2 und bringen Sie dann Ihre Sache zu Papier. Auf den folgenden Seiten finden Sie zwei, drei typische Beispiele, an denen Sie sich orientieren können.

> Muster 61 bis 63

Mit Ihren Gesuchen müssen Sie sich in der Regel an die Schulaufsichtsbehörde wenden. Diese heisst je nach Gemeinde Schulpflege, Schulkommission, Schulrat oder ähnlich. Handelt es sich bei der Schule Ihres Kindes um eine so genannte geleitete Schule, ist möglicherweise auch der Schulleiter zuständig.

Oft ist es einfacher, ein solches Gesuch zu schreiben, nachdem Sie mit der Lehrerin oder der Schulbehörde über das Thema gesprochen haben. Und viele Alltagsfragen werden Sie sowieso nicht schriftlich erledigen, sondern direkt mit der Lehrerin besprechen: zum Beispiel die Angst Ihres Kindes vor dem Schwimmunterricht, die richtige Menge der Hausaufgaben, eine spezielle Diät im Klassenlager.

Nicht einverstanden mit dem Lehrer

Eigentlich sind Eltern ja «Kunden» der Schule. Doch wenn sie mit der Leistung unzufrieden sind, können sie nicht einfach den Lieferanten – sprich: Lehrer oder Lehrerin – wechseln. Was also tun, wenn der Lehrer Mathematik nie richtig erklärt oder wenn Ihr Kind mit der Turnlehrerin einfach nicht zurechtkommt?

- Suchen Sie zuerst das Gespräch. Denken Sie daran: Es geht nicht darum, einen Schuldigen zu finden. Gesucht sind konstruktive Lösungen.

- Führt das Gespräch nicht weiter, können Sie eine Aussprache verlangen, bei der die Schulaufsichtsbehörde oder die Schulleitung dabei sind.
- Lassen sich die Differenzen dann immer noch nicht bereinigen, können Sie sich schriftlich an die Behörde wenden.

> Muster 64

«Gut begleitet durch die Schulzeit – Wegweiser für Eltern» ist der Beobachter-Ratgeber mit Antworten auf alle Fragen, die Eltern und Kinder im Kindergarten und während der obligatorischen Schulzeit beschäftigen (www.beobachter.ch/buchshop).

61

Gesuch um Zuteilung in ein bestimmtes Schulhaus

Gesuch um Zuteilung von Lea Keller ins Schulhaus Dorfstrasse

Sehr geehrte Damen und Herren

Wir beantragen, dass unsere Tochter Lea (geboren am 15. Januar 1999) ins Schulhaus Dorfstrasse zugeteilt wird.

Lea wird diesen Sommer eingeschult. Ihr zwei Jahre älterer Bruder Ramon geht bereits im Schulhaus Dorfstrasse zur Schule. Da die Kinder auf dem Schulweg einige verkehrsreiche Strassen zu überqueren haben, würden wir uns sicherer fühlen, wenn Lea diesen Weg in Begleitung ihres Bruders zurücklegen könnte. Zudem hat unsere Tochter einige Gspänli im Schulhaus Dorfstrasse. Lea ist ein schüchternes Kind. Sie würde sich so sicher besser im Schulalltag einleben.

Von unserem Sohn Ramon kennen wir das Lehrerteam im Schulhaus Dorfstrasse und haben viele gute Erfahrungen gemacht.

Wir wären sehr glücklich, wenn unsere Lea im Schulhaus Dorfstrasse zur Schule gehen dürfte, und bitten Sie, unser Gesuch zu bewilligen.

Freundliche Grüsse

Quelle: Beobachter-Ratgeber «Gut begleitet durch die Schulzeit»

62

Die Ferien verlängern

Gesuch um Ferienverlängerung

Sehr geehrte Damen und Herren

Die Grosseltern unseres Sohnes Tim leben in Australien. Seit vielen Jahren feiert unsere gesamte Familie das Weihnachtsfest in Melbourne.

In Australien ist Weihnachten die Zeit der grossen Ferien und somit die einzige Gelegenheit im Jahr, zu der sich die ganze Familie treffen kann. Die Weihnachts- und Neujahrsferien unserer Schule sind jedoch für eine derart lange Reise zu knapp. Deshalb würden wir die Schulferien gerne um eine Woche verlängern.

Tims Lehrer hat Verständnis für unseren Wunsch. Sollte unser Gesuch bewilligt werden, würde er unserem Sohn Aufgaben vorbereiten, damit dieser den verpassten Stoff nacharbeiten kann. Natürlich würden wir Tim bei seinen Hausaufgaben unterstützen.

Wir bitten Sie, unser Gesuch zu bewilligen.

Freundliche Grüsse

Dispensation vom Schulsport

Sehr geehrte Damen
Sehr geehrte Herren

Unsere Tochter Sara besucht die 1. Klasse bei Frau Heidi Wegmüller im Dorfschulhaus.

Eine Untersuchung bei unserem Hausarzt hat nun leider gezeigt, dass Sara an Belastungsasthma leidet. Weil sie sich nur sehr massvoll bewegen darf, kann unsere Tochter bis auf weiteres nicht am Turn- und Schwimmunterricht teilnehmen. Als Beilage überlassen wir Ihnen ein Zeugnis unseres Hausarztes.

Mit freundlichen Grüssen

Kopie: Heidi Wegmüller, Lehrerin

63

Dispensationsgesuch

Beschwerde

Sehr geehrte Damen und Herren

Schon zum dritten Mal in diesem Monat fiel der Schulunterricht ohne Vorankündigung für mehrere Stunden aus; die Drittklässlerinnen und Drittklässler wurden nach Hause geschickt.

Wie Sie wissen, arbeiten in vielen Familien beide Elternteile, sodass einzelne dieser Kinder während der ausgefallenen Stunden unbeaufsichtigt blieben. Ein solches Vorgehen der Schule ist verantwortungslos.

Wir erinnern Sie an Ihre Sorgfaltspflichten und erwarten, dass uns künftig Unterrichtsausfälle frühzeitig angezeigt oder die Kinder in der Schule beaufsichtigt werden.

Mit freundlichen Grüssen

64

Beschwerde an die Schulpflege

Wenn Kinder «Verträge» abschliessen

Internet und Handy machens möglich: Die 15-jährige Tochter erhält eine Rechnung über einige hundert Franken für Klingeltöne, der 17-jährige Sohn bucht Ferien für über tausend Franken. Erweist sich die jugendliche Vertragspartei dann als zahlungsunfähig, werden viele Anbieter rasch einmal bei den Eltern vorstellig und bitten diese – oft unter Androhung rechtlicher Schritte – zur Kasse.

Nur keine Bange. Das Gesetz sagt klar: Minderjährige können ohne Einwilligung ihrer Eltern keine Verträge abschliessen. Damit sich jemand rechtlich verpflichten kann, muss er nämlich nach dem Zivilgesetzbuch «urteilsfähig» und «mündig» sein. Mündig ist man in der Schweiz erst mit 18 Jahren.

Nun kann die Mutter ihre Tochter natürlich nicht jeden Tag in die Kantine des Gymnasiums oder am Wochenende ins Kino begleiten, um dort gültig in die Rechtsgeschäfte ihres Kindes einzuwilligen. Deshalb geht man in der Praxis davon aus, dass Eltern mit dem Kauf alltäglicher Dinge einverstanden sind, wenn sie ihren Kindern ein Taschengeld zur Verfügung stellen.

Woher soll nun aber der Mofa-Händler wissen, ob die 16-Jährige die 550 Franken aus ihrem Taschengeld nimmt, wenn sie ein Occasionstöffli kaufen will? Und kann sich die Kioskverkäuferin darauf verlassen, dass die Eltern eines Erstklässlers damit einverstanden sind, dass dieser für 50 Franken Fussballbildchen kauft? Klare Regeln gibt es hier nicht. Will die Verkäuferin auf Nummer sicher gehen, ist sie gut beraten, im Zweifelsfall bei den Eltern nachzufragen. Stellen sich diese nämlich später auf den Standpunkt, sie hätten den Vertrag weder im Voraus noch im Nachhinein genehmigt, ist das Geschäft nicht zustande gekommen und die Eltern müssen auch nicht für die «Verpflichtung» ihres Kindes aufkommen.

Wenn Sie von einem Anbieter oder einem Inkassobüro für die Geschäfte Ihrer Tochter oder Ihres Sohnes «belangt» werden, genügt als Antwort ein einfacher Brief.

> Muster 65 und 66

Achtung: Immer mehr Jugendliche besitzen eine eigene Kreditkarte, meist mit einer Limite von 1000 Franken. Die Anbieter verlangen für den Vertrag jeweils auch die Unterschrift der Eltern. Mit dieser Unterschrift geben Sie die Zustimmung für sämtliche Geschäfte, die Ihr Sohn oder Ihre Tochter im Rahmen der Kreditlimite tätigt.

Sprechen Sie mit Ihren Kindern über die neuen Kommunikationsmittel und die verschiedenen Fallen, in die man geraten kann. Interessieren Sie sich, wie und wofür Ihre Kinder den Computer und das Handy nutzen. So schützen Sie sich am besten vor bösen Überraschungen.

65

Forderung für «Geschäfte» der Tochter zurückweisen

Internet-Gewinnspiel

Sehr geehrte Damen und Herren

In Ihrem Schreiben vom 13. August fordern Sie mich auf, für meine Tochter die Teilnahmegebühren an Ihrem Internet-Glücksspiel von Fr. 550.– zu bezahlen.

Meine Tochter ist 15 Jahre alt, also noch nicht geschäftsfähig. Ich habe keine Einwilligung zu einer Teilnahme am Glücksspiel erteilt. Somit ist kein Vertrag zustande gekommen.

Aus diesem Grund lehne ich Ihre Forderung ab.

Freundliche Grüsse

66

Rückforderung, weil ein Unmündiger eine Reise gebucht hat

Buchung Nr. 123456

Sehr geehrte Damen und Herren

Am 17. Juni hat mein Sohn bei Ihnen eine Reise gebucht und dafür Fr. 1260.– bar bezahlt.

Mein Sohn ist 14-jährig und damit nicht geschäftsfähig. Somit ist kein gültiger Vertrag zustande gekommen.

Aus diesem Grund fordere ich Sie auf, die Buchung zu annullieren und den bereits bezahlten Betrag auf mein Konto Nr. 124566 bei der Kantonalbank Bern-Belp zurückzuerstatten.

Ich bin bereit, Ihnen für Ihre Umtriebe eine Entschädigung von Fr. 100.– zu bezahlen.

Freundliche Grüsse

Saubere Sache: Vertrag mit der Putzfrau

Sie machen unsere Wohnungen sauber, jahrelang, tadellos und meist für wenig Geld. Wer aber muss in die Tasche greifen, wenn die Putzfrau von der Leiter stürzt und sich ein Bein bricht? Und wie genau ist das mit den Sozialversicherungen?

Wenn Sie eine Putzfrau beschäftigen, gelten Sie rechtlich als ihr Arbeitgeber. Mit allen Rechten und Pflichten. Sie müssen Ihre Angestellte bei der AHV/IV anmelden, sie gegen Berufsunfälle versichern und schulden ihr den Lohn auch dann, wenn sie krank ist oder wenn Sie selber in den Ferien weilen und deshalb Staubwischen keinen grossen Sinn macht. Verdient eine Angestellte mehr als 19 350 Franken pro Jahr (Stand 2006), müssen Sie sie auch bei einer Pensionskasse versichern. In einigen Kantonen ist zudem eine Krankentaggeldversicherung obligatorisch.

Von diesen Pflichten sind Sie nur dann entbunden, wenn Ihre Putzfrau bei der AHV als Selbständigerwerbende anerkannt ist (und die Beiträge selber abrechnet) oder wenn sie die Reinigungsarbeit in Ihrem Haushalt als Nebenerwerb betreibt und damit weniger als 2000 Franken pro Jahr verdient. Müssen Sie für Ihre Perle keine AHV-Beiträge bezahlen, lassen Sie sich von ihr eine so genannte Verzichtserklärung unterschreiben (als Formular erhältlich unter www.ahv.ch). Eine Versicherung gegen Unfälle müssen Sie aber in jedem Fall abschliessen.

Arbeitet die Putzfrau als Ihre Angestellte, schliessen Sie am besten einen schriftlichen Arbeitsvertrag mit ihr ab. So ist auf beiden Seiten für Klarheit gesorgt.

> **Muster 67**

Wichtig: Die Normalarbeitsverträge (NAV) sind dem Einzelarbeitsvertrag übergeordnete Bestimmungen, die bei den Arbeitsverhältnissen von Hausangestellten zwingend zur Anwendung kommen. Sie regeln zum Beispiel die Frage, wie lange der Arbeitgeber seiner Angestellten den Lohn zahlen muss, wenn diese krank ist. Normalarbeitsverträge erhalten Sie auf dem kantonalen Amt für Industrie, Gewerbe und Arbeit.

Die Normalarbeitsverträge sowie ein Dossier mit Musterarbeitsverträgen, Lohnrichtlinien und Beispielen für die Lohnabrechnung erhalten Sie bei Hauswirtschaft Schweiz (www.hauswirtschaft.ch).

Arbeitsvertrag

Arbeitgeberin:	Tanja Fischer, Im unteren Baumgarten 8, 7130 Ilanz, Tel. 081 333 56 78
Arbeitnehmerin:	Laura Gonzales, Bahnhofstrasse 35, 7130 Ilanz, Tel. 081 333 43 21 AHV-Nummer: 983.64.737.105 Ausländerausweis Kat. B-EG/EFTA
Arbeitsort:	Im unteren Baumgarten 8, 7130 Ilanz, 2. Stock
Arbeitszeit:	Vier Stunden pro Woche, jeweils am Donnerstag
Bruttolohn:	Fr. 23.– pro Stunde
Abzüge:	AHV/IV/EO 5,05 % Arbeitslosenversicherung 1,0 % Nichtberufsunfall 1,5 %
Ferien:	Die Ferienentschädigung ist im Stundenlohn inbegriffen: 20. bis 50. Altersjahr: 4 Wochen = 8,33 % bis 20./ab 50. Altersjahr: 5 Wochen = 10,64% Die Ferienentschädigung von Frau Gonzales beträgt 8,33 Prozent.
Vertragsbeginn:	Das Arbeitsverhältnis beginnt am 1. September 2006 und ist auf unbestimmte Zeit abgeschlossen. Es wird eine Probezeit von drei Monaten vereinbart.
Tätigkeit/Pflichtenheft:	Frau Gonzales ist für die wöchentliche Reinigung der Wohnung von Familie Fischer besorgt. Die Arbeiten werden jeweils bei Arbeitsbeginn abgesprochen. Für grössere Arbeiten wie Frühlingsputz oder Fensterreinigung werden von Fall zu Fall zusätzliche Stunden vereinbart und zum selben Ansatz bezahlt.
Schlussbestimmung:	Im Übrigen gelten die gesetzlichen Bestimmungen des Normalarbeitsvertrags für Hauspersonal und das Schweizerische Obligationenrecht (OR). Allfällige Änderungen oder Ergänzungen dieses Vertrags bedürfen der schriftlichen Form.

Ilanz, 25. August 2006

Die Arbeitgeberin Tanja Fischer	Die Arbeitnehmerin Laura Gonzales

67

Arbeitsvertrag mit der Putzfrau

Kaufvertrag für tierische Familienmitglieder

Kaum ein Kind, das sich nicht sehnlichst einen «Strubeli» oder eine «Miezi» wünscht. Bevor Sie aber ins Tierheim oder in den Zoofachhandel eilen, überlegen Sie sich in Ruhe einige Punkte:

- Können Sie Ihrem vierbeinigen Familienmitglied auch wirklich während Jahren eine artgerechte Haltung bieten?
- Sind Haustiere in Ihrer Mietwohnung überhaupt erlaubt?
- Leidet jemand in Ihrer Familie unter Allergien?

Beschaffen Sie sich Informationen über die richtige und artgerechte Tierhaltung. Bücher gibts im Fachhandel; Merkblätter mit vielen nützlichen Tipps über die Haltung aller Heimtiere finden Sie auf der CD-ROM der Stiftung für das Tier im Recht (www.tierimrecht.org).

Wenn Sie eine Katze oder einen Hund kaufen, bestehen Sie auf einem schriftlichen Vertrag. Achtung: Die meisten Tierheime schliessen mit Interessenten so genannte Platzierungsverträge ab. Dabei erhalten Sie das Tier rechtlich gesehen lediglich anvertraut und das Heim kann es zurückverlangen, zum Beispiel wenn es schlecht gehalten oder gequält wird. Wer ein Tier aus dem Heim zu sich nehmen möchte, sollte trotzdem auf einem schriftlichen Kaufvertrag bestehen.

Kaufen Sie Ihre Katze, Ihren Hund oder Papagei von privat, werden Sie je nach Situation einzelne Bestimmungen aus dem ausführlichen Muster abändern oder ganz weglassen.

> **Muster 68**

Wenn Sie ein Tier aus einem Heim zu sich nehmen möchten, gehen Sie auch einmal unangemeldet dort vorbei, um einen Eindruck zu gewinnen. Verlassen Sie sich auf Ihr Gefühl. Und vor allem: Entscheiden Sie nicht übereilt. Lassen Sie sich Zeit und lernen Sie das Tier beim Spielen oder auf Spaziergängen erst kennen.

Kaufvertrag für Dalmatinerhündin Cora

Verkäufer Charles Moser, Gulmenhof, 8825 Hütten

Käufer Roman Gruber, Dorfstrasse 32, 8820 Wädenswil

Angaben zum Tier

1. Tierart	Hündin
2. Name	Cora
3. Rasse, Geschlecht, Farbe, Alter	Dalmatiner, Weibchen, geb. 15. Juni 2006, weiss mit schwarzer Zeichnung
4. ANIS-Identifikationsnummer, Tätowierungsnummer	noch nicht vorhanden
5. Impfausweis vorhanden	☒ ja ☐ nein
6. Hundeschule absolviert	☐ ja ☒ nein
7. Das Tier ist	☐ kastriert ☒ entwurmt ☒ gemäss Impfpass geimpft
8. Besonderheiten, die beim Tier bisher aufgetreten sind	☐ Bissigkeit ☐ Probleme bei der Verträglichkeit mit Artgenossen oder anderen Tieren ☐ Probleme bei der Verträglichkeit mit Erwachsenen oder Kindern ☐ Unsicherheit im Strassenverkehr ☐ Schreckhaftigkeit ☐ Probleme mit Stubenreinheit ☐ Probleme wegen Einsamkeit ☐ anderes ______________________
9. Bekannte Krankheiten oder Behandlungen	keine

Leistung des Verkäufers Der Verkäufer verkauft dem Käufer mit Unterzeichnung dieses Vertrags das oben genannte Tier zu einem Preis von Fr. 500.–. Der Kaufpreis ist hälftig bei Vertragsunterzeichnung und hälftig bei Übergabe des Tieres zu bezahlen.

Pflichten des Käufers Der Käufer verpflichtet sich, das Tier artgerecht zu halten, es zu füttern, zu pflegen und ihm den täglich nötigen Auslauf zu gewähren. Er ver-

68

Ausführlicher Kaufvertrag für einen Hund

	pflichtet sich, die Checkliste zur Haltung, Pflege und Unterbringung zu beachten (CD-ROM der Stiftung für das Tier im Recht). Das Tier darf nicht eingeschläfert werden, wenn nicht zwingende tierärztliche Gründe vorliegen. Während eines Jahrs ab Unterzeichnung dieses Vertrags informiert der Käufer den Verkäufer, wenn das Tier entlaufen oder gestorben ist. Kann der Käufer das Tier nicht mehr halten, informiert er den Verkäufer. Dieser hat das Recht, das Tier während zwei Jahren ab Unterzeichnung dieses Vertrags zu einem Viertel des Kaufpreises zurückzukaufen.
Gewährleistung	Stellt ein Tierarzt innert zwanzig Tagen nach Übergabe des Tieres eine Krankheit oder einen körperlichen Schaden fest und meldet dies der Käufer dem Verkäufer, so hat der Käufer die Wahl, den Kaufvertrag rückgängig zu machen, ein anderes Tier derselben Art oder einen Preisnachlass (Minderung) zu verlangen. Wählt er die Minderung, sind die tatsächlich anfallenden Behandlungskosten im Maximalumfang des halben Kaufpreises zu tragen.
Konventionalstrafe	Bei einem Verstoss gegen die Regeln dieses Vertrags schuldet der Käufer dem Verkäufer eine Konventionalstrafe von Fr. 300.–.
Schlussbestimmungen	Mündliche Nebenabreden werden nicht getroffen. Jede Änderung oder Ergänzung dieses Vertrags bedarf der Schriftform.

Der Vertrag wird zweifach ausgefertigt. Die Parteien erhalten je ein Exemplar.

Wädenswil, 20. Oktober 2006

Verkäufer Charles Moser	Käufer Roman Gruber

Quelle: Stiftung für das Tier im Recht

Ihr seid herzlich eingeladen

Der runde Geburtstag steht vor der Tür, der Einzug ins neue Haus soll gefeiert werden – Gründe für Feste gibt es viele. Für ein Abendessen mit Freunden, einen Kinobesuch mit der Kollegin werden Sie kurz zum Telefon greifen. Doch wenn es ein grösserer Anlass werden soll, hat die schriftliche Einladung Vorteile. Überlegen Sie sich, was Ihre Gäste alles wissen müssen.

- Wann findet das Fest statt?
- Wo soll gefeiert werden, drinnen oder draussen, in der Waldhütte oder im Nobelrestaurant?
- Wer sind die Gäste?
- Ist eine besondere Kleidung gewünscht?
- Sollen die Eingeladenen mitteilen, ob sie kommen?

> **Muster 69 bis 71**

Zusagen, danken, absagen

Auch das geht natürlich immer per Telefon. Aber eine persönliche, schriftliche Absage zeigt manchmal besser, dass es einem wirklich Leid tut, nicht dabei sein zu können. Und ein handgeschriebener Dank auf einer schönen Karte freut die Gastgeber ganz besonders.

> **Muster 72 bis 78**

100 Jahre Murerweg

Liebe Nachbarinnen, liebe Nachbarn

Am 12. Juli 1906 – so ist es im städtischen Bauarchiv vermerkt – legte der Baumeister Murer den Grundstein zu seinem Dreifamilienhaus am heutigen Murerweg 15.

Das muss gefeiert werden! Am 19. August, dem letzten Samstag in den Sommerferien, findet auf dem Murerweg eine grosse Strassenparty statt. Um 17.00 Uhr wird die Strasse gesperrt und in einen Festplatz verwandelt. Eine besondere Attraktion wird die eigens für unser Fest gegründete Murerweg-Combo sein.

Für genügend Grillstellen, Brot und Getränke ist gesorgt, alles andere müsst Ihr selber mitbringen. Gemeinsam stellen wir ein buntes Buffet mit Salaten und Desserts zusammen. Bitte teilt uns auf der Anmeldekarte mit, was Ihr beisteuern möchtet.

69
Einladung zum Strassenfest

Also: Feiert mit am Murerweg-Fest. Eure Anmeldung hätten wir gerne bis zum 30. Juni.

Das OK vom Murerweg 15

Prosit!

Liebe Nachbarinnen
Liebe Nachbarn

So – alle Kisten sind ausgepackt und auf dem Estrich verstaut. Der Zügelstress ist hinter uns.

Gerne würden wir am nächsten Samstag mit Ihnen auf unser neues Zuhause anstossen. Ab 17 Uhr gibts Häppchen und Prosecco.

70
Einladung zur «Huusräuke»

Kommen Sie vorbei. Wir freuen uns auf Sie.

Herzliche Grüsse

Sommer-Hochzeitsfest

Liebe Freunde und Bekannte

Zum Sommerbeginn am 21. Juni haben wir uns unter der Mitternachtssonne in Schwedens Norden das Jawort gegeben. Am 10. Juli kehren wir als Lars und Sonja Svenson in die Schweiz zurück.

Unsere Heirat möchten wir gerne mit Euch allen gemeinsam feiern. Bitte haltet Euch den 29. August für ein sonniges Sommerfest frei. Alles Weitere erfahrt Ihr nach unserer Rückkehr.

Mit glücklichen Grüssen

71

Einladung zum nachträglichen Hochzeitsfest

Liebe Ruth

Ganz herzlichen Dank für deine originelle Einladung zum runden Geburtstag. Die fröhlichen Bilder mit dem «roten Faden», der sich durch sie zieht, zeigen deutlich, wie vielfältig und interessant Deine 60 Jahre gewesen sind.

Dass wir bei Deiner Feier dabei sein dürfen, freut und ehrt uns.
Wir kommen sehr, sehr gern!

Ganz liebe Grüsse

72

Zusage für einen runden Geburtstag

Liebe Rita, lieber Kurt

Ein Klassentreffen – super Idee! Ganz herzlichen Dank, Rita, dass Du Dein Haus zur Verfügung stellst.

Natürlich bin ich am 15. August dabei. Ich bin ja so gespannt, wie die Gspänli von früher heute sind. Ob man sich noch erkennt?

Kann ich irgendetwas beisteuern, einen Dessert zum Beispiel?
Oder braucht Ihr Hilfe beim Vorbereiten? Lasst es mich kurz wissen.

Bis bald!

73

Zusage für ein Klassentreffen

Von: Benedetto Burri
An: Helen Georges
Datum: Mittwoch, 29. Oktober 2006, 20:15 Uhr
Thema: Spaghettiplausch

Hallo Helen

Am 4. November fahre ich mit meinen Kollegen nach Arosa an den Gugge-Treff. Darum kann ich an Deinem Spaghettiplausch leider nicht teilnehmen. Ich wünsch Euch aber «en Guete» und viel Spass.

Danke für die Einladung – hoffentlich klappt es ein ander Mal.

Herzliche Grüsse

74 Kurze Absage per Mail

Liebe Franziska
Lieber Remo

Schön, dass Ihr Euch traut. Über Eure Einladung zum Fest haben wir uns riesig gefreut.

Wenn Ihr beide am 17. Juli im alten Kirchli von Witikon Eure Jaworte haucht, trampen wir allerdings durch Australien. Drum können wir an Eurem grossen Tag leider, leider nicht dabei sein.

Wir wünschen Euch einen unvergesslichen Tag, alles Glück und alles Liebe dieser Welt.

Ganz herzliche Grüsse

75 Absage auf eine Hochzeitseinladung

Liebe Sandra
Lieber Mark

Noch hängt der wunderbar warme Geschmack des Weines in meinem Gaumen! Und ich denke mit schönen Gefühlen an den Abend mit Euch zurück.

Habt ganz herzlichen Dank für die Bewirtung, die lustigen und spannenden Gespräche, für Eure Grosszügigkeit.

Kurz: Vielen herzlichen Dank und liebe Grüsse

76

Dank für einen schönen Abend unter Freunden

Liebe Frau Hofer

Ihre Karte mit den freundlichen Worten hat mich aufgestellt, der Büchergutschein eher etwas beschämt. Überflüssig zu sagen, dass das nicht nötig gewesen wäre.

Wie Sie offenbar herausgefunden haben, bin ich begeisterter Krimileser und freue mich umso mehr auf die neue Lektüre.

Nochmals ganz herzlichen Dank und hoffentlich auf ein ander Mal.

Ihr

77

Für eine Überraschung danken

78

Dank für Geschenke zur Geburt der Tochter

Von: François Burnand
An: kundendienst@warenhausag.ch
Datum: 8. August 2006
Thema: Herzlichen Dank

Liebe Kolleginnen, liebe Kollegen

Für die wunderschönen Spielsachen, die Ihr Corinna geschenkt habt, bedanke ich mich ganz herzlich. Schon bald wird sie wohl auf dem Pferdchen in der Wohnung herumkurven und dabei vergnügt quietschen. Ich freue mich schon auf diesen Augenblick.

Meine Freude über die Geburt von Corinna möchte ich mit Euch teilen und lade Euch im Anschluss an die Abteilungssitzung vom 11. August zu einem Apéro ein.

Herzlichst

Glück wünschen und Anteil nehmen

Der runde Geburtstag der Schwiegermutter rückt näher, die Hochzeitseinladung des Jugendfreunds liegt auf dem Tisch, das Baby der Arbeitskollegin ist endlich da und im Turnverein darf ein verdientes Mitglied sein 25. Jubiläum feiern. Was schreiben?

Das Formale vorweg: Ob Sie zu neutralem Briefpapier greifen oder sich eine teure Kunstkarte besorgen, ist eine Frage Ihres persönlichen Geschmacks. Ebenso, ob Sie bei der gekauften Karte auf den Umschlag selber oder auf das eingelegte Papier schreiben. Aus der Wahl Ihrer Worte jedoch wird der Empfänger herauslesen, ob Sie sich wirklich mit ihm freuen. Verwenden Sie Floskeln – «Wir möchten es nicht versäumen, Dir zu gratulieren.» –, vermitteln Sie ihm das Gefühl, das Schreiben sei für Sie nur eine lästige Pflichtübung gewesen.

Wenn die Einladung oder die Geburtsanzeige unter einem Motto steht, nehmen Sie den Faden auf und spinnen Sie ihn weiter. Lassen Sie eigene, schöne Erfahrungen in Ihre Gratulation einfliessen. Betonen Sie einen wichtigen Erfolg der Jubilarin oder erwähnen Sie ein schönes, gemeinsames Erlebnis. Schreiben Sie keine Romane, sondern halten Sie ganz konkrete, einfache Gedanken fest. Schliessen Sie Ihren Brief nicht mit einer endlosen Aufzählung von guten Wünschen, sondern beschränken Sie sich auf das, was Sie der Empfängerin am meisten wünschen: Glück, Gesundheit, Zufriedenheit oder was auch immer.

Die Gratulation auf Seite 151 dürfte die Jubilarin bestimmt nicht vergessen – im Gegensatz zu irgendwelchen floskelhaften Zeilen.

> Muster 79 bis 81

Im Zeitalter der neuen Kommunikationsmittel erhalten wir meist auch sehr persönliche Nachrichten elektronisch übermittelt – per Mail oder SMS. Ein handgeschriebener Brief oder eine handgeschriebene Karte ist und bleibt etwas Einzigartiges und Persönliches.

Echte Anteilnahme

Viel schwieriger als das Gratulieren ist es oft, Anteilnahme auszudrücken. Etwa, wenn der Freundin eine schwierige Operation bevorsteht. Der Brief soll besonders echt und persönlich sein, dabei aber weder kitschig noch gestelzt wirken. Suchen Sie nicht nach den «grossen» Worten, sondern bleiben Sie bei Ihrer eigenen Sprache. Und vielleicht können Sie ja Ihre Hilfe anbieten.

> Muster 82 und 83

Den Tag werde ich nie vergessen, liebe Esther,

als Du vor 25 Jahren in unseren Turnverein eingetreten bist. Während Du in unserer Damenriege ein Schnuppertraining besuchtest, brachte ich nur wenige hundert Meter entfernt im Spital Hohenberg meine Tochter Beatrice zur Welt.

Rasch sind wir Freundinnen geworden, haben unsere Kinder zusammen aufwachsen sehen, haben uns beigestanden mit Rat und Tat. Aus unserer Damenriege bist Du längst nicht mehr wegzudenken. Deine Idee, an der jährlichen Gewerbeausstellung eine Bar einzurichten und so unsere Kasse etwas aufzustocken, war ein grosser Erfolg. Und über Deine Cabaret-Einlagen am letzten Ausflug werden wir noch lange schmunzeln.

Ich gratuliere Dir ganz herzlich zu Deinem Jubiläum und bin glücklich, Dich in unserer Riege zu wissen.

Mit lieben Grüssen

79

Persönliche Gratulation zum Jubiläum

Liebe Annina

Vor bald sechzehn Jahren habe ich Dich bei der Taufe dem Pfarrer entgegengehalten. War ich stolz auf mein «Gottemeitli»!

Seither haben wir viel miteinander erlebt. Vor allem unsere gemeinsamen Gotti-Weekends habe ich immer sehr genossen. Weisst Du noch im Tessin, als wir im strömenden Regen in der Maggia badeten? Oder in London, die tolle Aufführung von Cats?

Nun wirst Du konfirmiert, gehst immer mehr Deine eigenen Wege – und ich bin offiziell aus meinen Pflichten als Patin entlassen. Das ändert aber nichts an meiner Freundschaft zu Dir. Wenn Du mich brauchst, bin ich für Dich da. Und auf unser nächstes Weekend freue ich mich schon jetzt.

Dein Gotti

80

Dem Patenkind zur Konfirmation gratulieren

Dann sprach Almitra abermals und sagte: Und
was ist mit der Ehe, Meister?
Und er antwortete und sprach:
Ihr wurdet zusammen geboren und ihr werdet auf
immer zusammen sein.
Ihr werdet zusammen sein, wenn die weissen Flügel
des Todes eure Tage scheiden.
Ja, ihr werdet selbst im stummen Gedenken Gottes
zusammen sein.
Aber lasst Raum zwischen euch.
Und lasst die Winde des Himmels zwischen euch
tanzen.
Liebt einander, aber macht die Liebe nicht zur
Fessel:
Lasst sie eher ein wogendes Meer zwischen den
Ufern eurer Seelen sein.
Füllt einander den Becher, aber trinkt nicht aus
einem Becher.
Gebt einander von eurem Brot, aber esst nicht vom
selben Laib.
Singt und tanzt zusammen und seid fröhlich, aber
lasst jeden von euch allein sein,
So wie die Saiten einer Laute allein sind und doch
von derselben Musik erzittern.
Gebt eure Herzen, aber nicht in des anderen Obhut.
Denn nur die Hand des Lebens kann eure Herzen
umfassen.
Und steht zusammen, doch nicht zu nah:
Denn die Säulen des Tempels stehen für sich,
Und die Eiche und die Zypresse wachsen nicht im
Schatten der anderen.

Khalil Gibran, Der Prophet

Liebe Susi

Lieber Kurt

Wir wünschen Euch von ganzem Herzen alles Gute
für Euren gemeinsamen Lebensweg.

Ganz herzlich

81

Gratulation zur Hochzeit

Liebe Verena

Diese Zeilen können gar nicht ausdrücken, wie leid es mir tut, was Dir zugestossen ist.

Ich denke fest an Dich und wünsche Dir von ganzem Herzen, dass Du die anstehenden Behandlungen gut überstehst und wieder ganz gesund wirst. Die funkelnden Sterne auf der Karte sollen Dir Mut, Zuversicht und Wärme vermitteln.

Gute Besserung und herzliche Grüsse

PS: Würdest Du Dich über einen Anruf oder über einen Besuch freuen?

82

Brief an eine erkrankte Freundin

So ein Pech, lieber Sascha!

Wegen einem Fach durch die Prüfung zu rasseln, das ist wirklich ärgerlich. Ich kann mir etwa vorstellen, wie Du Dich fühlst – etwas Ähnliches ist mir vor bald 25 Jahren am Ende meiner Ausbildung auch passiert.

Nun heisst es halt: Nochmals büffeln und es dann beim zweiten Mal besser machen. Dass Du das schaffst, daran zweifle ich keinen Moment. Wenn Du möchtest, können wir den Stoff gerne gemeinsam durchgehen. Französisch brauche ich bei der Arbeit ja jeden Tag, da sollte ich Dir eigentlich helfen können.

Kopf hoch – und ganz liebe Grüsse

83

Wenn der Neffe die Prüfung nicht bestanden hat

Herzliches Beileid

Ans Sterben und an den Tod denken wir nicht gerne. Und doch werden wir im Lauf unseres Lebens immer wieder damit konfrontiert. Zum Beispiel, wenn ein Mensch aus unserem Bekanntenkreis stirbt.

In Kondolenzschreiben sind Floskeln besonders unpassend, weil sie Distanz statt gefühltes Beileid ausdrücken. Auch Steigerungsformen – «Wir sind zutiefst betroffen.» – gehören nicht in Beileidsschreiben. Vorsicht mit Sinngebung und psychologischem Tiefsinn: Nicht jeder sieht in einer schweren Krankheit eine Chance, die es zu packen gilt, oder empfindet den Tod eines Angehörigen als herbeigesehnte Erlösung. Halten Sie sich zurück – vor allem, wenn Sie die verstorbene Person und die Umstände nicht sehr genau kennen. Gerade hier gilt: Weniger ist mehr.

> Muster 84 und 85

Manchmal können Gedichte oder Zitate besser ausdrücken, was wir jemandem sagen möchten. Anschliessend an das Zitat können Sie Ihr Beileid in einem Satz ausdrücken und den Hinterbliebenen viel Trost und Kraft wünschen.

Zitate zum Thema Tod

Wir stärken, solange wir jung sind,
unsere Seelen mit Hoffnung;
die Stärke, die wir so erwerben,
befähigt uns später, Verzweiflung zu ertragen.

Thornton Wilder

Der Gedanke
an die Vergänglichkeit aller irdischen Dinge
ist ein Quell unendlichen Leids –
und ein Quell unendlichen Trosts.

Marie von Ebner-Eschenbach

Niemand, den man liebt, ist jemals tot.

Ernest Miller Hemingway

Möchten Sie ein Kondolenzschreiben in Ihren eigenen Worten verfassen, hilft Ihnen eine Textdisposition über die Anfangsschwierigkeiten hinweg. Gut geeignet ist folgender Aufbau:

Aufbau eines Kondolenzschreibens

Struktur	Beispiel
Teilen Sie den Hinterbliebenen mit, wie Sie vom Tod ihres Angehörigen erfahren haben.	Gestern haben meine Frau Nora und ich im Tages-Anzeiger die Todesanzeige von Kurt gelesen. Wir sind bestürzt.
Drücken Sie dann Ihr Beileid aus.	Dein Leid können wir nicht lindern, aber sei versichert, dass wir mit Dir fühlen. oder Zu diesem schweren Verlust sprechen wir Dir und Deinen Kindern unsere herzliche Anteilnahme aus.
Sagen Sie etwas über den Verstorbenen und dass Sie ihn vermissen werden.	Kurt war uns ein aufgestellter und zuverlässiger Freund. Seine warmherzige Art haben wir sehr gemocht. Er wird auch uns fehlen.
Am Briefende können Sie Ihre Hilfe anbieten.	Liebe Erika, wenn Du in dieser schweren Zeit Hilfe brauchst, so ruf uns an. Wir sind gerne für Dich da.
Schliessen Sie mit einer Grussformel.	Wir wünschen Dir und Deinen Kindern viel Kraft und Trost. Mit stillem Gruss oder Mit herzlicher Anteilnahme

84

Förmliches, aber persönliches Kondolenzschreiben

Lieber Herr Hauser

Wie ich eben erfahren habe, ist vor zwei Tagen Ihr Vater gestorben.

Ich kondoliere Ihnen und Ihren Angehörigen ganz herzlich. Aus eigener Erfahrung weiss ich, dass es viel Kraft und Zeit braucht, um den Verlust eines Elternteils zu überwinden.

Für diese schwierige Zeit wünsche ich Ihnen und Ihrer Familie viel Trost und Kraft.

Mit stillem Gruss, Ihr

85

Kondolenzschreiben an eine Freundin

Liebe Petra

Von Maja habe ich eben erfahren, dass Deine Mutter gestorben ist.
Ich weiss, wie gerne Du sie hattest, und ich kann mir vorstellen, wie schmerzlich dieser Verlust für Dich sein muss.

Gerne würde ich Dir etwas Tröstendes schreiben, doch weiss ich beim besten Willen nicht, was das sein könnte.

Ich wünsche Dir von ganzem Herzen, dass Du in dieser schwierigen Zeit viel Trost und Zuwendung erfährst. Sei ganz fest umarmt.

Mit stillem Gruss, Deine

Von den letzen Dingen

Wer sich frühzeitig mit dem eigenen Tod auseinander setzt, kann in Ruhe regeln, was nachher kommt und für seine Liebsten vorsorgen. Hilfreich für Ihre Angehörigen ist es, wenn Sie Ihre Wünsche an die Bestattung und die Trauerfeier aufschreiben. Und mit einer Patientenverfügung können Sie zuhanden der Ärzte festhalten, welche medizinischen Massnahmen Sie in Ihren letzten Tagen und Stunden wünschen.

Mehr zum Thema Erben und Vererben erfahren Sie im Beobachter-Ratgeber «Testament, Erbschaft». Darin finden Sie viele praktische Hinweise, beispielsweise zur Begünstigung des Ehepartners oder der Lebensgefährtin (www.beobachter.ch/buchshop).

Das eigenhändige Testament

Sie haben verschiedene Möglichkeiten, zu Lebzeiten zu bestimmen, was mit Ihrem Nachlass passieren soll. Die einfachste ist das eigenhändige Testament. Darin können Sie Ihren Nachlass anders regeln, als es das Gesetz vorsieht. Ein bestimmter Teil Ihres Nachlasses allerdings geht immer an Ihren Ehemann bzw. Ihre Ehefrau und an Ihre Nachkommen – wenn Sie keine Nachkommen haben, an Ihre Eltern. Dieser Teil heisst Pflichtteil. Der Teil des Nachlasses, über den Sie selber verfügen können, heisst frei verfügbare Quote. Jede volljährige, urteilsfähige Person darf ein Testament errichten.

Wichtig: Damit Ihr Testament gültig ist, müssen Sie es von Anfang bis Ende von Hand niederschreiben, datieren und unterschreiben. Maschinengeschriebene Testamente sind ungültig. Auch gemeinsam verfasste Testamente sind ungültig. Sind Sie verheiratet, müssen Ihr Ehemann bzw. Ihre Gattin und Sie je ein eigenes Testament verfassen.

Das Testament können Sie zu Hause aufbewahren oder bei der Bank, beim Willensvollstrecker, einem Begünstigten oder der kantonalen Amtsstelle (Notariat) hinterlegen. Im Todesfall muss das Testament sofort dem zuständigen Bezirksgericht zur Eröffnung eingereicht werden.

Wenn Sie in Ihrem Testament eine wohltätige Organisation berücksichtigen wollen, geben Sie diese genau an, möglichst mit vollständigem Namen und Adresse. Wenn Sie «den Tierschutz» oder «die armen Menschen dieser Welt» bedenken, streiten sich nach Ihrem Tod dutzende von Organisationen um das Geld. Und das ist wohl kaum in Ihrem Sinn.

Wenn Sie sicher gehen wollen, dass Ihr letzter Wille beachtet wird, können Sie einen Willensvollstrecker einsetzen. Das kann ein Erbe sein oder jemand anderes. Der Willensvollstrecker regelt die Geschäfte rund um die Erbschaft. Dafür hat er Anspruch auf eine angemessene Entschädigung; in der Praxis sind das ein bis drei Prozent des Bruttonachlassvermögens. Sie können aber mit dem Willensvollstrecker auch eine Pauschale oder einen festen Stundenlohn vereinbaren.

> Muster 86 und 87

Auf dem Notariat erhalten Sie kompetente Beratung zu fairen Tarifen. Die Notarin berät Sie individuell und prüft, ob Ihr Testament den gesetzlichen Vorschriften entspricht. Auch halten viele Notariate Formulare für Ehe- und Erbschaftsverträge sowie Testamente bereit (zum Beispiel www.notariate.zh.ch). Beim Notariat oder bei einer anderen Aufbewahrungsstelle der Gemeinde können Sie Ihr Testament meist gegen eine geringe Gebühr hinterlegen. So ist sichergestellt, dass es nach Ihrem Tod aufgefunden und eröffnet wird. Auch Banken und Treuhandbüros bieten Beratungen an.

Besonders empfehlenswert ist eine Beratung für Konkubinatspaare oder für Paare, die mit nicht gemeinsamen Kindern zusammenleben.

Die Bestattung regeln

Nach dem Tod kann es Wochen dauern, bis ein Testament eröffnet wird. Wünsche über die Bestattung oder Ähnliches gehören deshalb nicht ins Testament, sondern in ein eigenes Dokument. Übergeben Sie Ihre Anweisungen für den Todesfall einer nahe stehenden Person.

> Muster 88

Möchten Sie für Ihren Todesfall vorsorgen? Alle Informationen sowie Checklisten und Muster zum Ausfüllen finden Sie im Beobachter-Ratgeber «Im Reinen mit den letzten Dingen – Ratgeber für den Todesfall» (www.beobachter.ch/buchshop).

Die Patientenverfügung

Nicht nur über Ihr Vermögen können Sie am Lebensende entscheiden. In einer Patientenverfügung – auch Patiententestament genannt – können Sie festhalten, welche medizinischen Massnahmen und Behandlungen Sie erhalten möchten, wenn Sie sich selber dazu nicht mehr aussern können.

Jeder Arzt, jede Ärztin muss sich bei der Behandlung dem Willen des Patienten beugen. Die Ärztin darf keine Therapie vornehmen, mit der der Patient nicht einverstanden wäre. Ist ein Patient nicht ansprechbar, muss die Ärztin herausfinden, welches sein mutmasslicher Wille ist. Dazu befragt sie die Angehörigen oder den Hausarzt, falls dieser bekannt ist. Diese Personen dürfen aber nicht über das Schicksal des Patienten entscheiden. Sie sollen einzig helfen herauszufinden, wie der Betroffene in dieser Situation entscheiden würde. Was zählt, ist der Wille des Patienten und nicht die Meinung seiner Angehörigen. Viele Menschen sprechen mit ihren Kindern oder Verwandten nicht gern übers Sterben und über den Tod. Eine Patientenverfügung kann Gewissheit darüber schaffen, was in den letzten Lebensstunden passiert.

Weil Patientenverfügungen gesetzlich nicht geregelt sind, geben sie den behandelnden Ärzten lediglich einen Hinweis auf den Willen des Patienten. In der Regel werden Patientenverfügungen aber respektiert, wenn sie klar und eindeutig abgefasst sind und wenn der Patient nichts Ungesetzliches fordert (wie zum Beispiel das Verabreichen eines tödlichen Medikaments).

Wenn Sie eine Patientenverfügung aufsetzen wollen, sollten Sie sich unbedingt mit Ihrem Hausarzt unterhalten und sich in Zweifelsfällen rechtlich beraten lassen. Neben der Caritas und der Verbindung Schweizer Ärzte geben verschiedene Sterberechts- und Patientenorganisationen ausführliche Patientenverfügungen mit schriftlicher Anleitung heraus. Sie brauchen sie nur noch auszufüllen.

> Muster 89

Erneuern Sie Ihre Patientenverfügung mindestens alle zwei Jahre. Geben Sie eine Kopie einer vertrauten Person und eine andere Kopie Ihrem Hausarzt. Weisen Sie beim Spitaleintritt darauf hin, dass Sie eine Patientenverfügung aufgesetzt haben.

Testament

Ich, Konrad Frehner, geboren am 15. Januar 1975, verfüge als meinen letzten Willen:

- Meine Eltern setze ich auf den Pflichtteil.
- Der Stiftung SOS Beobachter vermache ich den Betrag von 5000 Franken als Vermächtnis.
- Die frei verfügbare Quote soll meine Lebenspartnerin Paula Grob, Lindenhofstrasse 3, 2504 Biel, erhalten.
- Ich ermächtige Paula Grob, auf Anrechnung an ihre testamentarischen Ansprüche sämtliche oder einzelne Vermögenswerte nach ihrer Wahl aus meinem Nachlass zu Alleineigentum zu übernehmen und die pflichtteilsgeschützten Erben bar abzufinden.
- Als Willensvollstreckerin setze ich meine Lebenspartnerin Paula Grob ein.

Biel, 24. September 2006

Konrad Frehner

86

Eigenhändiges Testament

87

Eigenhändiges Testament mit Meistbegünstigung des Ehegatten

Testament

Ich, Monika Vogt Müller, verfüge für den Fall, dass ich vor meinem Ehemann versterbe, als meinen letzten Willen:

1. Meinem Ehemann, René Müller, geboren am 14. Juli 1960, wende ich im Sinn der Meistbegünstigung nach seiner Wahl zu:

   a) neben dem gesetzlichen Erbteil die gesamte frei verfügbare Quote meines Nachlasses oder

   b) die frei verfügbare Quote meines Nachlasses und dazu die Nutzniessung am gesamten übrigen Nachlass.

2. Ich ermächtige meinen Ehemann, auf Anrechnung an seine güter- und erbrechtlichen Ansprüche sämtliche oder einzelne Vermögenswerte nach seiner Wahl aus meinem Nachlass zu Alleineigentum zu übernehmen und die pflichtteilsgeschützten Erben bar abzufinden.

Luzern, 22. August 2006
Monika Vogt Müller

Anweisungen für den Todesfall

von Johann Wyler, Rankstrasse 20, 4085 Basel, geb. 2. Februar 1957

1. Nach meinem Ableben sind folgende Personen zu benachrichtigen:
   Renate Felder, Meisenweg 3, 4402 Frenkendorf
   Hannes Wyler, Froschaugasse 8, 8001 Zürich

2. Wünsche für die Bestattung/Abdankung
   - ☐ Ich wünsche folgenden Sarg: ____
     Aufbahrung ja/nein
   - ☒ Ich wünsche eine Bestattung in einem Gemeinschaftsgrab.
   - ☐ Ich wünsche eine andere Bestattungsart:

   Für die Bestattungsfeier habe ich folgende Wünsche:

   - ☒ Ich wünsche, dass eine Abdankung vorgenommen wird.
   - ☐ Ich wünsche keine öffentliche Abdankung, eine Todesanzeige soll erst nach meiner Bestattung veröffentlicht werden.
   - ☒ Nach der Bestattung soll ein Leidmahl stattfinden, Ort:
     Restaurant Widder, Casinostrasse 5, 4052 Basel

Für meine Grabstätte habe ich folgende Wünsche:

Basel, 10. Juni 2006
Johann Wyler

88

Anweisungen für die Bestattung

Patientenverfügung

Name, Vorname	Von Matt, Hanna
Geburtsdatum	30. März 1955
Heimatort	Krauchthal BE
Adresse	Seedammweg 15, 8808 Pfäffikon

Wenn ich in einen Lebenszustand gerate, in welchem ich meine Urteils- und Entscheidungsfähigkeit unwiderruflich verloren habe, wünsche ich, dass die behandelnden Ärzte mir schmerzlindernde Mittel verabreichen, jedoch auf Massnahmen verzichten, die nur noch eine Leidens- und Sterbeverlängerung bedeuten würden.

Sollten mein Gehirn oder lebenswichtige Körperfunktionen dauerhaft geschädigt sein und keine Aussicht auf Heilung bestehen, sodass ein selbstbestimmtes Leben mit eigener Persönlichkeit nicht mehr möglich ist, so wünsche ich keine apparativen oder medikamentösen Wiederbelebungsmassnahmen.

Wenn immer möglich, möchte ich nicht im Spital, sondern zu Hause sterben dürfen.

Ich wünsche keine Obduktion meines Körpers, bin aber mit Organentnahmen einverstanden.

Sind Entscheidungen über die weitere Behandlung zu treffen, sollen die Ärzte mit den unten aufgeführten Personen Rücksprache nehmen:

1. mit meinem Ehemann (Christoph von Matt, Seedammweg 15, 8808 Pfäffikon, Tel. 055 780 87 65, Unterschrift:
   Christoph von Matt
2. mit meiner Tochter (Carola Reuter, Munotstieg 3, 8200 Schaffhausen, Tel. 052 543 66 77, Unterschrift:
   Carola Reuter
3. mit meiner Hausärztin (Dr. med. Regina Suter, Oberdorfstrasse 14, 8808 Pfäffikon, Tel. 055 780 44 44, Unterschrift:
   Dr. med. Regina Suter

Mit ihrer Unterschrift bestätigen diese Personen, dass sie eine Kopie meiner Patientenverfügung erhalten haben und meinen Willen respektieren werden.

Pfäffikon, 1. Oktober 2004
Hanna von Matt

Erneuerung am 1. Oktober 2006
Hanna von Matt

89

Patientenverfügung

Fascht ä Familie: Leben im Verein

Mir hei e Verein, i ghöre derzue
Und d Lüt säge: Lue dä ghört o derzue
U mängisch ghören i würklech derzue
Und i schta derzue

Mani Matter

Die Schweiz ist das Land der Vereinsmeier: Nirgendwo sonst auf der Welt gibt es, gemessen an der Bevölkerungszahl, so viele Vereine. An der Spitze stehen die Sportvereine: Über drei Millionen Menschen bewegen sich in einem der 27 000 registrierten Turnvereine, Fussball-, Tennisklubs etc. Vereine widmen sich politischen, religiösen oder gemeinnützigen Aufgaben. Zwar darf ein Verein Gewinn erzielen, dies soll aber nicht sein wichtigstes Ziel sein.

Die Bundesverfassung garantiert jeder und jedem in unserem Land das Recht, einen Verein zu gründen, einem Verein beizutreten, einem Verein anzugehören oder aus einem Verein auszutreten. Es gibt allerdings kein grundsätzliches Recht darauf, in einen Verein aufgenommen zu werden. Der Verein kann in seinen Statuten bestimmen, welche Art Personen Aufnahme finden sollen.

Die Gründung eines Vereins ist einfach: Dazu müssen lediglich gleich gesinnte Initianten schriftliche Statuten ausarbeiten. Diese Statuten sind die Verfassung des Vereins. Sie geben Auskunft über die Organisation, den Zweck und die dafür eingesetzten Mittel. Zur Gründung braucht es kein Grundkapital und auch der Eintrag ins Handelsregister ist freiwillig, solange der Verein nicht mehr als 100 000 Franken Umsatz pro Jahr macht.

Sind Sie bereits in einem Verein tätig? Möchten Sie sich neu engagieren, vielleicht gar als Vorstand? Der Beobachter-Ratgeber «Unser Verein – Aktiv als Mitglied und Vorstand» zeigt Ihnen, worauf es dabei ankommt und wie Sie Ihre Arbeit gut organisieren (www.beobachter.ch/buchshop).

Die Organisation des Vereins

Der Vorstand vertritt den Verein gegen aussen. Die Rechte und Pflichten der Vorstandsmitglieder und ihre Aufgaben sind in den Statuten beschrieben. Jedes Vorstandsmitglied – eine Mindestzahl ist übrigens nicht vorgeschrieben – muss im Interesse des Vereins handeln. Der Verein haftet mit seinem Vermögen für einen allfälligen Schaden, den seine Vorstandsmitglieder in Ausübung ihrer Funktion verursachen. Aber auch die Vorstandsmitglieder selber können zur Verantwortung gezogen werden. Am Ende des Vereinsjahrs präsentiert der Vorstand der Mitgliederversammlung die Jahresrechnung. Mit der Genehmigung dieser Rechnung entlassen die Mitglieder den Vorstand aus der Verantwortung für das abgelaufene Jahr.

Jedes Vereinsmitglied hat einen jährlichen Beitrag zu bezahlen. Die Höhe wird an der Mitglieder- oder Generalversammlung beschlossen und sollte in den Statuten festgehalten werden.

> Muster 90

Lesen Sie die Statuten, bevor Sie einem Verein beitreten. Prüfen Sie, ob darin eine Nachschusspflicht vorgesehen ist. Das würde bedeuten, dass die Mitglieder neben ihrem Jahresbeitrag weitere Mittel einschiessen müssen, wenn der Verein in finanzielle Bedrängnis gerät.

Schreiben für den Verein

Ein Verein bringt eine Menge Schreibarbeit mit sich: Die Präsidentin lädt zur Sitzung und der Aktuar muss ein Protokoll erstellen. Fassen Sie sich kurz. Ins Protokoll gehören nur Beschlüsse und Aufgabenzuteilungen. Formulieren Sie aber trotzdem ganze Sätze und verzichten Sie der besseren Verständlichkeit wegen auf Abkürzungen. Aus dem Protokoll sollen auch Leute schlau werden, die an der Sitzung gefehlt haben.

> Muster 91 und 92

Es lohnt sich, sich einige Gedanken über die Struktur solcher Texte zu machen. Ist einmal ein gutes Gerüst vorhanden, schreibt sich vieles einfacher. Protokolle wie Sitzungseinladungen geben in erster Linie Auskunft auf drei Fragen: Wer? Was? Wann? Eine Vorlage zum Ausfüllen finden Sie auf der CD-ROM zu diesem Buch.

Der Verein als Auftraggeber

Im Verein geht es um mehr als die Pflege der gemeinsamen Interessen. Was wäre zum Beispiel der Turnverein ohne den jährlichen Ausflug der Aktivmitglieder, ohne das Mitfiebern am Jugendriegentag, ohne die Altpapiersammlung oder das traditionelle «Chränzli»? Hin und wieder engagieren Vereine für ihre Abendunterhaltung eine Band, einen Zauberer oder andere Künstler. Wie ist das aber mit dem Honorar und mit allfälligen zusätzlichen Kosten? Ist die Verpflegung für die Showtanzgruppe im Honorar inbegriffen? Muss der Verein trotzdem zahlen, auch wenn die Band statt mit drei nur mit zwei Musikern anreist oder wenn die Bühne gar leer bleibt, weil der Zauberer mit Durchfall im Bett liegt?

Bei solchen Auftrittsvereinbarungen kommt das Auftragsrecht zur Anwendung. Die wohl markanteste Bestimmung darin ist das Rücktrittsrecht: Jede Seite kann jederzeit vom Auftrag zurücktreten. Tut sie dies allerdings in einem besonders ungünstigen Moment, nämlich zur Unzeit, kann sie schadenersatzpflichtig werden. Wenn also der engagierte Zauberer einen Tag vor der Abendunterhaltung absagt, kann der Verein einen anderen Künstler engagieren und die Mehrkosten dem Zauberer aufbrummen. Wichtig: Der Zauberer kann sogar dann zu Schadenersatz verdonnert werden, wenn er wirklich mit Durchfall im Bett liegt, an seiner Verhinderung also keine Schuld trägt.

Viele solche Auftrittsvereinbarungen werden mündlich geschlossen. Und nicht selten geraten sich die Parteien hinterher wegen irgendwelcher Details in die Wolle. Wer Ärger und Streit vermeiden will, setzt also besser etwas Schriftliches auf. Ganz nach dem Motto: Sicher ist sicher.

> Muster 93

Verlangen Sie Referenzen, bevor Sie einen Künstler oder eine Truppe engagieren. Und prüfen Sie diese Referenzen auch. So können Sie sich unter Umständen vor bösen Überraschungen schützen.

Sponsoren suchen

Bevor der Verein die Big Band für seinen Anlass engagieren kann, muss genügend Geld in der Kasse sein. Die meisten Vereine können nicht von ihren Mitgliederbeiträgen leben und sind deshalb auf Sponsoren und Spenderinnen angewiesen. Bei der Sponsorensuche verspricht das persönliche Gespräch am ehesten Erfolg. Hin und wieder erreicht aber auch ein Bettelbrief ein grosszügiges Herz.

Ein Bettelbrief hat eher eine Chance auf Erfolg, wenn Sie vorher mit dem potenziellen Sponsor gesprochen haben. Nutzen Sie Ihr Netzwerk. Häufig beteiligen sich Geschäfte in der Region auch gerne mit Naturalspenden, die Vinothek am Ort beispielsweise, indem sie den Wein zum Selbstkostenpreis liefert.

> Muster 94 und 95

Wenn Sponsoren einem Verein Geld schenken, wollen sie meist eine Gegenleistung: Bandenwerbung an Veranstaltungen, ihr Firmenlogo auf den T-Shirts oder ein Inserat im Vereinsheft. Und sie wollen, dass ein breites Publikum dies auch sieht. Die Öffentlichkeitsarbeit wird darum für Vereine immer wichtiger (mehr dazu auf Seite 308).

Statuten Showtanzgruppe «Les vieilles prunes»

1. Name und Sitz

Die Showtanzgruppe «Les vieilles prunes» ist ein Verein im Sinn der Artikel 60 ff. ZGB mit Sitz in Rüschlikon.

2. Zweck

Vereinszweck ist das Betreiben einer Amateur-Showtanzgruppe mit dem Ziel, regelmässig gegen Entgelt an privaten und öffentlichen Veranstaltungen aufzutreten sowie selber Unterhaltungsabende zu organisieren. Zur Erreichung dieses Zwecks besuchen die Aktivmitglieder regelmässig das wöchentlich stattfindende Training, die ein- bis zweimal jährlich stattfindenden Trainingswochenenden sowie Tanzstunden oder Workshops in Studios. Der Verein ist politisch und konfessionell neutral.

3. Mittel

Zur Verfolgung des Vereinszwecks werden die Mitgliederbeiträge, die Erträge aus den Auftritten sowie die freiwilligen Zuwendungen der Sponsoren eingesetzt.

4. Mitgliedschaft

Aktivmitglieder können nur natürliche Personen werden, die in der Gruppe aktiv mittanzen. Passivmitglieder sind die Gönner des Vereins. Sie bezahlen jährlich einen von der Generalversammlung bestimmten Mindestbeitrag. Passivmitglieder können natürliche oder juristische Personen werden.

Die Aufnahme von neuen Mitgliedern kann jederzeit erfolgen. Über die Aufnahme eines neuen Mitglieds entscheidet der Vorstand. Aktivmitglieder werden erst nach einer Probezeit von mindestens drei Monaten definitiv aufgenommen. Die Mitgliedschaft natürlicher Personen endet in jedem Fall mit dem Tod, derjenige der juristischen Personen mit dem Verlust ihrer Rechtspersönlichkeit.

Ein Austritt aus dem Verein ist auf das Ende eines Kalenderjahrs möglich. Die Austrittserklärung ist schriftlich an den Vorstand zu richten.

Schadet ein Mitglied den Interessen des Vereins oder stört es das Vereinsleben nachhaltig, kann es von der Generalversammlung nach vorheriger Anhörung ausgeschlossen werden. Nach einem Austritt oder Ausschluss hat das Mitglied keinen Anspruch auf Vermögensteile des Vereins oder auf Rückerstattung des Jahresbeitrags.

90

Vereinsstatuten

5. Organe

Alle Organe des Vereins werden für ein Jahr gewählt. Wiederwahl ist zulässig. Die Organe des Vereins sind:
- die Generalversammlung
- der Vorstand
- die Revisionsstelle

6. Generalversammlung

Die Generalversammlung ist das oberste Organ des Vereins. Sie findet jedes Jahr im letzten Quartal statt. Zur Generalversammlung werden die Mitglieder spätestens vier Wochen im Voraus schriftlich eingeladen. Zur Einladung gehört die Traktandenliste.

Mitglieder müssen ihre Anträge an die Generalversammlung spätestens eine Woche vor der Generalversammlung schriftlich beim Vorstand einreichen. Treffen Anträge verspätet ein, werden sie erst an der nächsten Generalversammlung behandelt.

Der Vorstand kann jederzeit eine ausserordentliche Generalversammlung einberufen. Er muss eine ausserordentliche Generalversammlung einberufen, wenn dies von der einfachen Mehrheit der Mitglieder gewünscht wird. Die Generalversammlung hat folgende Kompetenzen:
- Sie genehmigt das Protokoll der letzten Generalversammlung.
- Sie wählt den Vorstand und die Revisionsstelle.
- Sie genehmigt den Jahresbericht des Vorstands.
- Sie genehmigt die Jahresrechnung, den Bericht der Revisionsstelle und das Budget.
- Sie beschliesst die Jahresbeiträge.
- Sie entlastet die Organe (Vorstand und Revisionsstelle).
- Sie beschliesst über Aufnahme und Ausschluss von Mitgliedern.
- Sie beschliesst über die Auflösung des Vereins und über die Verwendung des Vermögens im Fall einer Auflösung des Vereins.

Jede ordnungsgemäss einberufene Generalversammlung ist beschlussfähig. Sie wird von der Präsidentin oder von der Vizepräsidentin geleitet. Über die Generalversammlung ist ein Beschlussfassungsprotokoll zu führen.

Jedes Aktivmitglied verfügt über eine Stimme. Es kann sich an der Generalversammlung durch ein anderes Aktivmitglied vertreten lassen. Passivmitglieder sind nicht stimmberechtigt. Die Beschlussfassung erfolgt mit einfachem Mehr. Bei Stimmengleichheit hat die Präsidentin den Stichentscheid. Beschlüsse über Statutenänderungen oder über die Auflösung des Vereins benötigen eine Zweidrittelmehrheit der Stimmen.

7. Der Vorstand

Der Vorstand besteht aus mindestens drei Mitgliedern. Er führt die laufenden Geschäfte und vertritt den Verein gegen aussen. Die Präsidentin wird von der Generalversammlung gewählt. Im Übrigen konstituiert sich der Vorstand selber. Er regelt die Voraussetzungen, unter denen die Vorstandsmitglieder den Verein rechtlich verpflichten.

Der Vorstand trifft sich zu Sitzungen, soweit dies für die Besorgung der anfallenden Geschäfte nötig ist. Jedes Vorstandsmitglied hat das Recht, eine Vorstandssitzung einzuberufen. Über Vorstandssitzungen wird ein Beschlussfassungsprotokoll geführt. Die Beschlussfassung erfolgt mit einfachem Mehr. Bei Stimmengleichheit hat die Präsidentin den Stichentscheid. Jedes Vorstandsmitglied kann sich an der Sitzung durch ein anderes Vorstandsmitglied vertreten lassen.

8. Die Revisionsstelle

Die Revisionsstelle kann durch eine natürliche oder juristische Person bestellt werden. Sie prüft die Buchhaltung und die Jahresrechnung und erstattet der Generalversammlung den Revisionsstellenbericht.

9. Mitgliederbeiträge und Haftung

Die Jahresbeiträge für Aktivmitglieder werden jährlich von der Generalversammlung festgesetzt. Für die Verbindlichkeiten des Vereins haftet ausschliesslich das Vereinsvermögen. Jede persönliche Haftung der Vereinsmitglieder ist ausgeschlossen.

10. Vereinsjahr

Das Vereinsjahr ist identisch mit dem Kalenderjahr.

11. Auflösung des Vereins

Sollte der Verein aufgelöst werden, so entscheidet die Generalversammlung über die Verwendung des Liquidationserlöses. Wird kein Beschluss gefasst, fällt ein allfälliger Erlös an den Turnverein Rüschlikon.

12. Inkrafttreten der Statuten

Diese Statuten wurden an der Gründungsversammlung vom 22. September 2006 angenommen und sofort in Kraft gesetzt.

Die Gründungspräsidentin Die Protokollführerin

91

Einladung zur Vereinssitzung

Sitzungseinladung

Thema	Turngala 2007
Art der Sitzung	2. OK-Sitzung
Ort	Restaurant Sportanlage Wallisellen, 8304 Wallisellen
Datum	7. November 2006
Zeit	19.30 bis 22.00 Uhr
Traktanden	– Protokoll 1. OK-Sitzung – Programmkonzept – Aufgabenverteilung – Eckdaten – Sitzungsplan – Verschiedenes
Einladung geht an	OK-Mitglieder
Kopie an	Präsidentin
Beilagen	Erste Programmskizze
Erstellt	26. Oktober 2006

Mit sportlichen Grüssen

Peter Jacoby

Les vieilles prunes – Sitzungsprotokoll

Datum/Zeit	5. Oktober 2006, 20.00 bis 22.30 Uhr
Ort	Restaurant Tracht, Rüschlikon
Teilnehmer	Mirjam Diem Carole Eisen Fränzi Huber Jeanne Moser Gaby Bauer (Protokoll) Entschuldigt: Maria Weber

	Beschluss	Verantwortlich	Termin	erl.
1	**Planung 2007** Mirjam klärt ab, ob wir für die Wochenendproben wieder den Saal in Adliswil buchen können.	Mirjam	sofort	
2	**Aufgabenverteilung für das kommende Jahr** – Finanzen: Carole – CD brennen: Fränzi – CD schneiden: Mirjam – Aufschreiben der Choreografien: Mirjam – Kostüminventar (Lager): Jeanne – Kostüminventar (Liste): Maria – Homepage: Carole/Maria – Planung: Jeanne – Sekretariat: Fränzi – Creative-Lead: Gaby – Leitung Training: Jeanne			
3	**Engagements** Wenn der Kunde wünscht, setzen wir künftig einen Vertrag auf (Muster bei Fränzi vorhanden). Ansonsten bestätigen wir dem Kunden das Vereinbarte per Mail oder Brief. Gaby erstellt eine Checkliste und ein Muster für eine Bestätigung.	Gaby	30.11.06	

92

Sitzungsprotokoll

4	**Trainingsweekends** Für das Oster-Trainingsweekend vom 7. bis 9. April 2007 organisiert Gaby einen Workshop «Bauchtanz».	Gaby	31.1.07	
	Für das Herbst-Trainingsweekend vom 5. bis 7. Oktober 2007 organisiert Jeanne einen Workshop «barre à terre» mit Silas.	Jeanne	30.4.07	
5	**Spezialtrainings** Maria fragt Kerstin und Silas für Workshops an.	Maria	im Tun	
6	**Jahresbeitrag 2007** Wir belassen den Beitrag bei Fr. 100.–.			
7	**Konzept Abendunterhaltung «Musical Cocktail»** Gaby und Jeanne arbeiten ein Konzept aus für die Abendunterhaltung im Sommer. Sie verteilen es vor der nächsten Sitzung.	Jeanne/Gaby	18.1.07	
8	**Nächste Sitzung** Donnerstag, 25.1.2007, 20.00 Uhr im Restaurant Tracht	alle	25.1.07	

Gaby Bauer, 10.10.2006

Auftrittsvereinbarung

zwischen
«The Hot Four», Armand Meyer, Bahnweg 8, 4600 Olten
(Künstler/Auftragnehmer)
und
Elternverein Ennetbaden, c/o Gret Reber, Torgasse 12, 5408 Ennetbaden
(Veranstalter/Auftraggeber)

1. Veranstaltung, Spielort

Dance-Night des Elternvereins Ennetbaden am 19. November 2006 in der Mehrzweckhalle Ennetbaden. Wir erwarten 200 Tanzfreudige.

2. Leistungen des Künstlers

Die Band besteht aus vier Musikerinnen/Musikern und spielt gemäss dem Motto unseres Abends Hits der siebziger und achtziger Jahre. Das erste Set dauert von 20.00 bis 22.00 Uhr, das zweite von 22.30 bis Mitternacht, eventuell mit Verlängerung bis 02.00 Uhr.

3. Gage

Fr. 3000.– pauschal. In dieser Gage inbegriffen sind die Reise- und Transportkosten sowie die Entschädigung für die eventuelle Verlängerung. Der Veranstalter kommt für die Verpflegungskosten auf. Die Gage wird nach dem Auftritt bar ausbezahlt.

4. Eintreffen

Der Auftragnehmer trifft spätestens um 17.00 Uhr in der Mehrzweckhalle ein. Er ist für die Installation seiner Instrumente und für den Soundcheck selber verantwortlich. Proben sind zwischen 17.00 Uhr und 19.00 Uhr möglich.

5. Besondere Vereinbarungen

- Die Versicherung ist Sache des Auftragnehmers.
- Bei Ausfall der Veranstaltung bleibt die gesamte Gage geschuldet.
- Bei Ausfall der Veranstaltung aus Gründen höherer Gewalt (zum Beispiel wegen Unwetterkatastrophen) ergeben sich weder für den Auftraggeber noch für den Auftragnehmer Rechte und Pflichten aus diesem Vertrag.
- Kann der Auftragnehmer den Vertrag wegen Unfall oder Krankheit nicht erfüllen, hat er keine Honoraransprüche aus dieser Vereinbarung und

93

Vereinbarung für Auftritt an Vereinsanlass

schuldet dem Auftraggeber eine Konventionalstrafe. Diese umfasst die zusätzlich entstehenden Kosten für das Engagement einer Ersatzband, beträgt jedoch maximal die vereinbarte Gage.
- Der Vertrag wird zweifach ausgefertigt. Sämtliche Änderungen sind nur schriftlich gültig.

Ennetbaden, 6. September 2006 | Olten, 8. September 2006

Elternverein Ennetbaden
Gret Reber | The Hot Four
Armand Meyer

94

Bitte um Sponsorenbeiträge

Vereinsmeisterschaft

Sehr geehrte Damen und Herren

Am 12. September findet in Reichenau zum 10. Mal die beliebte Vereinsmeisterschaft statt. Mehr als 300 Kinder und Jugendliche sowie 150 erwachsene Turnerinnen und Turner bereiten sich auf die Wettkämpfe im Inline-Skating, in der Leichtathletik und im Schwimmen vor.

Ohne das beherzte Anpacken unzähliger freiwilliger Helfer könnten wir einen solch grossen Anlass schon lange nicht mehr durchführen. Und natürlich sind wir auf die Unterstützung unserer langjährigen und treuen Sponsoren angewiesen. Dürfen wir auch in diesem Jahr wieder mit Ihrem «Zustupf» rechnen? Selbstverständlich verdanken wir sämtliche Sponsoren auf unserer Homepage, auf den Flugblättern, in den Inseraten und im Programmheft.

Mit Ihrem Beitrag unterstützen Sie nicht nur eine gute Sache, sondern helfen mit, dass die Vereinsmeisterschaft auch in diesem Jahr für viele hundert Turnerinnen und Turner zu einem unvergesslichen Erlebnis wird.

Wir danken Ihnen dafür!

Mit sportlichen Grüssen

Goodwill-Sponsoring «Musical Cocktail»

Liebe Frau Gretener

Wir sind überglücklich: Unser Unterhaltungsabend war ein voller Erfolg. Das Kirchgemeindehaus war am Samstagabend bis zum letzten Platz belegt. Gegen 200 Zuschauerinnen und Zuschauer durften wir zu unserer fast zweistündigen Unterhaltungsshow begrüssen.

Für Ihren grosszügigen Sponsorenbeitrag danken wir Ihnen noch einmal sehr herzlich. Die Organisation eines solchen Anlasses wird erst dank der Unterstützung von Sponsoren wie Sie möglich.

Wir wünschen Ihnen einen schönen Sommer und ein erfolgreiches Jahr.

Herzliche Grüsse

95

Dank an einen Sponsor

8

Briefe an den Arbeitgeber

Wenn man mit dem Arbeitgeber schriftlich verkehrt, dann geht es meist um wichtige, manchmal auch um unangenehme Dinge. Etwa wenn der Vertrag neu zu regeln ist, wenn Ihnen etwas zugestanden oder weggenommen wird. Es lohnt sich, Vertragsänderungen immer schriftlich zu vereinbaren. Rasch reagieren sollten Sie, wenn Sie eine Kündigung erhalten, mit der Sie nicht einverstanden sind.

Die Bewerbung: So präsentieren Sie sich gut

Wer eine Stelle sucht, muss sich meist schriftlich bewerben. Zu vollständigen Bewerbungsunterlagen gehören: ein kurzes Begleitschreiben, ein tabellarischer Lebenslauf, vollständige Zeugniskopien (Arbeitszeugnisse, Aus- und Weiterbildungen). Handschriftenproben und Arbeitsproben sind nur auf Wunsch beizulegen.

Der Lebenslauf

Der Lebenslauf ist das Herzstück der Bewerbung. Er kann als Kurzlebenslauf oder in einer ausführlichen Version dargestellt werden und soll den Weg zum Vorstellungsgespräch ebnen. Der potenzielle Arbeitgeber will klar und übersichtlich über alle wesentlichen Karrierepunkte informiert werden. Ein Lebenslauf umfasst mindestens

- die persönlichen Daten (Name, Adresse, Telefonnummer, Geburtsdatum, Zivilstand)
- die schulische Aus- und Weiterbildung
- die bisherigen beruflichen Tätigkeiten (chronologisch geordnet, die aktuellste häufig zuoberst)

> Muster 96 und 97

Mehr zum erfolgreichen Bewerbungsdossier und über die Stellensuche ganz allgemein erfahren Sie im Beobachter-Ratgeber «Stellensuche mit Erfolg – So bewerben Sie sich richtig» (www.beobachter.ch/buchshop).

Das Bewerbungsschreiben

Ein gut aufgebautes, sprachlich überzeugendes Bewerbungsschreiben ist die beste Werbung! Es soll den Lebenslauf sinnvoll ergänzen. Verzichten Sie auf Standardbriefe. Ihre Bewerbung muss dem künftigen Tätigkeitsbereich und dem Unternehmen sprachlich und stilistisch angepasst sein: Betonen Sie, was Sie zu bieten haben, warum Sie sich auf die ausgeschriebene Stelle bewerben und warum Sie die geeignete Kandidatin, der richtige Mitarbeiter sind. Verzichten Sie auf allzu ausgefallene Darstellungen und Sprachschöpfungen. Machen Sie sich im Internet schlau, wie die Unternehmung auftritt.

Ihr Bewerbungsschreiben ist Ihre erste Arbeitsprobe – wie die folgende sollte sie auf keinen Fall aussehen:

Ich bin IHRE Kundenberaterin!

Grüezi! Frau Klöti

Ich bewerbe mich als Mitarbeiterin in Ihrem Kundencenter, gemäss Ihrem Inserat im heutigen Tages-Anzeiger.

Ich bin 35 Jahrc alt, und habo dio lotzton fünf Jahre als Sachbearbeiterin gearbeitet. Meine Aufgaben waren die Auskunftserteilung und Beratung am Telefon sowie am Schalter, die Bearbeitung der Datenbank sowie die Mitarbeit mit Aussenstellen.

Ich arbeite sehr gerne **selbständig**, bin hilfsbereit, **kundenorientiert**, und behalte auch in hektischen Zeiten stets einen **kühlen Kopf**. Ich bin **lernfähig** und schätze darum die Möglichkeit mich aus- und weiterzubilden. Da mir der **Kontakt** mit Leuten jeden Alters und Kultur sehr wichtig ist, bin ich überzeugt, **für diese Stelle geeignet** zu sein.

Ich gestatte mir deshalb, in der Beilage meine Bewerbungsunterlagen zuzustellen. Gerne stehe ich Ihnen für ein persönliches, berufsbezogenes Gespräch zur Verfügung, und freue mich auf Ihren Anruf zur Vereinbarung eines Besprechungstermins.

Freundliche Grüsse

Das sollten Sie besser machen:

- Verzichten Sie auf zu viele optische Reize; also keine unterschiedlichen Schriften und Schriftgrössen, Fettdruck nur zurückhaltend einsetzen.
- Verzichten Sie auf Ausrufezeichen – das wirkt aufdringlich.
- Im Beispiel beginnt jeder Abschnitt mich «ich». Das wirkt selbstherrlich und egoistisch.
- Die Bewerbung ist voller Komma- und anderer Fehler – eine schlechte Arbeitsprobe für eine Sachbearbeiterin.
- Die Bewerbung strotzt vor Floskeln (bin überzeugt ..., gestatte mir ..., freue mich auf ...) und wirkt deshalb standardisiert. Von der im Text erwähnten Weiterbildung ist nicht viel zu spüren.

> Muster 98 und 99

Lassen Sie sich nicht entmutigen, wenn Ihre Bewerbung scheitert. Fragen Sie nach einer Absage telefonisch nach, warum man einem anderen Bewerber den Vorzug gegeben hat. So erhalten Sie wertvolle Informationen, die Sie in Ihre nächsten Bewerbungsschreiben einfliessen lassen können.

Lebenslauf

Personalien

Name	Weber
Vorname	Bruno
Adresse	Zollstrasse 12
Wohnort	8400 Winterthur
Telefon	052 839 40 41
Natel	077 223 24 25
E-Mail	brunoweber@abcd.ch
Geburtsdatum	16. Juni 1965
Heimatort	Chur
Zivilstand	ledig
Sprachen	Deutsch, Englisch

Werdegang

1976 – 1980	Besuch der Primarschule in Frauenfeld
1980 – 1985	Besuch der Sekundarschule in Frauenfeld
1985 – 1989	Berufslehre als Elektromonteur
März 1989	Erfolgreicher Abschluss der Lehre
Sommer 1989	Rekrutenschule in Bülach
1989 – 1991	Erfüllen einer zweijährigen Verpflichtung im Lehrbetrieb
1991 – 2001	Arbeit bei Firma Burkhard als bauleitender Elektromonteur
2001 – 2004	Studium an der Fachhochschule Winterthur in Elektrotechnik
seit 2004	Projektleiter bei der ABC-Tech in Winterthur

Informatik Word / Excel / PowerPoint / Corel Draw / Publisher

Quelle: Beobachter-Ratgeber «Stellensuche mit Erfolg»

96

Kurzlebenslauf

97

Ausführlicher Lebenslauf

Lebenslauf

Personalien

Name	Zahner
Vorname	Charlotte
Adresse	Eidmattstrasse 285 3000 Bern
Telefon	031 322 33 34
Natel	079 744 45 46
E-Mail	ch.zahner@bluewin.ch
Geburtsdatum	16. Januar 1970
Heimatort	Chur
Zivilstand	geschieden

Berufstätigkeit

4.2000 bis heute	Verkaufsleiterin Europa, TUV AG, Zug 15 Mitarbeitende Verantwortung: – Umsatzvolumen von 18 Millionen Schweizer Franken
9.1994 bis 3.2000	Product-Managerin, ABC AG, Bern 3 Mitarbeitende Verantwortung: – Gestaltung neuer Produktelinien – Einführung neuer Produktelinien in der Schweiz und in Deutschland – Verkaufstraining des Aussendienstes sowie der Depositäre
6.1991 bis 8.1994	Marketingassistentin Schweizer Markt, QRS AG, Zürich Verantwortung: – Konkurrenzanalysen – Einführung neuer Produkte in Zusammenarbeit mit dem Marketing-Planning
5.1989 bis 5.1991	Kaufmännische Angestellte in der Verkaufsabteilung der DEF AG, Ostermundigen

Berufsbildung und Weiterbildung

2002	Zeit- und Selbstmanagement, Volkshochschule Biel
1999	Konflikte am Arbeitsplatz, ARC Bern

1997	Systemmarketing, Forschungsinstitut für Absatz und Handel, HSG St. Gallen
1996	Persönliche Arbeitstechnik, Impulsa Bern
1991 bis 1994	MBA, Hochschule für Wirtschaft und Verwaltung Bern
1986 bis 1989	Kaufmännische Handelsschule Bern

Schulen

1983 bis 1986	Sekundarschule Bern
1977 bis 1983	Primarschule Bern

Sprachen

Deutsch	Muttersprache
Englisch	sehr gut
Französisch	gut
Spanisch	mündliche Kenntnisse

Informatik	MS Office Outlook PowerPoint
Eintritt	3 Monate Kündigungsfrist
Salär	nach Vereinbarung

Berufliche Zielsetzung

Suche Führungsaufgabe in Verkauf oder Marketing Europa, eventuell im Einkauf. Bevorzugte Branche: technische Investitionsgüter. Maximal 20 Prozent Reisetätigkeit.

Quelle: Beobachter-Ratgeber «Stellensuche mit Erfolg»

98

Bewerbung auf ein Stelleninserat

Bewerbung als Automechaniker

Sehr geehrter Herr Käser

Mit grossem Interesse bewerbe ich mich für die in der «Basler Zeitung» vom vergangenen Wochenende ausgeschriebene Position in Ihrem Haus. Ihr Unternehmen ist mir durch meine jetzige Tätigkeit bei der Garage Hausmann AG bestens bekannt. Wir vertreten ebenfalls Volvo, weshalb ich die notwendigen technischen Kenntnisse bei Ihnen vom ersten Tag an einsetzen könnte.

Nach erfolgreichem Lehrabschluss als Automechaniker arbeitete ich zunächst in einer kleinen Werkstatt in Muttenz, war dann drei Jahre bei Mercedes Benz in Zürich tätig und wechselte 2001 zu meinem jetzigen Arbeitgeber, bei dem ich in ungekündigter Stellung tätig bin. Mein Wunsch nach einem beruflichen Wechsel hat private Gründe, die ich lieber in einem persönlichen Gespräch ausführen möchte.

Sie können von mir erwarten, dass ich mein Handwerk beherrsche und auch in der Lage bin, mit Kunden umzugehen. Die Besonderheiten sehr verschiedener Fahrzeugtypen sind mir bekannt. In mehreren freiwilligen Fortbildungskursen habe ich mir zudem PC-Wissen und Kenntnisse über rationellen Kundenservice angeeignet.

Es würde mich sehr freuen, Ihnen in einem persönlichen Gespräch mehr über meine Motivation zum Stellenwechsel erzählen zu können.

Freundliche Grüsse

Beilagen
Lebenslauf, Zeugniskopien

Quelle: Beobachter-Ratgeber «Stellensuche mit Erfolg»

Aussendienst

Sehr geehrte Damen und Herren

Seit mehreren Jahren bin ich erfolgreich im Verkauf von Haushaltmaschinen bei der Firma XYZ AG tätig und für das Gebiet der Nordostschweiz zuständig.

Unsere Firma wird per 1. Juli in die ABC-Holding als weitere Tochterfirma integriert. Dies hat zur Folge, dass einzelne Verkaufsgebiete im Aussendienst doppelt besetzt sind. Es ist damit zu rechnen, dass ich als Dienstjüngere und Juniorverkäuferin vom neuen Firmenbesitzer nicht weiter beschäftigt werde. Aus diesem Grund – und auch weil ich Lust auf eine neue Herausforderung verspüre – suche ich eine neue Stelle.

Ihre Firma ist mir als führender Hersteller von kurzlebigen Konsumgütern und als alteingesessenes Basler Unternehmen bestens bekannt. Ich gelange deshalb mit der Anfrage an Sie, ob Sie in Ihrem Aussendienstteam nicht eine weitere einsatzfreudige und kontaktbegabte Mitarbeiterin anzustellen gedenken. Ich kann Ihnen heute schon versichern, dass ich meine bisherigen guten Erfahrungen im Verkauf auch bei Ihnen wieder neu unter Beweis stellen werde.

Als Beilage sende ich Ihnen meinen Lebenslauf sowie sämtliche Zeugniskopien. Für weitere Auskünfte stehe ich Ihnen jederzeit gerne zur Verfügung. Ich freue mich auf eine positive Antwort.

Freundliche Grüsse

Quelle: Beobachter-Ratgeber «Stellensuche mit Erfolg»

99

Spontane Bewerbung

Der Arbeitsvertrag

Gratulation! Sie haben es geschafft. Bevor Sie jedoch unterschreiben, sollten Sie den Arbeitsvertrag genau studieren. Folgende Angaben gehören auf jeden Fall hinein:

- Vertragsparteien
- Beginn der Anstellung
- Arbeitszeiten und Ferien
- Arbeitsort
- Vorgesetzte
- detailliertes Pflichtenheft
- sozialversicherungsrechtliche Regelungen im Betrieb (Hinweis auf Pensionskassenreglement, Lohnfortzahlung bei Krankheit, eventuell Krankentaggeldversicherung)

> Muster 100

Ein Arbeitsvertrag kann an sich auch mündlich zustande kommen. Seit dem 1. April 2006 gilt aber für alle Arbeitsverhältnisse, die länger als vier Wochen dauern: Der Arbeitgeber muss seine Angestellten schriftlich über die wesentlichen Punkte des Vertrags informieren. Dazu gehören die Namen der Vertragsparteien, das Datum des Stellenantritts, Funktion, Lohn samt Zuschlägen und wöchentliche Arbeitszeit.

Auch die folgenden Vereinbarungen sind nur gültig, wenn sie schriftlich im Arbeitsvertrag festgehalten werden:

- die Verpflichtung, ohne Entschädigung Überstunden zu leisten
- vom Gesetz abweichende Kündigungsfristen
- ein Konkurrenzverbot

Am Arbeitsplatz verbringen die meisten einen grossen Teil ihres Lebens. Umso wichtiger, dass man da seine Rechte und Pflichten kennt. Alles, was Sie zum Thema Arbeit wissen müssen, erfahren Sie im Beobachter-Ratgeber «Arbeitsrecht – Vom Vertrag bis zur Kündigung» (www.beobachter.ch/buchshop).

Arbeitsvertrag

Arbeitgeber: Huber & Co., Wehntalerstrasse 50, 8052 Zürich

Arbeitnehmer: Ralph Suter, Irchelstrasse 10, 8053 Zürich

Vertragsverhältnis: Das Arbeitsverhältnis beginnt am 1. Dezember 2006 und ist auf unbestimmte Zeit abgeschlossen. Die ersten drei Monate der Anstellung gelten als Probezeit. Nach Ablauf der Probezeit kann das Arbeitsverhältnis im ersten Dienstjahr mit einmonatiger Kündigungsfrist aufgelöst werden. Ab dem zweiten Dienstjahr beträgt die Kündigungsfrist drei Monate.

Funktion und Stellung im Betrieb: Herr Suter wird als Alleinbuchhalter angestellt und ist direkt dem Geschäftsführer, Herrn Norbert Huber, unterstellt. Das beiliegende Pflichtenheft ist Bestandteil dieses Vertrags.

Arbeitszeit/Überstunden: Die wöchentliche Arbeitszeit beträgt 41 Stunden. Allfällige Überstunden sind dem Vorgesetzten regelmässig zu melden. Sie sind in erster Linie durch Freizeit auszugleichen. In Ausnahmefällen kann eine finanzielle Abgeltung 1:1 angeordnet werden.

Ferien: Der Arbeitnehmer hat Anspruch auf vier Wochen Ferien pro Jahr. Ab dem 50. Altersjahr beträgt der Ferienanspruch fünf Wochen.

Salär: Der Arbeitnehmer erhält ein monatliches Salär von Fr. 7400.–. Davon werden die üblichen Sozialversicherungsbeiträge abgezogen. Jeweils im Dezember wird ein 13. Monatssalär ausgerichtet, im Ein- und Austrittsjahr pro rata. Notwendige Spesen werden gemäss Reglement entschädigt.

Lohnzahlung bei Arbeitsunfähigkeit: Der Arbeitnehmer ist gemäss den gesetzlichen Vorschriften gegen Betriebs- und Nichtbetriebsunfall versichert. Für Arbeitsunfähigkeit infolge Krankheit hat die Firma eine Krankentaggeldversicherung abgeschlossen. Sie deckt den Lohnausfall vom ersten Krankheitstag an zu 80 Prozent während 720 Tagen. Die Prämien werden je zur Hälfte von Arbeitgeber und Arbeitnehmer übernommen.

Herr Suter wird mit Eintrittsdatum in die Pensionskasse der Huber & Co. aufgenommen. Das Reglement der Pensionskasse ist Bestandteil dieses Vertrags.

Im Übrigen verweisen wir auf das ausgehändigte Personalreglement sowie die Bestimmungen des Schweizerischen Obligationenrechts (Art. 319 ff.).

Zürich, 22. Oktober 2006	Zürich, 20. Oktober 2006
Der Arbeitnehmer Ralph Suter	Der Arbeitgeber Huber & Co.

Quelle: Beobachter-Ratgeber «Arbeitsrecht»

100

Arbeitsvertrag für einen Buchhalter

Weiterbildung, unbezahlter Urlaub und andere Wünsche

Das «Sabbatical» ist in den letzten Jahren gross in Mode gekommen: Wer es sich leisten kann und mag, packt die Koffer und sagt seinem Arbeitsplatz für eine Weile auf Wiedersehen. Viele Arbeitnehmende nutzen den Urlaub für eine Weiterbildung, manche nehmen sich eine persönliche Auszeit, um einem Hobby zu frönen oder um sich intensiver der Familie zu widmen. Vorher aber muss einiges schriftlich geregelt werden.

Auch eine berufsbegleitende Weiterbildung ohne Urlaub kann eine vorübergehende Vertragsänderung nötig machen, etwa wenn die Kurse während der Arbeitszeit stattfinden oder Sie für die Aufgaben zusätzliche Zeit benötigen. Und schliesslich sind auch anstehende Veränderungen in der Familie ein Grund für neue Abmachungen: Viele Mütter möchten länger als die bezahlten 14 Wochen mit ihrem Baby zusammen sein; andere reduzieren im Hinblick auf die Kinderbetreuung ihre berufliche Tätigkeit für die nächsten paar Jahre.

Ob Auszeit, Weiterbildung oder Familienzeit: Sprechen Sie während der Planung möglichst früh mit Ihrer Arbeitgeberin. Klären Sie ab, ob Sie nach einem Urlaub wieder an Ihren Arbeitsplatz zurückkehren können. Oder ob und unter welchen Bedingungen sich Ihre Arbeitgeberin an einer Weiterbildung finanziell beteiligt. In den meisten Fällen müssen Sie Ihr Gesuch schriftlich einreichen.

>Muster 101 bis 104

«Time-out, Ausstieg auf Zeit – So klappts mit Job, Geld und Wohnung» heisst der Beobachter-Ratgeber, der Sie bei der Planung und Realisation Ihrer Auszeit von A bis Z unterstützt (www.beobachter.ch/buchshop).

Abmachungen schriftlich fixieren

Wurde Ihr Gesuch bewilligt, sollten Sie darauf bestehen, dass die Bedingungen für Ihren Bildungs- oder Familienurlaub schriftlich festgehalten werden. Tut es Ihr Vorgesetzter, umso besser. Wenn nicht, halten Sie selber alle vereinbarten Punkte zuhanden der Geschäftsleitung oder der Personalabteilung fest.

> Muster 105 und 106

Klären Sie vor allem bei einem unbezahlten Urlaub ab, wie Sie gegen Krankheit, Unfall und Invalidität versichert sind, ob Sie zusätzliche Versicherungen benötigen und welche Konsequenzen Ihr Ausstieg auf Zeit bei den Sozialversicherungen hat. Und noch etwas: Auch ein bevorstehender Bildungsurlaub schützt Sie nicht vor einer Kündigung. Beziehen Sie also auch diese Möglichkeit mit in Ihre Planung ein und prüfen Sie, ob Sie in diesem Fall ausreichend gegen Arbeitslosigkeit versichert sind.

101
Gesuch für einen unbezahlten Urlaub

Antrag für eine berufliche Auszeit

Sehr geehrte Frau Haller

Im Anschluss an unsere gestrige Besprechung beantrage ich für diesen Sommer ein «Sabbatical» vom 1. Juni bis zum 31. August. Ich möchte die Zeit für einen Sprachaufenthalt in Kanada nutzen.

Mit dieser Auszeit könnte ich mein derzeitiges Ferien- und Überzeitguthaben von acht Wochen abbauen. Die restlichen vier Wochen möchte ich gerne als unbezahlten Urlaub beziehen.

Ich würde mich sehr freuen, wenn Sie meinem Wunsch entsprächen. Haben Sie vielen Dank für Ihr Entgegenkommen.

Freundliche Grüsse

102
Gesuch um vorübergehende Reduktion der Arbeitszeit

Nachdiplomstudium an der HSG St. Gallen

Sehr geehrter Herr Neukomm

Für das angenehme Gespräch und Ihre Unterstützung bei meiner Weiterbildung danke ich Ihnen.

Wie besprochen beantrage ich zuhanden der Geschäftsleitung, mein Pensum ab dem 1. September während vier Semestern um zehn Prozent reduzieren zu dürfen. Ich werde jeweils am Freitag den Weiterbildungskurs Kommunikation an der HSG St. Gallen besuchen. Gerne lege ich Ihnen meine provisorische Anmeldung sowie einen Beschrieb des Ausbildungslehrgangs bei.

Bei Fragen stehe ich Ihnen selbstverständlich zur Verfügung.

Freundliche Grüsse

103

Verlängerung des Mutterschaftsurlaubs

Mutterschaftsurlaub

Sehr geehrter Herr Mahrer

Vielen Dank für die angenehme Besprechung gestern.

Ich erwarte mein Kind um den 20. März. Gerne möchte ich meinen gesetzlichen Mutterschaftsurlaub von 14 Wochen im Sinn eines unbezahlten Urlaubs um sechs Wochen verlängern.

Mein Mann und ich würden uns sehr freuen, wenn Sie mein Gesuch bewilligen.

Freundliche Grüsse

104

Reduktion des Pensums wegen Familienpflichten

Antrag auf Reduktion des Pensums

Sehr geehrte Frau Farner

Wie Sie wissen, erwarten meine Frau und ich unser erstes Kind.

Uns steht eine intensive Zeit bevor, auf die wir uns sehr freuen. Damit ich meine Frau in der ersten Zeit nach der Geburt besser unterstützen kann, möchte ich mein Pensum vorübergehend um 20 Prozent reduzieren. Wir erwarten unser Kind Mitte September. Bis Ende Jahr möchte ich gerne jeweils am Montag- und am Freitagnachmittag frei nehmen.

Ich würde mich sehr freuen, wenn Sie meinem Gesuch entsprächen. Für Fragen stehe ich Ihnen natürlich gerne zur Verfügung.

Freundliche Grüsse

Vereinbarung über unbezahlten Urlaub

Sehr geehrter Herr Hodel

Gerne bestätigen wir Ihnen die getroffene Vereinbarung:

1. Sie beziehen vom 1. Januar bis zum 31. Mai 2007 einen unbezahlten Urlaub.
2. Wir sichern Ihnen zu, dass Sie nach Ihrem Urlaub wieder zu den bisherigen Bedingungen an Ihren bisherigen Arbeitsplatz zurückkehren können.
3. Sie verpflichten sich, Ihren Vertrag nach Ablauf Ihres Urlaubs während eines Jahrs nicht zu kündigen. Sollten Sie das Arbeitsverhältnis dennoch auflösen, wird eine Konventionalstrafe von zwei Monatslöhnen (Fr. 13 000.–) fällig.
4. Nach Ihrer Rückkehr haben Sie für das laufende Jahr keine Ferienansprüche mehr.
5. Über die sozialversicherungsrechtlichen Konsequenzen Ihres Urlaubs informiert Sie das beiliegende Merkblatt.

Neuhausen, 23. November 2006

Von Tobel AG   Ivo Hodel

105

Bestätigung der Regelung durch den Arbeitgeber

Unbezahlter Urlaub

Sehr geehrte Frau Zwyssig

Ich habe mit meinem Vorgesetzten, Herrn Bruno Peter, Folgendes vereinbart:

1. Vom 1. Juli bis zum 30. September beziehe ich einen unbezahlten Urlaub für einen Auslandaufenthalt.
2. Für die Zeit vom 1. Juli bis zum 31. Juli ziehe ich mein restliches Ferienguthaben ein.
3. Für die Zeit vom 1. August bis zum 30. September ruhen sämtliche Leistungen aus meinem Arbeitsvertrag.
4. Für die Zeit vom 1. August bis zum 30. September möchte ich in die Unfall-Abredeversicherung übertreten und in der Pensionskasse sowohl die Risikoversicherung weiterführen als auch die Sparprämien einzahlen.

Bitte leiten Sie eine Kopie dieses Schreibens an die Unfallversicherung und an die Pensionskasse weiter, damit ich die Prämien noch vor meiner Abreise überweisen kann.

Bei Fragen stehe ich Ihnen gerne zur Verfügung.

Freundliche Grüsse

106

Das Vereinbarte selber festhalten

Stimmt die Lohnabrechnung?

Solange der Lohn regelmässig jeden Monat aufs Konto überwiesen wird, gibt es für Arbeitnehmer kaum etwas zu schreiben. Wenn allerdings Überstunden nicht ausbezahlt werden oder wenn der Lohn gar ausbleibt, sollten Sie sich schriftlich wehren.

Überstunden, die nicht bezahlt werden

Grundsätzlich haben Angestellte einen Anspruch auf Entschädigung für geleistete Überstunden. Im Arbeitsvertrag kann allerdings etwas anderes vereinbart werden. Etwa, dass Überstunden mit Freizeit kompensiert werden, oder auch, dass Überstunden gar nicht vergütet werden. Wenn in Ihrem Vertrag nichts dergleichen steht, müssen Sie nicht gratis über die vereinbarte Arbeitszeit hinaus arbeiten. Am besten führen Sie Buch über geleistete Überstunden und legen diese Aufstellung Ihrem Brief an den Arbeitgeber bei.

> **Muster 107**

Wenn der Lohn ausbleibt

Nach Gesetz muss der Arbeitgeber den Lohn Ende Monat bezahlen, also am letzten Tag des Monats. Fällt dieser Tag auf ein Wochenende oder auf einen Feiertag, kann sich der Arbeitgeber bis zum nächsten Arbeitstag Zeit lassen. Doch manchmal bleibt der Lohn länger aus. Was gilt dann?

Wurde im Vertrag ein bestimmter «Zahltag» vereinbart oder ist ein solcher üblich, gerät der Arbeitgeber – wenn er ihn ohne Zahlung verstreichen lässt – juristisch gesprochen in Verzug und schuldet Verzugszinsen. Ist kein bestimmter Zahlungstermin vereinbart oder üblich, muss die Arbeitnehmerin den säumigen Arbeitgeber mit einer Mahnung in Verzug setzen. Verzugszinsen sind in diesem Fall ab dem Datum der Mahnung geschuldet.

Zahlt Ihr Arbeitgeber den Lohn nicht, setzen Sie ihm eine knappe Frist von zwei bis fünf Tagen, um das Geld zu überweisen. Schicken Sie die Mahnung aus Beweisgründen eingeschrieben.

Wie weiter, wenn der Lohn auch nach der Mahnung nicht auf dem Bankkonto eintrifft? Mahnen Sie Ihren Arbeitgeber noch einmal und drohen Sie, die Arbeit niederzulegen, wenn Sie Ihr Geld nicht erhalten.

> Muster 108 und 109

Keine Angst, wenn es wirklich zu einer Arbeitsniederlegung kommt, weil der Lohn ausgeblieben ist. Erstens haben Sie während dieser Zeit einen Lohnanspruch und Sie sind auch nicht verpflichtet, die Arbeitszeit später nachzuholen. Zweitens darf Ihnen der Arbeitgeber wegen begründeter Arbeitsniederlegung nicht kündigen.

Stellt sich heraus, dass der Arbeitgeber nachweislich zahlungsunfähig ist oder steht gar ein Konkursverfahren an, können die Angestellten eine Sicherstellung ihres Lohnes verlangen: zum Beispiel eine private Bürgschaft des Arbeitgebers oder eine Bankgarantie. Leistet der Arbeitgeber keine Sicherheit, haben die Angestellten das Recht, das Arbeitsverhältnis fristlos zu kündigen. Lassen Sie sich aber unbedingt fachkundig beraten, bevor Sie Ihre Kündigung abschicken!

Gut zu wissen: Angestellte, denen im Zeitpunkt der Konkurseröffnung Lohnforderungen zustehen, haben Anspruch auf eine so genannte Insolvenzentschädigung der Arbeitslosenversicherung. Den Antrag müssen Sie innerhalb von 60 Tagen nach Veröffentlichung der Konkurseröffnung bei der Arbeitslosenkasse stellen.

Ist Ihr Arbeitgeber zahlungsunfähig, suchen Sie eine Rechtsberatung auf. Dort wird man anhand Ihrer Unterlagen prüfen, ob Sie eine Betreibung gegen ihn einleiten sollen oder ob eine Zivilklage schneller zum Ziel führt.

Überstunden in den Monaten November und Dezember

Sehr geehrter Herr Balmer

In der Vorweihnachtszeit mussten wir in der Versandabteilung regelmässig über die vereinbarte Arbeitszeit hinaus arbeiten, um alle Bestellungen rechtzeitig zu erledigen. Im November waren es 22 Arbeitsstunden, im Dezember sogar 36.

Die Zusammenstellung dieser Überstunden habe ich jeden Monat in der Buchhaltung abgegeben. Trotzdem erhielt ich sowohl im November wie auch im Dezember nur meinen regulären Lohn. Und auch auf der Januarabrechnung sind die Überstunden nicht berücksichtigt.

Bitte veranlassen Sie, dass mir mein Guthaben zusammen mit dem Februarlohn überwiesen wird.

Vielen Dank und freundliche Grüsse

107

Überstundenentschädigung einfordern

Mahnung

Sehr geehrter Herr Landolt

Ich habe meinen November-Lohn noch nicht erhalten. Bitte veranlassen Sie die Überweisung auf mein Konto in den nächsten drei Tagen.

Freundliche Grüsse

108

Mahnen, wenn der Lohn nicht eintrifft

Zweite Mahnung

Sehr geehrter Herr Landolt

Am 3. Dezember habe ich Sie daran erinnert, dass ich meinen November-Lohn noch nicht bekommen habe. Auf mein Schreiben habe ich weder eine Antwort erhalten, noch ist das Geld in der Zwischenzeit bei mir eingetroffen.

Ich gebe Ihnen eine letzte Frist von fünf Tagen, um meinen Lohn zu überweisen. Sollte das Geld innerhalb dieser Frist nicht auf meinem Konto gutgeschrieben werden, werde ich die Arbeit niederlegen.

Bitte lassen Sie es nicht so weit kommen.

Freundliche Grüsse

109

Zweite Mahnung und Androhung der Arbeitsniederlegung

Konflikte mit Kollegen und Vorgesetzten

Die Arbeit kann zur Hölle werden, wenn man sich mit Vorgesetzten oder Kolleginnen nicht versteht. Warten Sie nicht zu, wenn die Chemie nicht stimmt. Suchen Sie bei Konflikten oder bei schlechter Stimmung möglichst früh das Gespräch mit Ihren Kolleginnen oder Vorgesetzten und lassen Sie sich fachmännisch beraten, wenn Sie sich am Arbeitsplatz gemobbt fühlen. Wichtig: Teilen Sie Ihrem Vorgesetzten mit, dass die Konflikte Sie belasten, und bitten Sie um ein Gespräch.

Im Rahmen seiner Fürsorgepflichten hat jeder Arbeitgeber die Pflicht dafür zu sorgen, dass seine Angestellten von Vorgesetzten oder Mitarbeitenden nicht schikaniert oder ausgegrenzt werden. Fordern Sie Ihre Chefin möglichst früh dazu auf, Abhilfe gegen Mobbing zu schaffen.

> Muster 110 und 111

Manchmal sind es nicht die Kollegen, sondern es ist der Vorgesetzte, der einem das Leben schwer macht. Oft ist es dann einfacher, auf dem schriftlichen Weg um ein klärendes Gespräch zu bitten.

> Muster 112

Werden Sie gemobbt? Der Beobachter-Ratgeber «Mobbing – was tun? So wehren Sie sich am Arbeitsplatz» zeigt Ihnen, wie Sie erfolgreich gegen Psychoterror von Kollegen und Vorgesetzten vorgehen (www.beobachter.ch/buchshop).

Konflikte am Arbeitsplatz

Sehr geehrter Herr Brunner

In letzter Zeit ist es immer wieder zu Konflikten und Reibereien zwischen mir, Herrn Spühler und Frau Tschannen gekommen. Das Verhalten dieser beiden Kollegen beeinträchtigt unsere Zusammenarbeit und belastet mich.

Ich habe mehrmals mit Herrn Spühler und Frau Tschannen gesprochen und versucht, eine Einigung zu finden – leider ohne Erfolg.

Gerne würde ich die Situation mit Ihnen besprechen; bitte nennen Sie mir einen Termin.

Freundliche Grüsse

110

Den Vorgesetzten über Konflikte informieren

Zusammenarbeit

Sehr geehrte Frau Suter

Ich habe Sie bereits mehrmals darauf angesprochen, dass ich mich von einigen Kollegen unkorrekt behandelt fühle. Als Beilage finden Sie eine Zusammenstellung der Vorfälle, die sich in der letzten Zeit ereignet haben.

Leider haben Gespräche mit den Kollegen bis jetzt keine Besserung gebracht. Ich bitte Sie deshalb, meine persönliche Integrität zu schützen und mit den nötigen Massnahmen für Abhilfe zu schaffen.

Freundliche Grüsse

111

Vorgesetzte um Schutzmassnahmen bitten

Zusammenarbeit

Sehr geehrte Frau Stamm

Seit einiger Zeit habe ich den Eindruck, dass unsere Kommunikation und die Zusammenarbeit gestört sind. Ich fühle mich von Ihnen immer wieder zu Unrecht kritisiert und in Frage gestellt. Diese Situation belastet mich sehr.

Ich arbeite gerne für unsere Firma und identifiziere mich voll und ganz mit den Zielen. Es liegt mir sehr viel an einer fruchtbaren, erfolgreichen Zusammenarbeit. Gerne würde ich die erwähnten Probleme mit Ihnen besprechen; bitte sagen Sie mir, wann Sie dafür Zeit haben.

Freundliche Grüsse

112

Wenn der Vorgesetzte das Problem ist

Die Kündigung

Die Kündigung der Arbeitsstelle ist an keine Form gebunden; Arbeitgeber wie Arbeitnehmer können also auch mündlich kündigen. Aus Beweisgründen sollten Sie Ihre Kündigung jedoch immer schriftlich verfassen. Einer Begründung bedarf die Kündigung grundsätzlich nicht – auch nicht, wenn sie der Arbeitgeber ausspricht. Laut Gesetz haben Angestellte aber das Recht, eine schriftliche Begründung der Kündigung zu verlangen. Das empfiehlt sich vor allem dann, wenn der Verdacht aufkommt, die Kündigung sei missbräuchlich.

> Muster 113 und 114

Unterstehen Sie einem Gesamtarbeitsvertrag (GAV)? Wenn ja, dann prüfen Sie unbedingt, ob in diesem GAV bei mehrjährigen Arbeitsverhältnissen längere Kündigungsfristen gelten als die im Gesetz oder im Einzelarbeitsvertrag vorgesehenen. Und: Die Kündigung ist zwar grundsätzlich mündlich gültig, einige Gesamtarbeitsverträge verlangen aber Schriftlichkeit.

Weit verbreitet ist der Irrtum, die Kündigung müsse am letzten Arbeitstag des Monats abgeschickt werden, massgebend sei der Poststempel. Richtig ist, dass die Kündigung am letzten Arbeitstag des Monats beim Arbeitgeber sein muss. Trifft das Schreiben zu spät ein, verlängert sich die Kündigungsfrist automatisch um einen Monat.

Rechtlich gesehen ist eine Kündigung eine «empfangsbedürftige Willenserklärung». Das bedeutet, dass sie ihre Wirkung erst entfaltet, wenn sie vom Empfänger auch wirklich gelesen wird. Wenn Sie kündigen wollen, erkundigen Sie sich also rechtzeitig, ob Ihr Chef in den Ferien weilt und wer seine Stellvertretung übernimmt.

Sich von den Kollegen verabschieden

Der Abschied von einer Arbeitsstelle fällt nicht immer leicht, auch wenn man sich auf eine neue Herausforderung freut. Viel Vertrautes, gute Kolleginnen und Kollegen bleiben zurück. Ein Apéro in Ihrem Büro oder in der Betriebskantine ist eine gute Gelegenheit, sich von allen richtig zu verabschieden.

> **Muster 115**

Wenn die Kündigung missbräuchlich ist

Eine Kündigung ist jederzeit möglich, formlos und ohne Grund. Allerdings schreibt das Gesetz vor, dass ein Arbeitgeber seinen Angestellten aus bestimmten Gründen nicht kündigen darf. Eine Kündigung ist nach Artikel 336 des Obligationenrechts missbräuchlich, wenn sie erfolgt, weil sich zum Beispiel ein Arbeitnehmer für seine Rechte wehrt (etwa für die Auszahlung von Überstunden) oder weil eine Mitarbeiterin an einer Gewerkschaftsversammlung teilgenommen hat.

Aber: Eine missbräuchliche Kündigung ist gültig. Angestellte können zwar vor Arbeitsgericht eine Entschädigung bis zu sechs Monatslöhnen erstreiten, die Stelle jedoch bleibt verloren. Wollen Sie sich gegen eine missbräuchliche Kündigung wehren, müssen Sie rasch handeln und noch während der Kündigungsfrist beim Arbeitgeber schriftlich Einsprache erheben.

> **Muster 116**

Lenkt der Arbeitgeber auf Ihre Einsprache hin nicht ein, müssen Sie innert 180 Tagen seit Beendigung des Arbeitsverhältnisses Klage beim Arbeitsgericht einreichen (siehe Seite 214).

113

Die eigene Kündigung

Kündigung

Sehr geehrter Herr Maurer

Ich kündige mein Arbeitsverhältnis per 30. Oktober 2006.

Für die angenehme Zusammenarbeit in den letzten Jahren danke ich Ihnen und wünsche Ihnen und der Zenit Treuhand AG alles Gute.

Freundliche Grüsse

114

Begründung der Kündigung verlangen

Kündigung

Sehr geehrter Herr Huber

Sie haben mir gestern mündlich gekündigt, ohne einen Grund dafür zu nennen.

Gestützt auf Artikel 335 Absatz 2 des Obligationenrechts wünsche ich eine schriftliche Begründung der Kündigung.

Freundliche Grüsse

115

Einladung zum Abschiedsapéro

Von: Hermann Gruber
An: alle bei der Tech AG
Datum: Montag, 25. September 2006, 09.30 Uhr
Thema: Abschiedsapéro

Hoi zäme und guten Tag

Ende September verlasse ich die Tech AG und ziehe in den Tessin, um mich dort einer neuen Herausforderung zu stellen. Ich gehe mit einem lachenden und einem weinenden Auge.

Am kommenden Freitag möchte ich mit Euch allen anstossen auf fünf gute Jahre in der Tech AG – beim Abschiedsapéro in der Kantine ab 17 Uhr.

Ich freue mich auf Euch!

116

Einsprache gegen missbräuchliche Kündigung

Einsprache

Sehr geehrter Herr Huber

Sie haben mir am 26. November mit der Begründung gekündigt, meine Leistungen hätten nachgelassen.

Diese Begründung ist nicht stichhaltig. Bei meinem letzten Qualifikationsgespräch vor zwei Monaten wurden meine Leistungen als überdurchschnittlich gut beurteilt. Ich vermute, dass Sie mir gekündigt haben, weil ich mich für die Abgeltung meiner Überstunden gewehrt habe. Eine Kündigung aus diesem Grund ist gemäss Artikel 336 des Obligationenrechts missbräuchlich.

Falls Sie nicht bereit sind, die Kündigung zurückzunehmen, werde ich beim Arbeitsgericht Klage einreichen und eine Entschädigung fordern.

Freundliche Grüsse

Kündigungsschutz

Wer wegen Unfall, Krankheit oder wegen Militär-, Zivil- und Zivilschutzdienst arbeitsunfähig ist, geniesst einen zeitlich begrenzten Kündigungsschutz. Dasselbe gilt während einer Schwangerschaft sowie 16 Wochen nach der Geburt des Kindes. Spricht der Arbeitgeber während einer solchen «Unzeit» die Kündigung aus, ist sie nichtig. Das heisst, er muss das Ende der Sperrfrist abwarten und dann die Kündigung wiederholen. Anders, wenn die Kündigung ausgesprochen wurde und Sie erst nachher krank oder schwanger werden. Dann wird die Kündigungsfrist durch die Absenz bzw. die Sperrfrist unterbrochen und anschliessend fortgesetzt. Das Arbeitsverhältnis verlängert sich um die Dauer der Absenz bzw. um die Sperrfrist und endet auf das nächste Monatsende. Weil manche Arbeitgeber diese Regelung nicht so genau kennen, sollten Sie Ihren Chef auf die Rechtslage hinweisen.

> Muster 117 und 118

Achtung: Der Kündigungsschutz gilt nur, wenn der Arbeitgeber die Kündigung ausgesprochen hat. Haben Sie selber gekündigt, endet Ihr Arbeitsverhältnis auf jeden Fall mit dem Ende der Kündigungsfrist.

Wenn Sie während der Kündigungsfrist krank werden, müssen Sie Ihren Arbeitgeber informieren und auf Verlangen ein Arztzeugnis vorweisen. Sie müssen aber keine Auskunft darüber geben, was Ihnen fehlt.

Verlängerung der Kündigungsfrist

Sehr geehrter Herr Huber

Sie haben mir am 10. Mai per Ende Juni 2006 gekündigt.

Da ich vom 20. bis 25. Mai krank war, wird die Kündigungsfrist um die Dauer meiner Absenz unterbrochen und endet deshalb Ende Juli 2006. Selbstverständlich biete ich Ihnen meine Arbeitskraft für den Monat Juli an.

Freundliche Grüsse

Beilage: Arztzeugnis

117

Auf Verlängerung der Kündigungsfrist hinweisen

Ihre Kündigung vom 27. September

Sehr geehrter Herr Maurer

Beim Mitarbeitergespräch am 25. September habe ich Ihnen von meiner Schwangerschaft erzählt und auch gesagt, dass ich nach der Geburt und dem Mutterschaftsurlaub weiter berufstätig sein will. Am 27. September haben Sie mir auf den 31. Dezember 2006 gekündigt.

Diese Kündigung ist nichtig. Denn während einer Schwangerschaft sowie 16 Wochen nach der Geburt besteht eine Sperrfrist, während der der Arbeitgeber nicht kündigen darf.

Freundliche Grüsse

118

Protest gegen Kündigung während Sperrfrist

Fristlose Kündigung und Freistellung

Der Arbeitgeber ist berechtigt, aus wichtigen Gründen ein Arbeitsverhältnis fristlos aufzulösen, eine Angestellte also per sofort auf die Strasse zu stellen. Als wichtige Gründe gelten zum Beispiel folgende Situationen:

- Der Arbeitnehmer hat ein Vergehen oder Verbrechen gegen seinen Arbeitgeber verübt, ihn also bestohlen oder betrogen.
- Der Arbeitnehmer weigert sich trotz schriftlicher Mahnung beharrlich, Aufgaben auszuführen.
- Die Arbeitnehmerin verhält sich wiederholt illoyal gegenüber dem Arbeitgeber, beispielsweise indem sie ihn konkurriert, Geschäftsgeheimnisse ausplaudert oder Schmiergelder annimmt.
- Die Arbeitnehmerin hat bei der Einstellung falsche Angaben über ihre Fähigkeiten gemacht, welche für die Einstellung wesentlich waren.

Die Aufzählung zeigt klar: Nur wirklich ernsthafte Gründe rechtfertigen eine fristlose Kündigung. In der Praxis halten viele der ausgesprochenen «Fristlosen» einer rechtlichen Prüfung nicht stand. Wehren Sie sich also, und zwar rasch. Protestieren Sie mit eingeschriebenem Brief und fordern Sie Schadenersatz in der Höhe der ordentlichen Kündigungsfrist.

> Muster 119

Auch eine ungerechtfertigt ausgesprochene fristlose Kündigung ist gültig und beendet das Arbeitsverhältnis per sofort. Kümmern Sie sich also auch sofort um die Sozialversicherungen, vor allem um einen allfälligen Übertritt von der kollektiven Krankentaggeldversicherung in eine Einzelversicherung. Diesen Übertritt müssen Sie dem Versicherer schriftlich mitteilen.

> Muster 120

Wenn Sie freigestellt werden

Wird ein Arbeitsverhältnis regulär aufgelöst, verzichtet die Arbeitgeberin manchmal darauf, dass der Arbeitnehmer die Kündigungsfrist noch «abarbeitet», und stellt ihn frei. Eine solche Freistellung ist nicht dasselbe wie eine fristlose Entlassung – das Arbeitsverhältnis besteht weiter bis zum Ende der Kündigungsfrist. Die Arbeitgeberin verzichtet einzig auf die Arbeitsleistung ihres Angestellten.

Das heisst auch: Wenn Sie den Firmenwagen, den Laptop oder anderes Material auch privat gebrauchen durften, diese Leistungen also Lohnbestandteil darstellen, dann dürfen Sie diese Gegenstände bis zum Ablauf der Kündigungsfrist weiter nutzen.

Sie und Ihr Arbeitgeber sollten in einer Vereinbarung regeln, welche Rechte und Pflichten während der Freistellung gelten. Sonst sind Konflikte vorprogrammiert: wegen nicht bezogener Ferien, Überstunden oder über ein Wegfallen der Lohnfortzahlung, wenn der Arbeitnehmer vorzeitig eine neue Stelle antritt.

> Muster 121

119

Protest gegen fristlose Entlassung

Sehr geehrter Herr Michel

Sie haben mich heute ohne wichtigen Grund fristlos entlassen. Dagegen protestiere ich.

Da Sie auf meine weitere Mitarbeit verzichten, werde ich eine neue Stelle suchen.

Von Ihnen fordere ich, dass Sie mir den Lohn bis zum Ende der Kündigungsfrist bezahlen. Sollte diesbezüglich keine gütliche Einigung möglich sein, werde ich ohne weiteres beim Arbeitsgericht Klage gegen Sie einreichen.

Gruss

120

Brief an die Taggeldversicherung

Übertritt in Einzelversicherung

Sehr geehrte Damen und Herren

Mein Arbeitsverhältnis mit der Verlag + Druck AG endet per 30. September 2006.

Ich möchte auf dieses Datum hin von der Kollektivtaggeldversicherung in die Einzelversicherung übertreten.

Für die Zustellung einer Bestätigung und der Allgemeinen Versicherungsbedingungen danke ich Ihnen.

Freundliche Grüsse

Freistellungsvereinbarung

Verlag und Druck AG, Zentralstrasse 20, 6003 Luzern (Arbeitgeberin)
und
Karl Tanner, Seeweg 11, 6037 Root (Arbeitnehmer)

vereinbaren:

1. Das Arbeitsverhältnis wird per 30. September 2006 aufgelöst.
2. Die Arbeitgeberin stellt den Arbeitnehmer per sofort von der Arbeitsleistung frei.
3. Die Arbeitgeberin entrichtet den Lohn bis zum Ablauf der Kündigungsfrist weiter, inklusive aller Zulagen (Anteil am 13. Monatslohn, Spesenentschädigung).
4. Sämtliche Ansprüche aus Ferien und Überstunden sind durch die Freistellung abgegolten.
5. Der Arbeitnehmer ist verpflichtet, die Arbeitgeberin zu informieren, sollte er vor dem 30. September 2006 eine neue Stelle antreten. In diesem Fall entfällt die Lohnfortzahlungspflicht der Arbeitgeberin.
6. Der Arbeitnehmer gibt den Firmenwagen und den Laptop am 30. September zurück.
7. Der Arbeitnehmer hat die Möglichkeit, von der Kollektivkrankentaggeldversicherung in eine Einzelversicherung überzutreten. Will er von dieser Möglichkeit Gebrauch machen, teilt er dies der LebenPlus-Versicherung bis spätestens am 31. August 2006 mit.

Luzern, 20. Juni 2006

Arbeitgeber Verlag + Druck AG	Arbeitnehmer Karl Tanner

121

Freistellungsvereinbarung

Das Arbeitszeugnis, ein wichtiges Dokument

Arbeitnehmerinnen und Arbeitnehmer haben während der Anstellung jederzeit das Recht, ein Zwischenzeugnis zu verlangen. Und am Ende eines Arbeitsverhältnisses haben sie das Recht auf ein Arbeitszeugnis. War die Anstellung nur sehr kurz oder hat man sich im Streit getrennt, kann stattdessen eine Arbeitsbestätigung verlangt werden, die nur Auskunft über die Art und die Dauer der ausgeübten Tätigkeit gibt.

Ein perfektes Arbeitszeugnis ist auf dem Stellenmarkt enorm wichtig. Es muss folgende Angaben enthalten:

- Personalien
- Anstellungsdauer
- Arbeitsort und zuletzt bekleidete Funktion
- Aufzählung der Aufgabenbereiche, allfälliger Beförderungen sowie interner und externer Weiterbildungen während des Arbeitsverhältnisses
- Die Arbeitsleistung der Arbeitnehmerin muss genau und vollständig qualifiziert sein. Dazu gehören Aussagen zu ihrer Arbeitsweise, ihrem Fachwissen, dem Engagement, der Qualität und Quantität der Leistung sowie die Beurteilung ihres Verhaltens gegenüber Vorgesetzten, Mitarbeitenden und Kunden
- Das Zeugnis schliesst mit einem Satz über den Austrittsgrund und einem Schlusssatz (zum Beispiel Bedauern über das Ausscheiden).

> Muster 122 und 123

Standardformulierungen und «Codes» in Arbeitszeugnissen sind zwar weit verbreitet, sie verstossen aber klar gegen das Gesetz. Durchforsten Sie also Ihr Zeugnis nach den im Kasten aufgeführten Floskeln und bestehen Sie darauf, dass diese entfernt werden.

Was Zeugnisfloskeln wirklich bedeuten	
Formulierung	**Bedeutung**
Er war stets bemüht, die Arbeiten zu unserer vollen Zufriedenheit zu erledigen.	Mühe allein genügt nicht. Erfolge hat er keine gebracht.
Sie erledigte alle Aufgaben pflichtbewusst und ordnungsgemäss.	Sie war pflichtbewusst, es mangelte ihr jedoch an Initiative.
Sie verstand es, alle Aufgaben stets mit Erfolg zu delegieren.	Sie drückte sich vor der Arbeit, wo sie nur konnte.
Seine umfangreiche Bildung machte ihn stets zu einem gesuchten Gesprächspartner.	Er war geschwätzig und führte während der Arbeitszeit lange Privatgespräche.
Wir lernten sie als umgängliche Kollegin kennen.	Viele sahen sie lieber gehen als kommen.
Bei unseren Kunden war er schnell beliebt.	Er machte viele Zugeständnisse.
Wir wünschen ihr für den weiteren Weg in einem anderen Unternehmen viel Erfolg.	Möge sie woanders Erfolg haben – bei uns hatte sie keinen

Nicht einverstanden mit dem Zeugnis

Sind Sie mit Ihrem Zeugnis nicht einverstanden, sollten Sie dem Arbeitgeber die Beanstandung samt Ihren vorformulierten Änderungswünschen schriftlich mitteilen und sie kurz begründen.

> Muster 124

Stellt Ihnen der Arbeitgeber überhaupt kein Zeugnis oder ein nicht akzeptables Zeugnis aus, können Sie beim Arbeitsgericht Klage einreichen. Das Verfahren ist bis zu einem Streitwert von 30 000 Franken kostenlos (siehe Muster 126).

122

Ausgezeichnetes Zeugnis

Arbeitszeugnis

Frau Irene Bärtschi, geboren am 28. November 1964, von Winterthur, war vom 1. November 1998 bis zum 31. Oktober 2006 als Mitarbeiterin bei uns beschäftigt.

Ihr Aufgabengebiet umfasste das Bedienen der Telefonzentrale mit Beratung von Kunden im In- und Ausland, das Entgegennehmen der Aufträge von Kunden sowie von unseren Aussendienstmitarbeitern.

Daneben beinhaltete ihre Tätigkeit auch die Auftragsabwicklung und das Nachführen unserer Kundenkartei, das heisst das Erstellen von Lieferscheinen sowie die Fakturierung und das Koordinieren von Lieferfristen zwischen Kunden, Fabrikation resp. Spediteur. Dazu gehörte auch das Erstellen der nötigen Versandpapiere für Post- und Bahnlieferungen. Zudem war Frau Bärtschi jederzeit bereit, englische oder französische Texte und Briefe zu korrigieren und alle anfallenden Arbeiten auszuführen, welche allgemein in einem Büro notwendig werden.

Frau Bärtschi zeichnete sich durch sehr schnelle Auffassungsgabe, Effizienz und Belastbarkeit aus. Ihre Gründlichkeit und die Beherrschung der für ihre Arbeiten nötigen Computerprogramme erlaubten es ihr, über 6000 Kunden und über 1000 Artikel fehlerfrei zu verwalten. Ihre Anteilnahme an den Belangen der Firma, auch ihr jederzeit freundliches und hilfsbereites Verhalten gegenüber allen Mitarbeitenden werden wir vermissen.

Wir bedauern das Ausscheiden von Frau Bärtschi sehr. Wir können einem zukünftigen Arbeitgeber eine Empfehlung ohne jegliche Einschränkung geben. An dieser Stelle danken wir Frau Bärtschi nochmals herzlich für ihre ausgezeichneten Dienste in unserer Firma. Auf ihrem weiteren Weg wünschen wir ihr viel Glück, Erfolg und Gesundheit.

ABC AG
Edith Frei
Geschäftsführerin

Quelle: Beobachter-Ratgeber «Stellensuche mit Erfolg»

Arbeitsbestätigung

Wir bestätigen, dass Frau Rita Märki, geboren am 10. Mai 1977, von Basel, vom 15. Februar 2002 bis heute als Disponentin in unserem Kundenservice tätig war.

Frau Märki betreute hauptsächlich unser Telefon und half bei der Erledigung einfacher Korrespondenz mit.

Handels AG
Markus Portmann
Marketingleiter

Quelle: Beobachter-Ratgeber «Stellensuche mit Erfolg»

123 Arbeitsbestätigung

Arbeitszeugnis

Sehr geehrter Herr Vogel

Mit dem Zeugnis, das Sie mir ausgestellt haben, bin ich nicht einverstanden. Bitte bringen Sie folgende Änderungen an:

1. Sie verweisen in Zeile 8 auf die Zwischenzeugnisse vom 31. Januar 2003 und 31. Dezember 2005. Ich habe Anspruch auf ein vollständiges Zeugnis. Verweise auf Zwischenzeugnisse muss ich nicht akzeptieren.
2. Beim Pflichtenheft fehlt, dass ich an der Konzeption und Einführung von IC-Lösungen mitgearbeitet habe.
3. Bei der Beurteilung fehlt, dass ich wegen meiner guten Leistungen im Februar 2004 befördert wurde.
4. Meine Weiterbildungen – «Gestalten mit PowerPoint» September 2003, «Kundenbindung am Telefon» August 2005, «Redetraining» Juni/Juli 2006 – werden nicht erwähnt.

Bitte senden Sie mir das überarbeitete Zeugnis so rasch wie möglich zu. Besten Dank.

Freundliche Grüsse

124 Korrigiertes Zeugnis verlangen

Vor Arbeitsgericht

Vor dem Gang ans Gericht schrecken viele Arbeitnehmende zurück. Sie trauen sich nicht zu, ihre Sache selbst zu vertreten, und befürchten hohe Kosten. Doch egal, ob in Zürich oder Genf geklagt wird: Das arbeitsrechtliche Verfahren ist ein schnelles, einfaches und – bis zu einem Streitwert von 30 000 Franken – kostenloses Verfahren, zu dem es in der Regel keinen Anwalt braucht.

Wer gegen seinen Arbeitgeber klagen will, kann dies entweder beim Gericht am Sitz des Arbeitgebers tun oder beim Gericht an dem Ort, wo der Arbeitnehmer seiner Arbeit nachgegangen ist. Der Verhandlung vor Gericht geht in den meisten Kantonen ein Sühneverfahren voraus: Der Friedensrichter soll die Parteien aussöhnen und versuchen, einen Kompromiss zu erzielen. Misslingt dies, kann die klagende Partei den Fall mit dem so genannten Weisungsschein dem Gericht (meist dem Bezirksgericht) vorlegen. Eine Ausnahme von dieser Regel besteht im Kanton Zürich: In den Städten Zürich und Winterthur gibt es zwei spezialisierte Arbeitsgerichte; hier entfällt das Sühneverfahren vor dem Friedensrichter.

> Muster 125

Ein Klageformular zum Ausfüllen können Sie von der Homepage des Bezirksgerichts Zürich gratis herunterladen (www.bezirksgericht-zh.ch > Formulare). Dieses Formular können Sie auch in anderen Kantonen für Ihre Klage verwenden.

Vor dem Arbeitsgericht wird übrigens längst nicht «nur» um Geld gestritten. Sie können beispielsweise auch verlangen, dass Ihr ehemaliger Arbeitgeber Ihnen endlich ein Zeugnis ausstellt oder das ausgestellte Zeugnis korrigiert.

> Muster 126

Arbeitsrechtliche Klage

Sehr geehrte Damen und Herren

In Sachen

Lydia Wieland, Badenerstrasse 12, 5430 Wettingen,
Tel. 056 987 32 45 (Klägerin)

gegen

Whirlpool GmbH, Stadtgasse 45, 5400 Baden, Tel. 056 880 11 00
(Beklagte)

stelle ich folgendes Rechtsbegehren:

Es sei die Beklagte zu verpflichten, der Klägerin eine angemessene Entschädigung wegen missbräuchlicher Kündigung zu bezahlen; unter Kosten- und Entschädigungsfolgen zulasten der Beklagten.

Begründung

Ich arbeite seit gut fünf Jahren bei der Whirlpool GmbH (Beilage 1: Arbeitsvertrag vom 1. September 2001). Im letzten Oktober wurde ich am Messestand der Unternehmung an der Herbstmesse eingesetzt. Während dieses Einsatzes erarbeitete ich 120 Überstunden.

Die Whirlpool GmbH kam meiner Forderung, mir die Überstunden auszubezahlen, zunächst nicht nach. Mit eingeschriebenem Brief vom 15. Dezember 2006 an die Geschäftsleitung (Beilage 2: Mahnung vom 15. Dezember 2006) beharrte ich auf meiner Forderung und wies meine Arbeitgeberin darauf hin, dass nach dem Gesetz Überstunden zu entschädigen sind, sofern die Entschädigung nicht vertraglich wegbedungen ist. Am 28. Dezember erfolgte die Auszahlung der Überstundenentschädigung auf mein Konto.

Am 29. Dezember 2006 wurde mir die Kündigung ausgesprochen mit der Begründung, meine Leistungen hätten in letzter Zeit nachgelassen (Beilage 3: Kündigungsschreiben vom 29. Dezember 2006).

Weil ich diese Begründung für nicht stichhaltig halte, habe ich am 30. Dezember 2006 Einsprache wegen Missbräuchlichkeit erhoben (Beilage 4: Einsprache vom 30. Dezember 2006). Im September hatten in der Whirlpool GmbH die jährlichen Mitarbeitergespräche stattgefunden. Meine Leistungen waren dabei als sehr gut beurteilt worden (Beilage 5: Protokoll Mitarbeitergespräch vom 17. September 2006).

125
Klage gegen missbräuchliche Kündigung

Die Whirlpool GmbH hat die Kündigung ausgesprochen, weil ich mich für die mir von Gesetzes wegen zustehende Überstundenentschädigung gewehrt habe.

Ich bitte Sie um Vorladung zur Verhandlung.

Freundliche Grüsse

Beilage 1	Arbeitsvertrag vom 1. September 2001
Beilage 2	Eingeschriebene Mahnung an die Geschäftsleitung vom 15. Dezember 2006
Beilage 3	Kündigungsschreiben der Whirlpool GmbH vom 29. Dezember 2006
Beilage 4	Einsprache vom 30. Dezember 2006
Beilage 5	Protokoll Mitarbeitergespräch vom 17. September 2006

Arbeitsrechtliche Klage

Sehr geehrte Damen und Herren

In Sachen
Nicola Christen, Hügelstrasse 25, 8708 Männedorf, Tel. 044 576 89 21
(Kläger)
gegen
Bautreuhand AG, Bahnhofstrasse 20, 8706 Meilen, Tel. 043 266 10 00
(Beklagte)

stelle ich folgendes Rechtsbegehren:

Es sei die Beklagte zu verpflichten, dem Kläger ein Vollzeugnis auszustellen.

Begründung

Ich arbeitete vom 1. Februar 2001 bis zum 31. Oktober 2006 bei der Bautreuhand AG (Beilage 1: Arbeitsvertrag vom 30. Januar 2001). Bei meinem Austritt verlangte ich von der Bautreuhand AG ein Arbeitszeugnis. Trotz Mahnungen (Beilage 2 und 3: Mahnungen vom 15. November und 10. Dezember 2006) habe ich mein Zeugnis bis heute nicht bekommen.

Ich bitte Sie um Vorladung zur Verhandlung.

Freundliche Grüsse

Beilage 1: Arbeitsvertrag vom 30. Januar 2001
Beilage 2 und 3: Mahnungen vom 15. November und 10. Dezember 2006

126

Ausstehendes Arbeitszeugnis einklagen

9

Vom Kaufen und von finanziellen Fragen

Die meisten Verträge des Alltags werden mündlich abgeschlossen. Denken Sie an die Zeitung, die Sie am Kiosk kaufen, oder an die Rückenmassage, die Sie im Fitnessstudio buchen. Wo es schnell geht und die Parteien mündlich verhandeln, schleichen sich gerne Missverständnisse oder Fehler ein. Deswegen alles schriftlich festhalten zu wollen, wäre lebensfremd. Bei gewissen Geschäften lohnt es sich jedoch, zu Papier und Griffel zu greifen. Vor allem, wenn es ums liebe Geld geht.

Das Sofa kommt nicht, das Handy funktioniert nicht

Ärgerlich: Das neue Sofa ist bestellt und bei der Konkurrenz entdecken Sie ein vergleichbares Angebot – nur deutlich günstiger. Von Kaufverträgen gibt es grundsätzlich kein Rücktrittsrecht. Sie müssen also weiter auf Ihr bestelltes Sofa warten und den Frust über das entgangene Schnäppchen verdauen.

Aber wie lange müssen Sie warten, wenn der Möbelverkäufer Lieferschwierigkeiten hat? Nehmen Sie Ihren Vertrag zur Hand: Wurde eine genaue Lieferfrist vereinbart, ein fixes Datum, können Sie bei einer Verspätung laut Gesetz die Annahme verweigern. Zum Beispiel, wenn die Hochzeitstorte einen Tag zu spät geliefert wird. Bloss: In den seltensten Fällen ist im Vertrag ein exaktes Lieferdatum vereinbart. Gerade bei Möbeln oder Autos sind in der Regel ungefähre Lieferzeiten festgehalten («Lieferung in ca. drei bis vier Monaten»).

Mahnen Sie den Verkäufer schriftlich, wenn er diese Lieferfrist nicht einhält. Setzen Sie ihm eine angemessene Nachfrist und kündigen Sie ihm an, dass Sie vom Vertrag zurücktreten werden, sollte er diese Nachfrist ungenutzt verstreichen lassen. Lässt die Lieferung weiter auf sich warten, können Sie ein Rücktrittsschreiben verfassen.

> Muster 127 und 128

Rufen Sie den Lieferanten an und fragen Sie nach, wenn Sie keine Antwort bekommen. Oder gehen Sie im Geschäft vorbei. Weisen Sie Ihren Vertragspartner ruhig und bestimmt auf die Rechtslage hin und beharren Sie auf Ihrer Forderung. Auch wenn solche Erfahrungen ärgerlich sind: Bleiben Sie stets höflich, lassen Sie das Gespräch nie eskalieren.

Mangelhafte Ware

Ärger gibt es manchmal auch, wenn der gekaufte Gegenstand geliefert wird: Da hat man sich so auf das neue Handy gefreut, und jetzt funktioniert die eingebaute Fotokamera nicht und der Akku entlädt sich schon nach wenigen Gesprächsminuten. Was tun? Viele Garantiebestimmungen haben einen Haken: Sie schliessen das gesetzliche Recht auf Preisnachlass (Minderung), Rücktritt vom Vertrag (Wandelung) oder Ersatz des Geräts aus und sehen stattdessen eine Gratisreparatur vor.

Tritt der gleiche Mangel nach einer Reparatur jedoch ein zweites und drittes Mal auf, kann die Kundin ein neues Gerät verlangen oder vom Vertrag zurücktreten.

> Muster 129 und 130

Einzelne Händler stellen ihren Kunden während der Reparaturzeit gratis ein Ersatzgerät zur Verfügung. Dieser Service ist ein reines Entgegenkommen – einen Anspruch auf ein kostenloses Ersatzgerät haben Konsumentinnen und Konsumenten nicht.

Damit Garantiebestimmungen Teil des Kauvertrags werden, muss die Verkäuferin den Kunden auf diese Bestimmungen hinweisen und sie ihm auf Wunsch auch zeigen – und zwar bevor das Handy oder der Toaster über den Ladentisch geht. Und: Keine Garantiebestimmung ist in Stein gemeisselt. Versuchen Sie bei einem Kauf, mit dem Händler günstigere Bestimmungen auszuhandeln.

Manchmal dauerts lange, bis ein einmal eingeschicktes Gerät repariert zurückkommt. Ist auf dem Reparaturschein eine Frist angegeben, können Sie zwei, drei Tage nach Ablauf reklamieren. Ist nichts festgehalten, fragen Sie nach, sobald Sie der Meinung sind, nun sei wirklich genug Zeit verstrichen.

> Muster 131

127
Mahnung bei Lieferverzug

Lieferverzug Sofa Relax

Sehr geehrter Herr Müller

Mein neues Sofa sollte gemäss Vertrag letzte Woche geliefert werden. Bis heute habe ich weder das Sofa bekommen noch eine Nachricht von Ihnen erhalten.

Ich setze Ihnen eine Nachfrist von drei Wochen. Wenn Sie das Sofa nicht bis zum 30. November liefern, werde ich vom Kaufvertrag zurücktreten.

Freundliche Grüsse

128
Rücktritt vom Kaufvertrag mitteilen

Sofa Relax – Rücktritt vom Kaufvertrag

Sehr geehrter Herr Müller

Auf meine Liefermahnung vom 4. November haben Sie mir nicht geantwortet. Auch das Sofa habe ich bis heute nicht bekommen.

Ich trete vom Kaufvertrag zurück und verzichte auf die Lieferung.
Bitte überweisen Sie mir meine Anzahlung von Fr. 1000.– auf mein Konto Nr. 12356 bei der Kantonalbank Andelfingen.

Freundliche Grüsse

129
Defekten Kaufgegenstand zur Reparatur einsenden

Mängelrüge

Sehr geehrter Herr Villiger

Am 31. Oktober habe ich bei Ihnen ein Handy Electrona, Typ P15
für Fr. 489.– gekauft.

Als ich es am gleichen Tag ausprobieren wollte, stellte ich fest, dass sich der Akku schon nach wenigen Gesprächsminuten vollständig entlädt.

Bitte beheben Sie den Mangel so rasch wie möglich.

Freundliche Grüsse

Beilage
Handy Electrona P15
Kopie Kaufquittung

Dritte Mängelrüge

Sehr geehrter Herr Villiger

Am 31. Oktober habe ich bei Ihnen ein Handy Electrona, Typ P15 für Fr. 489.– gekauft. Von Anfang an funktionierte der Akku nicht richtig, weshalb Sie das Gerät am 3. November an den Hersteller einschicken mussten. Doch auch nach der Reparatur funktionierte das Gerät nicht einwandfrei, sodass Sie mein Handy am 15. November wieder einschicken mussten.

Am 15. Dezember habe ich das Gerät nun zurückbekommen. Meine Enttäuschung war gross, als ich bereits am nächsten Tag feststellte, dass sich der Akku nach nur wenigen Stunden wieder vollständig entlädt.

Dieses Handy taugt nicht zum vorgesehenen Gebrauch, es ist im Sinn des Gesetzes mangelhaft. Aus diesem Grund nehme ich meine Rechte aus den Artikeln 205 und 206 des Obligationenrechts in Anspruch und trete vom Kaufvertrag zurück. Ich werde Ihnen das Gerät nächsten Mittwoch ins Geschäft zurückbringen und erwarte, dass Sie entweder ein typengleiches, neues Gerät bereithalten oder mir den Kaufpreis zurückerstatten.

Freundliche Grüsse

130

Wenn die Reparatur nichts nützt

Reparaturschein Nr. 124356

Sehr geehrte Damen und Herren

Am 17. August habe ich meine Kaffeemaschine zur Reparatur gebracht, weil aus der Dampfdüse statt Dampf nur Wassertropfen kamen. Die Kaffeemaschine musste dem Hersteller eingeschickt werden.

Das war vor drei Wochen. Seither habe ich weder meine Kaffeemaschine zurückbekommen noch etwas von Ihnen gehört. Ein Ersatzgerät habe ich auch keines erhalten.

Wie lange muss ich noch auf meine Maschine warten?

Freundliche Grüsse

131

Mahnung, wenn die Reparatur auf sich warten lässt

Gebrauchtes verkaufen

Achtung, wenn Sie Ihr altes Auto oder die ausgediente Polstergruppe noch nicht entsorgen, sondern ein paar Franken damit verdienen wollen. Secondhand-Gegenstände wechseln meist rasch und unkompliziert den Eigentümer: Geld gegen Ware – das Geschäft ist perfekt. Wie aber ist die Rechtslage, wenn die neue Besitzerin drei Monate später aufgebracht reklamiert, das Auto habe einen Motorschaden?

Das Obligationenrecht schreibt bei Kaufverträgen eine einjährige Garantiefrist vor. Diese Frist gilt auch für gebrauchte Gegenstände. Allerdings gehört die Bestimmung nicht zu den zwingenden. Es steht den Parteien also frei, die Garantierechte anders zu formulieren oder ganz auszuschliessen. Wird nichts vereinbart, muss der Verkäufer jedoch während eines Jahres für Mängel an der Kaufsache aufkommen. Das kann teuer werden.

Wer sich als Verkäufer vor unliebsamen Überraschungen schützen will, sollte einen schriftlichen Kaufvertrag aufsetzen und darin die gesetzlichen Garantierechte ausdrücklich ausschliessen.

> Muster 132

Achtung: Informieren Sie den Käufer über alle wichtigen Eigenschaften Ihres Angebots, also auch über allfällige Mängel, die Sie kennen. Verschweigen Sie, dass Sie mit dem Auto einen Unfall hatten, oder überkleben Sie eine Schweissnaht am Rahmen mit einer Zierleiste, um die Reparatur zu vertuschen, kann der Käufer den Vertrag wegen Täuschung anfechten.

Wie kommt das Mountainbike oder der alte PC zum neuen Besitzer? Am einfachsten gehts mit einem kurzen Inserat: in der Zeitschrift «Fundgrueb», im Quartieranzeiger, am Anschlagbrett im Supermarkt. Auch im Internet gibts Möglichkeiten zum Inserieren, zum Beispiel auf einer Versteigerungsseite. Halten Sie sich kurz: was, wo, wie viel – das genügt.

> Muster 133

Kaufvertrag

Käufer	Marco Simmen, Bergalingerstrasse 70, 4058 Basel, Tel. 061 787 91 23
Verkäufer	Benno Weissen, Gempenstrasse 22, 4053 Basel, Tel. 061 234 88 77
Kaufgegenstand	Herren-Mountainbike, Marke Extra, Jahrgang 2004, Fahrgestell-Nummer 12355, Seriennummer 136699, Farbe blau/silber. Der Verkäufer hat das Bike im März 2004 bei der Firma Velo Shop in Birsfelden gekauft.
Kaufpreis	Der Kaufpreis beträgt Fr. 400.–. Er ist bei der Übergabe des Mountainbikes bar zu bezahlen.
Gewährleistung	Gewährleistung ist ausgeschlossen. Der Kunde hat das Fahrrad geprüft. Der Verkäufer übernimmt keinerlei Garantie.
Besondere Vereinbarungen	Der Verkäufer übergibt dem Käufer das Serviceheft und die zum Fahrrad gehörende Reparatur-Box.

Basel, 31. Mai 2006

Käufer Marco Simmen	Verkäufer Benno Weissen

132

Kaufvertrag für einen gebrauchten Gegenstand

Zu verkaufen

2er- und 3er-Ledersofa, schwarz

Möbel Pfister, 178/210 cm
Zustand: ausgezeichnet, neuwertig
evtl. auch einzeln
müssen abgeholt werden
Verkaufspreis: Fr. 1450.– (neu: Fr. 3330.–)
Rolf Zehnder, Tel. 071 272 18 77 (ab 19.00 Uhr),
E-Mail: rolf.zehnder@xyz.ch

133

Occasionen inserieren

Kann man aus Verträgen aussteigen?

Aus einem Vertrag kann man normalerweise nicht aussteigen. Und wer das Kleingedruckte nicht genau liest, muss manchmal länger zahlen, als er oder sie wollte.

Das Abo beim Fitnessstudio

Gerade Verträge mit Fitnessstudios enthalten häufig Verlängerungsklauseln. Wird das Abonnement nicht ein oder zwei Monate vor Ablauf schriftlich gekündigt, verlängert es sich automatisch um ein weiteres Jahr. Möchten Sie dann doch aussteigen, können Sie den Schaden gering halten, wenn Sie – ähnlich wie bei einer Wohnung – einen «Nachmieter» finden, Ihr Abonnement also verkaufen. Teilen Sie den Wechsel dem Fitnessstudio mit.

> Muster 134 und 135

Streichen Sie beim Vertragsabschluss die Verlängerungsklausel durch und lassen Sie den Vertreter des Studios am Rand neben der durchgestrichenen Klausel unterschreiben. So schliessen Sie eine automatische Verlängerung aus und können sich ganz auf die Muskelarbeit statt aufs Kleingedruckte konzentrieren.

Häufig anzutreffen sind Verlängerungsklauseln auch in den Verträgen der Telekommunikationsanbieter: beim Internetabonnement, beim Handy- oder Festnetzvertrag. Auch einzelne Zeitschriften- und Zeitungsabos verlängern sich ohne rechtzeitige Kündigung stillschweigend um ein weiteres Jahr. Dasselbe gilt für das Generalabonnement der SBB.

Einen Kursbesuch verschieben

Auch bei Sprach-, Computer- und anderen Kursen gibt es nach der Vertragsunterschrift grundsätzlich keine Ausstiegsmöglichkeit mehr. Wenn Sie den Kurs gar nicht antreten oder ihn vorzeitig abbrechen, bleiben Sie das vereinbarte Kursgeld trotzdem schuldig – egal, aus welchem Grund Sie ausgestiegen sind.

Wenn Sie einen Kurs wegen Zeitmangel, Schwangerschaft oder aus einem anderen Grund nicht besuchen können, versuchen Sie, den Kursbesuch zu verschieben. So bekommen Sie dennoch eine Leistung für Ihr Geld und werfen es nicht zum Fenster hinaus.

> Muster 136

134
Kündigung Fitness-abonnement

Kündigung Fitnessvertrag

Lieber Kurt

Wie ich Dir schon mündlich gesagt habe, kündige ich mein Abonnement auf Ende Februar 2007.

Wenn ich meine Weiterbildung abgeschlossen habe, werde ich bestimmt wieder ins Training kommen.

Bis dann, alles Gute und sportliche Grüsse

135
Aboübertragung melden

Fitnessabonnement

Lieber Kurt

Im November beginne ich eine Weiterbildung und kann aus Zeitmangel mein Fitnessabonnement nicht mehr richtig nutzen.

Deinem Rat folgend habe ich einen «Nachmieter» gesucht – und gefunden. Peter Vock übernimmt per sofort meine Mitgliedschaft. Er wird sich bei seinem ersten Besuch an der Rezeption melden.

Wir sehen uns bestimmt wieder. Dir wünsche ich einen guten Winter.

Sportliche Grüsse

136
Verschiebung eines gebuchten Kurses

Word Einsteigerkurs

Sehr geehrter Herr Berger

Wie ich Ihnen schon am Telefon gesagt habe, kann ich den Word-Kurs im September leider nicht besuchen. Kurz nachdem ich mich angemeldet hatte, wurde ich schwanger. Mein Kind wird um den 18. Mai zur Welt kommen.

Gerne würde ich den Kurs im nächsten Herbst besuchen. Können Sie mich bitte vormerken? Das Honorar habe ich Ihnen ja bereits überwiesen.

Für Ihr Verständnis danke ich Ihnen. Würden Sie mir die Verschiebung meiner Anmeldung bitte bestätigen?

Freundliche Grüsse

Spezialfälle: Leasingvertrag und Haustürgeschäft

Bald die Hälfte aller Neuwagen ist geleast. Doch Leasing ist teuer, und die Verträge haben ihre Tücken. Apropos Tücken: Lesen Sie unbedingt das Kleingedruckte im Vertrag und rechnen Sie die zusätzlich anfallenden Kosten für Reparaturen, Benzin, Steuern und Versicherungen mit ein.

Die Regeln beim Leasing

Seit dem 1. Januar 2003 sind Leasingverträge im Konsumkreditgesetz (KKG) geregelt. Eine vorzeitige Vertragsauflösung ist möglich, aber kostspielig; die Leasinggeberin darf die Raten rückwirkend erhöhen. Ein Vorteil der neuen Rechtslage: Als Leasingnehmende können Sie den Vertrag innert sieben Tagen nach Erhalt der Vertragskopie widerrufen, wenn Sie zu Hause vom schlechten Gewissen geplagt feststellen, dass Sie sich den schnellen Flitzer doch nicht leisten können. Der Widerruf muss schriftlich und – aus Beweisgründen – eingeschrieben erfolgen. Haben Sie das Auto während der Widerrufsfrist bereits benützt, schulden Sie einen «angemessenen Mietzins».

> Muster 137

Falls Ihnen die Garage beim Leasingwunsch einen «Kaufvertrag» oder eine «Bestellung» zum Unterschreiben vorlegt, notieren Sie darauf unbedingt «Finanzierung durch Leasing».

Wollen Sie – nach Ablauf der Widerrufsmöglichkeit – den Leasingvertrag vorzeitig kündigen, können Sie dies unter Einhaltung einer Frist von 30 Tagen auf das Ende einer jeweils dreimonatigen Leasingdauer tun. Bei Vertragsabschluss im Juli können Sie also erstmals auf Ende September kündigen. Dabei geht der Wertverlust des Autos voll zu Ihren Lasten. Das heisst: Die Leasingfirma berechnet gemäss der Tabelle im Vertrag die Leasingrate neu und verlangt rückwirkend höhere Monatsraten. So werden insbesondere nach kurzer Laufzeit mehrere tausend Franken fällig; die Rechnung muss meist innert kurzer Frist bezahlt werden.

Zum grossen Problem wird der Ausstieg, wenn er wegen einer finanziell angespannten Lage nötig ist: Wer aussteigen muss, weil er sich die Leasingraten nicht mehr leisten kann, verkraftet die hohen Kündigungskosten erst recht nicht.

> Muster 138

Achtung: Nicht erfasst vom KKG sind Leasingverträge für Autos, die über 80 000 Franken kosten, die gewerbsmässig gebraucht oder von juristischen Personen geleast werden. Hier gibt es kein Widerrufsrecht.

Haustürgeschäfte: Haben Sie einen Moment Zeit?

Sie sind gut aussehend, charmant, clever und sie vermögen zu überzeugen: Vertreter verstehen ihr Handwerk. Im Nu ist der Vertrag für die teure Matratze, das Lexikon oder das Allerweltsheilmittel unterschrieben. Normalerweise gilt: Verträge sind einzuhalten. Das Gesetz macht aber eine Ausnahme: Wer zu Hause, am Arbeitsplatz, auf Ausflugsfahrten oder in öffentlichen Räumen und Strassen angesprochen wird, kann den abgeschlossenen Vertrag widerrufen, wenn die gekaufte Ware mehr als 100 Franken kostet und dem persönlichen Gebrauch dienen soll. Der Widerruf muss schriftlich innerhalb von sieben Tagen nach Vertragsunterzeichnung erfolgen.

> Muster 139

Achtung: Wenn Sie einen Vertreter zu sich nach Hause bestellen oder den Vertrag auf einem Markt oder auf einer Messe unterschreiben, haben Sie kein Widerrufsrecht.

Die Frist von sieben Tagen dürfen Sie nicht verpassen. Schicken Sie Ihren Widerruf aus Beweisgründen eingeschrieben und heften Sie die Postquittung an Ihre Briefkopie. Sie müssen den Widerruf nicht begründen.

Widerruf Leasingvertrag

Sehr geehrte Damen und Herren

Ich widerrufe den vorgestern unterschriebenen Leasingvertrag.

Freundliche Grüsse

137

Leasingvertrag widerrufen

Kündigung Leasingvertrag

Sehr geehrte Damen und Herren

Ich kündige den am 15. Januar 2006 abgeschlossenen Leasingvertrag auf den nächstmöglichen Termin, also auf den 30. November 2006.

Freundliche Grüsse

138

Kündigung eines Leasingvertrags

Widerruf

Sehr geehrte Damen und Herren

Gestern bekam ich unaufgeforderten Besuch von Ihrem Vertreter und habe einen Kaufvertrag für eine Vitalkur unterschrieben.

Gemäss Artikel 40b des Obligationenrechts widerrufe ich diesen Vertrag.

Freundliche Grüsse

139

Widerruf eines Haustürgeschäfts

Probleme mit Telefon und Internet

Wer die neuen Kommunikationsmittel nutzen will, muss auf der Hut sein: Prüfen Sie als Erstes, wie teuer Sie die Minute bei der Hotline oder beim Ticket-Service zu stehen kommt. Schärfen Sie Ihren Kindern ein, dass der neuste Klingelton, den sie sich aufs Handy laden wollen, nicht gratis und meist mit einem teuren Abonnement verbunden ist. Auch Flirt- und Partnersuch-SMS, Internet-Chatforen und ähnliche Angebote sind in der Regel kostenpflichtig und teuer. Viele Konsumentinnen und Konsumenten merken dies erst, wenn eine gesalzene Rechnung ins Haus flattert.

Zu hohe Telefonrechnung

Wehren Sie sich, wenn Sie plötzlich eine hohe Telefonrechnung erhalten, die Sie sich nicht erklären können. Verlangen Sie bei Ihrem Telefonanbieter einen detaillierten Einzelverbindungsnachweis und prüfen Sie, ob die verrechneten Anrufe auch wirklich von Ihrem Apparat aus geführt wurden. Sind einzelne verrechnete Nummern nicht von Ihrem Apparat aus angewählt worden, bezahlen Sie bloss den unbestrittenen Teil der Rechnung und bestreiten die Ihrer Meinung nach zu Unrecht verrechneten Dienstleistungen – mit einem eingeschriebenen Brief natürlich.

> Muster 140

Was aber, wenn wirklich von Ihrem Anschluss aus telefoniert wurde? Wenn Sie ganz einfach übersehen haben, dass die angewählte Nummer etwas kostet oder wenn gar ein Familienmitglied oder ein Gast diese Anrufe getätigt hat? Traurig, aber wahr: Sie werden ums Bezahlen nicht herumkommen.

Auf der Homepage des Bundesamts für Kommunikation erfahren Sie, wie Sie sich wirksam gegen kostenpflichtige Nummern und elektronische Werbung schützen können (www.bakom.ch > Dienstleistungen > Nützliche Infos).

Nicht zufrieden mit dem Anbieter

Manchmal beschert einem der Telefon- oder Internetanbieter eine Menge Ärger: Wenn zum Beispiel das Modem keinen Mucks macht, wenn die Leitung tot bleibt oder wenn auf der Telefonrechnung plötzlich unerklärlich hohe Tarife auftauchen. Was tun? Die meisten Verträge haben eine Mindestdauer von einem Jahr. Ein rasches Wechseln zur Konkurrenz ist zwar möglich, die Abonnementsgebühren beim alten Anbieter müssen aber bis zum Ablauf der Kündigungsfrist weiter bezahlt werden. Achtung: Sehen Sie in Ihrem Vertrag nach, damit Sie die Kündigungsfrist nicht verpassen.

> Muster 141

Vor allem der Kundendienst lässt bei einigen Telekommunikationsanbietern zu wünschen übrig. Reklamieren Sie sofort, und zwar schriftlich, wenn Sie mit einem Service nicht zufrieden oder mit der Rechnung nicht einverstanden sind. Reduzieren Sie die offene Rechnung um den bestrittenen Teil und zahlen Sie die Differenz termingerecht ein. Bei Festnetzanschlüssen darf Ihnen die Swisscom die Grundversorgung nicht sperren, wenn Sie den unbestrittenen Teil der Rechnung bezahlt haben.

> Muster 142 und 143

Werden Sie von Ihrem Telekommunikationspartner nicht ernst genommen oder können Sie sich mit ihm nicht einigen, so wenden Sie sich an die Ombudsstelle für Telekommunikation (www.ombudscom.ch).

140

Protest gegen zu hohe Telefonrechnung

Ihre Rechnung Nr. 12061093 vom 12. Dezember 2006

Sehr geehrte Damen und Herren

Sie verrechnen mir auf Ihrer Rechnung Gespräche, die ich von meinem Anschluss aus am 10. und 12. Oktober geführt haben soll.

Hier muss ein Fehler vorliegen: In der Woche vom 9. bis 15. Oktober war ich beruflich im Ausland und zu meiner Wohnung hatte in dieser Zeit niemand Zutritt.

Aus diesem Grund habe ich die Rechnung um die entsprechenden Beträge reduziert und den Rest heute überwiesen. Ich bitte Sie um eine Stellungnahme.

Freundliche Grüsse

141

Vorzeitige Kündigung eines Internetabos

Kündigung des Internetabos SL-Top

Sehr geehrte Damen und Herren

Ich bin nicht länger bereit, die ständigen Probleme beim Verbindungsaufbau hinzunehmen. Deshalb kündige ich mein Abonnement bei Ihnen schon heute auf Ende dieses Jahres. Die Grundgebühr werde ich bis zum Vertragsablauf bezahlen.

Freundliche Grüsse

Rechnung Nr. 091246 vom 5. September

Sehr geehrte Damen und Herren

Letzten Monat habe ich eine Mahnung erhalten, obwohl ich meine Rechnung pünktlich bezahlt hatte. Auf meine telefonische Reklamation hin bestätigten Sie mir, meine Zahlung sei pünktlich eingegangen, jedoch bei Ihnen versehentlich zu spät verbucht worden.

Trotzdem belasten Sie mir nun auf der neuen Rechnung Fr. 40.– für Mahngebühren. Da Ihr Fehler die Mahnung ausgelöst hat, bin ich natürlich nicht bereit, dafür Gebühren zu bezahlen.

Ich habe deshalb die Rechnung für den Monat August um diesen Betrag reduziert.

Freundliche Grüsse

142

Falsche Rechnung beanstanden

Rechnung für nicht funktionierenden Anschluss

Sehr geehrte Damen und Herren

Im Februar wurde bei mir ein Internetanschluss installiert. Diesen konnte ich jedoch nicht nutzen, weil das von Ihnen gelieferte Modem defekt war. Nach mehreren telefonischen Reklamationen lieferten Sie mir schliesslich Ende März ein neues Modem.

Mein Internetanschluss war in den Monaten Februar und März nicht benutzbar. Trotzdem verrechnen Sie mir nun die Anschlussgebühren für diese beiden Monate.

Ich bin nicht bereit, für Dienstleistungen zu bezahlen, die ich gar nicht nutzen konnte. Deshalb schicke ich Ihnen Ihre Rechnung zurück. Bitte stornieren Sie sie.

Freundliche Grüsse

143

Ungerechtfertigte Rechnung zurückschicken

Reisen: wenn die Ferien wenig Erholung bieten

Die «ruhige Wohnung am Meer» liegt 200 Meter vom Strand entfernt an einer stark befahrenen Strasse. Im Fünfsternhotel müssen sich die Gäste das Besteck selber vom Buffet holen, das Tischtuch ist verschmutzt, das Essen kalt. Und der «komfortable Reisebus» entpuppt sich als Oldtimer ohne Klimaanlage. Müssen sich Konsumentinnen und Konsumenten das bieten lassen? Nein. Wenn ein Pauschalarrangement nicht dem entspricht, was Sie mit dem Reisebüro ausdrücklich vereinbart haben, können Sie einen Teil Ihres Geldes zurückverlangen. Nach dem Pauschalreisegesetz haftet der Veranstalter für die versprochenen Leistungen, dazu gehören auch die Beschreibungen in Prospekten. Aber Achtung: Nehmen Sie die Katalogsprache nicht zu wörtlich. «In Strandnähe» bedeutet, dass Sie mit einem Fussmarsch rechnen müssen, und das «zentral gelegene Hotel» liegt ziemlich sicher an einer lärmigen Hauptstrasse.

Wenn Sie besonderen Wert auf den überwachten Kinderspielplatz in der Hotelanlage oder den Golfplatz in unmittelbarer Nähe legen, verlangen Sie, dass diese Punkte auf der Buchungsbestätigung aufgeführt werden. Ist dann der Spielplatz nicht überwacht und der Golfplatz zwei Autostunden vom Hotel entfernt, können Sie eine Reduktion verlangen.

> Muster 144 und 145

Wichtig: Reklamieren Sie bei der Reiseleitung vor Ort, wenn Sie mit den Leistungen nicht zufrieden sind. Lassen Sie sich allfällige Mängel schriftlich bestätigen und fotografieren oder filmen Sie die Situation. Verlangen Sie Quittungen für Mehrausgaben. Reisen Sie auf keinen Fall Hals über Kopf ab und wechseln Sie auch nicht das Hotel. Sie müssen dem Veranstalter ein paar Tage Zeit lassen, um den Mangel zu beheben. Schafft er das innert dieser Frist nicht, können Sie eine Preisminderung verlangen. Aber aufgepasst: Kleine Beeinträchtigungen sind keine Mängel. Und: Je günstiger die Reise, desto weniger Wundersames dürfen Sie erwarten.

Können Sie keine Einigung mit Ihrem Reiseveranstalter erzielen, wenden Sie sich an den Ombudsmann der Schweizer Reisebranche (www.ombudsman-touristik.ch).

Wenn Sie die Reise selber zusammenstellen

Aufgepasst, wenn Sie Ihre Reise nicht im Reisebüro, sondern direkt per Internet oder telefonisch buchen. Solche Buchungen sind häufig nicht vom Pauschalreisegesetz erfasst. Das heisst: Die Beschreibung im Internet oder im Prospekt ist nicht verbindlich, sondern rechtlich gesehen bloss eine Einladung zur Offertstellung. Ihre Buchung ist die Offerte und erst mit der Bestätigung, die Sie erhalten, kommt der Vertrag zustande. Wenn Sie also Wert auf Meersicht legen oder auf einen Kinderspielplatz in der Hotelanlage, verlangen Sie bei der Buchung, dass diese Leistung im Vertrag explizit erwähnt wird.

Fehlt in der Bestätigung das, was Ihnen wichtig ist, können Sie die Punkte selber schriftlich festhalten und eine neue Bestätigung verlangen.

> Muster 146 und 147

Wellnessferien; Buchungsnummer 24464

Sehr geehrte Damen und Herren

Wir haben in Ihrem Reisebüro eine Woche Wellnessferien im Hotel Relax in Kaltenbach gebucht und wurden arg enttäuscht.

Auf beiden Seiten des Hotels befanden sich grosse Baustellen, auf denen von 7 Uhr morgens bis 19 Uhr gearbeitet wurde. Die Aussenanlagen sowie den Balkon unseres Zimmers konnten wir nicht benutzen. Weil der Lärm sogar im Gebäudeinnern zu hören war, fuhren wir drei Tage vor dem geplanten Abreisedatum nach Hause. An Erholung war unter diesen Umständen nicht zu denken.

Wir erwarten eine Preisminderung von 30 Prozent.

Freundliche Grüsse

144

Reklamation nach verpfuschten Ferien

Das war kein Animationsprogramm

Sehr geehrte Damen und Herren

In Ihrem Reisebüro haben wir ein Pauschalarrangement im Hotel Blue Bay am Gardasee gebucht. Im Prospekt und auch in der Buchungsbestätigung wurde ein «tägliches Animationsprogramm für Kinder und Jugendliche» versprochen.

Vor Ort entpuppte sich dieses Animationsprogramm als Surfkurs, der wegen der starken Winde nur für Jugendliche ab 12 Jahren geeignet war. Daneben gab es lediglich eine Spielstunde im Planschbecken mit Rutsche, beaufsichtigt von einer Dame, die nur Italienisch sprach.

Für unsere 5-jährige Tochter und den 7-jährigen Sohn waren beide Angebote völlig ungeeignet. Wir mussten während der zwei Wochen selber für Programm sorgen.

Die gebotene Leistung entsprach nicht dem, was im Katalog versprochen war. Wir erwarten eine Preisminderung von 20 Prozent.

Freundliche Grüsse

145

Katalogversprechen nicht eingehalten

From: Armin Grob
To: fewo-lagomaggiore.de
Subject: Bella Casa al Lago, Canobbio
Date: Tue, 14 Feb 2006 20:53

Guten Tag

Im Internet haben wir Ihr «Bella Casa al Lago» gefunden. Das könnte genau das sein, was wir uns für unsere Sommerferien wünschen.

Wir sind 4 Personen und suchen eine Wohnung mit mindestens 2 Zimmern, Balkon und Gartenbenutzung. Besonders wichtig ist uns ein direkter Seezugang vom Garten aus.

Zeitraum: 2 Wochen zwischen dem 15. Juli und dem 26. August 2006

Bitte lassen Sie uns wissen, ob im angegebenen Zeitraum noch eine Wohnung nach unseren Wünschen frei ist und was sie kosten würde.

Vielen Dank und freundliche Grüsse

Unsere Adresse:
Familie Grob
Theaterstrasse 23
CH-6003 Luzern
Tel. 0041 41 497 91 00
grobfam@bluewin.ch

146

Anfrage für eine Ferienwohnung

Ihre Bestätigung Nr. 456

Sehr geehrte Damen und Herren

Vielen Dank für Ihre Bestätigung unseres Ferienaufenthalts in der Residencia del Sol.

Bei der Buchung haben Sie uns zugesichert, dass die Residencia über Tennisplätze verfügt, die stundenweise gemietet werden können. Davon ist nun in Ihrer Bestätigung nicht mehr die Rede.

Unsere Buchung gilt ausschliesslich unter der Voraussetzung, dass wir regelmässig einen Tennisplatz zur Verfügung haben.

Bitte schicken Sie uns noch eine Bestätigung dieses Teils der Abmachung. Vielen Dank!

Freundliche Grüsse

147

Korrigierte Buchungsbestätigung verlangen

Post für Ihre Versicherung

Die Schweizerinnen und Schweizer sind nach den Japanern das am besten versicherte Volk der Welt. Da wir für unsere materielle Sicherheit viel Geld ausgeben, lohnt es sich, die Angebote der Versicherer genau zu vergleichen. Überlegen Sie sich auch, welche Versicherung Sie wirklich brauchen und welche eher überflüssig ist.

Prüfen Sie, bevor Sie einen Vertrag unterschreiben, wie lange die Police dauern soll. Akzeptieren Sie mehrjährige Laufzeiten nur, wenn man Ihnen ein jährliches Kündigungsrecht einräumt. Sonst sind Sie auf Gedeih und Verderb an Ihre Versicherungsgesellschaft gebunden.

Allerdings gibt es einige «Notausgänge» aus einem Versicherungsvertrag: Sie dürfen die Police kündigen, wenn die Prämie steigt, nach einem Schadenfall oder wenn das versicherte Risiko wegfällt (bei der Autoversicherung etwa, weil Sie Ihr Auto verkaufen und die Nummer abgeben, oder bei der Hausratversicherung, wenn Sie ins Pflegeheim ziehen und die Möbel nicht mitnehmen können).

> Muster 148 und 149

Nach der Mitteilung einer Prämienerhöhung hat man in der Regel 25 Tage Zeit, um zu kündigen. Die Prämienerhöhung gilt auf Anfang des neuen Versicherungsjahrs. Schicken Sie die Kündigung immer eingeschrieben.

Zusammenziehen und Versicherungen anpassen

Überprüfen Sie Ihre Hausrat- und Privathaftpflichtversicherung, wenn Sie mit Ihrer Partnerin bzw. Ihrem Partner zusammenziehen. Aber Achtung: Das Zusammenziehen ist in der Regel kein Grund, der Sie zum Ausstieg aus einem langjährigen Versicherungsvertrag berechtigt. Ebenso wenig die Auflösung einer Lebensgemeinschaft.

Hat zum Beispiel der Konkubinatspartner einen langjährigen Vertrag unterschrieben, lohnt es sich meist, seine Police den bestehenden Verhältnissen anzupassen, also die Lebensgefährtin darin aufzunehmen. Wichtig: Das Inventar muss neu berechnet und die Deckungssumme angepasst werden. Eine Unterversicherung lohnt sich nicht. Im Schadensfall drohen Leistungskürzungen.

> **Muster 150 und 151**

Wenn ein Versicherungsfall eintritt

Ist Ihnen etwas gestohlen worden oder haben Sie einen Parkschaden erlitten? Melden Sie sich so rasch wie möglich bei Ihrem Versicherer (am besten am nächsten Werktag) und erkundigen Sie sich, ob Sie den Schaden per Mail, Brief oder durch Ausfüllen eines Formulars anmelden müssen. Wichtig: Sie müssen Belege für Ihren Schaden vorlegen können. Das teure, gestohlene Armband wird Ihnen nicht ersetzt, wenn Sie seinen Wert nicht durch eine Quittung belegen können. Warten Sie bei Hausratschäden mit dem Wegwerfen von beschädigten Gegenständen. Möglicherweise möchte ein Vertreter des Versicherers einen Blick drauf werfen.

> **Muster 152 bis 154**

Manchmal kürzen die Versicherer die Leistung für einen Schaden. Wehren Sie sich, wenn Sie aus einer Abrechnung nicht schlau werden. Fragen Sie bei der Versicherungsgesellschaft nach, aufgrund welcher Bestimmung im Gesetz oder in den Allgemeinen Versicherungsbestimmungen eine Leistung gekürzt oder ganz verweigert wird, und prüfen Sie diese Bestimmung nach.

> **Muster 155**

Sind alle Ihre Versicherungen im Schuss? Der Beobachter-Ratgeber «Richtig versichert – Haftpflicht-, Hausrat-, Auto- und andere Versicherungen im Überblick» zeigt Ihnen, worauf Sie bei Ihren Policen achten müssen und wie Sie sicherstellen, dass Sie für Ihren Versicherungsschutz nicht unnötig viel bezahlen (www.beobachter.ch/buchshop).

148

Kündigung nach Prämienerhöhung

Kündigung nach Prämienrechnung Nr. 445 vom 18. Oktober

Sehr geehrte Damen und Herren

Da Sie Ihre Prämien für das nächste Jahr erhöhen, kündige ich meine Kaskoversicherung auf den nächstmöglichen Termin.

Für die schriftliche Bestätigung meiner Kündigung danke ich Ihnen.

Freundliche Grüsse

149

Wegfall des versicherten Risikos

Kündigung Hausratversicherung

Sehr geehrte Damen und Herren

Ich kündige meine Hausratversicherung per Ende Jahr.

Da ich am 1. Januar in ein Pflegeheim ziehe, wohin ich meinen Hausrat nicht mitnehmen kann, entfällt das versicherte Risiko.

Für die schriftliche Bestätigung meiner Kündigung danke ich Ihnen.

Freundliche Grüsse

150

Versicherung kündigen beim Zusammenziehen

Kündigung Haftpflicht- und Hausratversicherung

Sehr geehrte Damen und Herren

Da ich mit meinem Freund zusammenziehe, kündige ich meine Haftpflicht- und Hausratversicherung auf den nächstmöglichen Termin.

Bitte senden Sie mir eine Bestätigung dieser Kündigung.

Vielen Dank und freundliche Grüsse

Anpassung Haftpflicht- und Hausratversicherung

Sehr geehrte Damen und Herren

Am 1. April zieht meine Freundin zu mir. Ich möchte sie in meine Haftpflicht- und Hausratpolice aufnehmen.

Hätten Sie in den nächsten Tagen Zeit für eine Besprechung? Sie erreichen mich jeweils am Nachmittag im Geschäft.

Für Ihren Rückruf danke ich Ihnen.

Freundliche Grüsse

151

Lebenspartnerin in Versicherung aufnehmen lassen

Parkschaden

Sehr geehrte Damen und Herren

Letzten Dienstag parkierte ich mein Auto auf dem Parkplatz beim Hallenschwimmbad Hangmoos. Als ich nach dem Schwimmen einsteigen wollte, sah ich einen langen Kratzer sowie eine Delle in der Hintertür auf der Fahrerseite. Offenbar ist jemand beim Einparken an meinem Wagen entlanggeschrammt.

Leider habe ich keine Ahnung, wer das gewesen sein könnte. Eine Nachricht habe ich nirgends vorgefunden. Und auf dem Parkplatz nebenan stand kein Auto.

Ich habe den Schaden am 25. Februar telefonisch gemeldet. Frau Berger sagte mir, ich solle bei meiner Garage einen Kostenvoranschlag für die Reparatur einholen. Sie finden ihn in der Beilage. Wollen Sie das Auto selber auch noch sehen oder kann ich es reparieren lassen?

Freundliche Grüsse

152

Der Kaskoversicherung einen Parkschaden melden

Hausrat-/Diebstahl-Police Nr. 9.474.157; Schaden Nr. 06-115.560

Sehr geehrte Frau Locher

Wie ich Ihnen am Telefon geschildert habe, wurde mir am Freitagabend während einer Konzertveranstaltung im Hallenstadion meine Handtasche mit Brieftasche, Wohnungsschlüssel und Handy gestohlen. Eine Anzeige habe ich am selben Abend auf der Kreiswache 1 aufgegeben.

Durch diesen Diebstahl sind mir folgende Kosten entstanden:

– Ersatzkarte Generalabonnement	Fr. 20.—
– Ersatz Mitgliedskarte Fitnesscenter	Fr. 20.—
– Ersatz Bank-Maestrokarte	Fr. 20.—
– Ersatzkarte Mobility	Fr. 25.—
– Ersatz Haus- und Wohnungsschlüssel	Fr. 238.55
– Ersatz Handy Nokia N77	Fr. 399.—
– Passfoto für neue Identitätskarte	Fr. 28.60
– Ersatz Brieftasche	Fr. 137.—
– Ersatz Handtasche	Fr. 219.90
– Schlüsseldienst (Notschlüssel)	Fr. 500.—
Total	Fr. 1608.05

Sämtliche Originalbelege zu den aufgeführten Schadensposten liegen diesem Schreiben bei.

Für den Ersatz meiner Identitätskarte werden noch Fr. 75.– anfallen. Die Rechnung erhalte ich erst, wenn ich den neuen Ausweis bei der Gemeinde abholen kann. Das wird in etwa drei Wochen der Fall sein.

Für die Überweisung des Betrags von insgesamt Fr. 1683.05 auf mein Konto Nr. 9-1134-00011111 bei der Kantonalbank Zürich-Albisrieden (Clearing Nr. 700) danke ich Ihnen.

Bei Fragen erreichen Sie mich am besten jeweils am Nachmittag auf meinem Handy.

Besten Dank und freundliche Grüsse

153
Schaden bei der Diebstahlversicherung anmelden

Haftpflichtfall – Police 25-367-N

Sehr geehrte Damen und Herren

Beim Fussballspielen mit meinem Sohn ist mir ein Missgeschick passiert: Der Ball flog über den Gartenzaun direkt in den verglasten Wintergarten der Nachbarin. Dort stiess er eine wertvolle Orchidee und ein gläsernes Windlicht um.

Laut Angaben der Nachbarin beträgt der Schaden insgesamt 2365 Franken.

Wir bitten Sie, diesen Schaden zu übernehmen. Falls Sie den «Tatort» besichtigen möchten, finden Sie unten die Adresse und Telefonnummer unserer Nachbarin.

Vielen Dank und freundliche Grüsse

Angela Ledermann
Hasenbühl 14
8932 Mettmenstetten
Tel. 044 767 56 78

154

Einen Haftpflichtfall anmelden

Hausrat-/Diebstahl-Police Nr. 9.474.157; Schaden Nr. 06-115.560

Sehr geehrte Frau Locher

Vielen Dank für Ihre Abrechnung vom 10. Januar und für die rasche Überweisung.

Den Verlust meines Handys entschädigen Sie mir mit Fr. 299.–. Aus der Quittung, die ich meiner Schadensmeldung vom 5. Januar beigelegt habe, geht aber hervor, dass ich für das Gerät Fr. 100.– mehr bezahlt habe.

Offenbar ist Ihnen ein Fehler unterlaufen. Für Ihre Antwort danke ich Ihnen.

Freundliche Grüsse

155

Wenn nicht der ganze Schaden gedeckt wird

Immer diese Werbung

Jeden Abend das Gleiche: Der Briefkasten ist voll mit Flugblättern und Werbebriefen. Was tun, wenn einem das zu viel wird?

- Gewinnbenachrichtigungen gehören in den Papierkorb.
- Teilen Sie den Absendern von adressierter Werbung mit, dass Sie keine weiteren Zustellungen wünschen.
- Wo immer Sie etwas ausfüllen: Achten Sie darauf, dass Sie keine Daten bekannt geben, die mit der Sache nichts zu tun haben, und verbieten Sie, dass Ihre Adresse zu Werbezwecken weitergegeben wird (Vermerk: «Adresse nur für diesen Zweck verwenden» oder «Weitergeben der Adresse an Dritte nicht gestattet»).
- Um die Weitergabe der Adresse im Telefonbuch zu sperren, können Sie sie mit einem Stern versehen lassen. Dazu gibt es hinten im Telefonbuch ein Meldeformular (Punkt D ausfüllen). Der Stern bedeutet, dass Sie weder Werbeanrufe noch -sendungen wünschen.
- Auch bei Ihrer Gemeinde können Sie Ihre Adresse für Werbezwecke sperren lassen.
- Zusätzlich können Sie sich auf der Robinsonliste des Schweizer Direktmarketing Verbands eintragen lassen (robinsonliste@dmverband.ch).
- Erhalten Sie weiter unerwünschte adressierte Werbung, streichen Sie Ihre Adresse auf dem Kuvert durch, notieren Sie «Refusé, bitte meine Adresse aus der Kartei streichen» – und werfen Sie die Sendung unfrankiert in den nächsten Briefkasten.
- Gegen unadressierte Werbung schützen Sie sich am besten mit einem Stopp-Kleber an Ihrem Briefkasten (erhältlich bei Konsumenten- und Umweltschutzorganisationen).

> Muster 156

Unerwünschte Werbung verstopft auch Ihren elektronischen Briefkasten. Die Spam-Mails lassen sich mit Schutzprogrammen vermeiden. Erkundigen Sie sich bei Ihrem Provider. Auf der Homepage des Bundesamts für Kommunikation (www.bakom.admin.ch > Dienstleistungen > Nützliche Infos) finden Sie wichtige Hinweise und Tipps für den Umgang mit Datenmüll. Wichtig: Antworten Sie nie auf ein Spam-Mail und seien Sie generell zurückhaltend mit Ihrer E-Mail-Adresse.

Was tun, wenn einzelne Unternehmen Ihren Sperrwunsch nicht akzeptieren? Dann müssen Sie hartnäckig bleiben und sich schriftlich wehren.

> Muster 157

Denken Sie daran: Durch die Teilnahme an Wettbewerben, durch das Ausfüllen von allen möglichen Formularen findet Ihre Adresse den Weg in eine Kartei. Diese Daten werden dann zu Werbezwecken verwendet.

Unbestellte Ware

Haben Sie auch schon Unterwäsche, Bücher oder CDs bekommen, ohne je etwas bestellt zu haben? Auch das ist Werbung. Besonders aggressive Unternehmen schicken ihren «Kunden» unverblümt Rechnungen und Mahnungen mit Betreibungsandrohungen. Lassen Sie sich auf keinen Fall einschüchtern! Das Gesetz sagt klar, dass Konsumenten unverlangte Zusendungen weder zurückschicken noch aufbewahren und schon gar nicht bezahlen müssen. Sie haben nichts zu befürchten. Eine Ausnahme gibt es: Wer eine wertvolle Sendung bekommt, bei deren Zustellung es sich offensichtlich um einen Irrtum handelt, ist verpflichtet, den Absender zu benachrichtigen.

> Muster 158

Verlangt der Lieferant, dass Sie die nicht bestellte Ware zurückschicken, beharren Sie darauf, dass er Ihnen zuerst das Porto vergütet.

156

Adresse sperren

Sperrung meiner Adresse

Sehr geehrte Damen und Herren

Ich untersage Ihnen, meine Adresse und die über mich gespeicherten Daten zu Werbezwecken weiterzugeben.

Bitte senden Sie mir eine Bestätigung dieser Adress-Sperre.

Vielen Dank und freundliche Grüsse

157

Eine Werbesperre durchsetzen

Werbesperre

Sehr geehrte Damen und Herren

Wie ich Ihnen schon einmal mitgeteilt habe, wünsche ich keine Werbung. Streichen Sie meine Adresse aus Ihrer Kartei und belästigen Sie mich nicht mit weiteren Zusendungen. Zudem untersage ich Ihnen, meine Adresse an Dritte weiterzugeben.

Sollten Sie meinen Wunsch nicht respektieren, werde ich rechtliche Schritte gegen Sie einleiten.

Freundliche Grüsse

158

Gegen unbestellte Zusendung protestieren

Unbestellte Zusendung

Sehr geehrte Damen und Herren

Schon wieder erhalte ich Unterwäsche von Ihnen, obwohl ich nichts bestellt habe.

Das Obligationenrecht hält in Artikel 6a fest, dass Konsumentinnen und Konsumenten nicht verpflichtet sind, unbestellte Zusendungen zurückzuschicken oder aufzubewahren. Ich werde diese Lieferung auch nicht bezahlen. Sollten Sie mich betreiben, werde ich Rechtsvorschlag erheben und Sie mit Ihrer Forderung auf den Zivilprozessweg verweisen.

Hören Sie endlich auf, mich mit Ihren Zusendungen zu belästigen, und streichen Sie meine Adresse aus Ihrer Kartei.

Mit verärgerten Grüssen

Big Brother: Welche Daten sind wo über mich gespeichert?

Wenn ein Versandhaus Ihre Bestellung nur gegen Vorauszahlung ausführt oder Sie gar nicht beliefert, dann sind Sie wahrscheinlich bei einer Wirtschaftsauskunft als schlechter Zahler registriert. Gestützt auf Artikel 8 des Datenschutzgesetzes (DSG) können Sie vom Inhaber einer Datensammlung Auskunft verlangen, ob Daten über Sie bearbeitet werden und wenn ja, welche. Sie haben das Recht zu erfahren, woher diese Daten stammen und für welchen Zweck sie bearbeitet werden.

Und so gehen Sie vor: Fragen Sie beim Versandhaus nach, weshalb Sie nicht beliefert werden und woher die Daten über Sie stammen. Anschliessend fordern Sie Auskunft vom Inhaber der Datensammlung. Legen Sie Ihrem Brief eine Ausweiskopie bei. Innert 30 Tagen sollten Sie Auskunft erhalten, und zwar kostenlos.

> **Muster 159 und 160**

Falsche Daten löschen lassen

Sind irgendwo falsche Daten über Sie gespeichert, müssen diese auf Ihr Begehren hin korrigiert werden. Sie haben zudem das Recht, dass veraltete Daten gelöscht werden. Welche Daten wie lange gespeichert werden dürfen, hängt vom Zweck ab, zu dem sie gespeichert wurden. Eine genaue Aufstellung mit Beispielen und Fristen finden Sie auf der Homepage des Eidgenössischen Datenschutzbeauftragten (www.edsb.ch > Kreditauskünfte).

> **Muster 161**

An allen möglichen Orten werden Daten gespeichert: in der Personalabteilung Ihrer Arbeitgeberin, beim Arzt, im Fitnessstudio, beim Versandhaus, bei Inkassobüros. Das Datenschutzgesetz gilt überall: Sie haben also an all diesen Stellen das Recht, die über Sie gespeicherten Daten einzusehen.

159

Auskunftsbegehren ans Versandhaus

Bonitätsprüfung

Sehr geehrte Damen und Herren

Sie schreiben mir, dass Sie mir keine Waren gegen Rechnung liefern, weil meine Bonitätsprüfung negativ ausgefallen sei.

Gestützt auf das Datenschutzgesetz bitte ich Sie, mir mitzuteilen, welche Daten bei Ihnen über mich gespeichert sind und woher diese Daten stammen.

Für Ihre baldige Antwort danke ich Ihnen.

Freundliche Grüsse

160

Auskunft verlangen beim Inhaber einer Datensammlung

Auskunftsbegehren über gespeicherte Daten

Sehr geehrte Damen und Herren

Gestützt auf Artikel 8 des Bundesgesetzes über den Datenschutz (DSG) bitte ich Sie, mir innerhalb von 30 Tagen folgende Fragen schriftlich zu beantworten:

- Welche Daten sind in Ihrer Datensammlung über mich gespeichert?
- Woher stammen diese Daten?
- Zu welchem Zweck sammeln Sie diese Daten?
- Wie lange bleiben diese Daten gespeichert?

Bitte bestätigen Sie mir die Vollständigkeit und Richtigkeit der mir zugestellten Unterlagen.

Sollten Sie meinem Begehren nicht nachkommen, verlange ich gestützt auf Artikel 9 DSG eine schriftliche Begründung.

Freundliche Grüsse

Beilage: Ausweiskopie

Löschungsbegehren für gespeicherte Daten

Sehr geehrte Damen und Herren

Gestützt auf Art. 12 Abs. 2 lit. b und Art. 15 Abs. 1 des Bundesgesetzes über den Datenschutz (DSG) ersuche ich Sie, alle Daten zu löschen, die Sie über mich in Ihrer Datensammlung gespeichert haben. Die maximal zulässige Frist für die Bearbeitung meiner Daten ist abgelaufen.

Bitte teilen Sie diese Löschung umgehend sämtlichen Unternehmen mit, denen Sie meine Daten weitergegeben haben.

Ich bitte Sie, mir die Löschung schriftlich innerhalb von 30 Tagen zu bestätigen oder mir mitzuteilen, warum Sie meinem Ersuchen nicht nachkommen.

Freundliche Grüsse

161

Löschung von Daten verlangen

Darlehen geben und erhalten

Kredite gibts nicht nur von der Bank; private Darlehen sind meist erheblich günstiger. Wenn Sie Geld ausleihen – oder ausgeliehen erhalten –, sollten Sie aber unbedingt einen schriftlichen Darlehensvertrag aufsetzen. Auch wenn es nur um einen kleinen Betrag und eine kurze Zeitspanne geht. Folgende Punkte gehören in einen solchen Vertrag:

- Parteien mit Namen und Adresse
- Höhe des Darlehens
- Laufzeit
- falls das Darlehen verzinst wird: Zinssatz und Fälligkeit der Zinsen
- Kündigungsmöglichkeiten
- Modalitäten zur Rückzahlung

Bei kleineren Beträgen oder in unkomplizierten Situationen reicht statt eines Darlehensvertrags auch eine einfache Schuldanerkennung.

> Muster 162 bis 164

Wichtig: Für ein Privatdarlehen ist ein Zins nur geschuldet, wenn dies ausdrücklich abgemacht wurde. Der allgemeine Zinssatz gemäss Obligationenrecht beträgt 5 Prozent pro Jahr; unter Freunden und Verwandten wird oft ein tieferer Satz vereinbart. Der zulässige Höchstzinssatz für gewerbsmässige Konsumkredite liegt bei 15 Prozent. «Zinseszins» bedeutet, dass man den vereinbarten Zins zur Darlehenssumme hinzu rechnet und den Gesamtbetrag wiederum verzinst. Das ist bei Privatdarlehen nicht zulässig.

Immer wieder verzichten Leute auf einen Darlehensvertrag oder eine Schuldanerkennung und ziehen bei der Geldübergabe einen Zeugen heran. Das ist nicht klug. Denn bevor dieser Zeuge im Streitfall das Geschehen bezeugen kann, müssen Sie ein aufwändiges Gerichtsverfahren in Gang setzen. Mit einer Schuldanerkennung können Sie Ihren Gläubiger notfalls betreiben und seinen Rechtsvorschlag einfach beseitigen (siehe Seite 261).

Darlehen kündigen

Entweder sind die Kündigungsmodalitäten im Darlehensvertrag geregelt: erstmals auf ein bestimmtes Datum, jederzeit mit einer bestimmten Kündigungsfrist oder bei Verzug mit der Rückzahlung. Dann muss die Darlehensgeberin sich bei einer Kündigung an diese Vereinbarung halten.

Wurden im Vertrag weder eine Kündigungsfrist noch ein bestimmter Termin für die Rückzahlung vereinbart, kann die Geldgeberin das Darlehen jederzeit kündigen. Der Schuldner muss das Geld innerhalb von sechs Wochen nach Erhalt der Kündigung zurückzahlen.

> Muster 165

Wichtig: Versenden Sie wichtige Dokumente wie eine Kündigung immer eingeschrieben und heften Sie die Postquittung an Ihre Kopie.

Wenn es mit der Rückzahlung hapert

Was tun, wenn die Rückzahlung auf sich warten lässt? Mahnen Sie Ihren Schuldner schriftlich und setzen Sie ihm eine angemessene Frist. Was viele Leute nicht wissen: Das Mahnwesen ist in der Schweiz gesetzlich nicht geregelt. Es bleibt also jedem Gläubiger selber überlassen, ob er einen säumigen Schuldner ein-, zwei- oder dreimal mahnen will und ob er die Mahnungen eingeschrieben verschickt oder nicht. Gesetzlich geregelt ist einzig, dass – wenn vertraglich nichts anderes vereinbart wurde – ab der ersten Mahnung ein Verzugszins von fünf Prozent geschuldet ist.

> Muster 166

Schicken Sie die letzte Mahnung aus Beweisgründen eingeschrieben. Und: Rufen Sie Ihre Schuldnerin an, bevor Sie die Betreibung einleiten. Eine mündliche Mahnung kann manchmal wahre Wunder bewirken. Mehr zur Betreibung erfahren Sie auf Seite 260.

162

Schuld-anerkennung

Schuldanerkennung

Peter Kundert, Friedenstrasse 12, 8800 Thalwil bestätigt, dass er heute von Kurt Rüedi, Kügeliloostrasse 55, 8052 Zürich, den Betrag von Fr. 5000.– (fünftausend Franken) als zinsloses Darlehen erhalten hat.

Peter Kundert verpflichtet sich, diesen Betrag bis zum 30. Juni 2007 zurückzuzahlen.

Thalwil, 15. Dezember 2006

Peter Kundert

163

Darlehen ohne Verzinsung

Darlehensvertrag

1. Der Darlehensgeber Rick Sanders (Türgasse 17, 6072 Sachseln) verpflichtet sich, der Darlehensnehmerin Viola Bächtold (Sandstrasse 5, 6072 Sachseln) per 1. Oktober 2006 den Betrag von Fr. 12 000.– (in Worten: zwölftausend Franken) zu übertragen.
2. Die Darlehensnehmerin verpflichtet sich, den Betrag von Fr. 12 000.– in halbjährlichen Raten von Franken Fr. 2000.– an den Darlehensgeber zurückzuzahlen. Die erste Rate ist zahlbar per 31. März 2007.
3. Der Darlehensgeber verzichtet ausdrücklich auf eine Verzinsung des Darlehens durch die Darlehensnehmerin.
4. Gerät die Darlehensnehmerin mit der Rückzahlung des Darlehens um mehr als 30 Tage in Verzug, ist der Darlehensgeber berechtigt, das Darlehen mit einer Frist von sechs Wochen zu kündigen und die Rückzahlung des gesamten Betrags zu fordern.
5. Dieser Vertrag wurde im Doppel erstellt.

Sachseln, 20. September 2006

Darlehensgeber Rick Sanders	Darlehensnehmerin Viola Bächtold

Darlehensvertrag

zwischen
Franz Kuster, Hofstrasse 11, 8500 Frauenfeld, als Darlehensnehmer
und
Rahel Felder, Bahnstrasse 5, 8400 Winterthur, als Darlehensgeberin

1. Rahel Felder gewährt Franz Kuster ein Darlehen von 30000 Franken (in Worten: dreissigtausend Franken). Der Vertrag zwischen den beiden Parteien beginnt nach der Überweisung des Darlehens auf das Konto 12-45678-3K bei der Raiffeisenbank, Frauenfeld, und der beidseitigen Unterzeichnung am 1. November 2006.
2. Das Darlehen wird vom Darlehensnehmer zum Kauf einer Eigentumswohnung an der Wiesenstrasse 35 in 8500 Frauenfeld verwendet.
3. Franz Kuster verpflichtet sich, das Darlehen in fünf Raten von 6000 Franken bis zum 31. Oktober 2011 zurückzuzahlen. Die erste Rückzahlung erfolgt am 31. Oktober 2007.
4. Für eine vorzeitige Kündigung ist eine Frist von sechs Monaten einzuhalten.
5. Franz Kuster zahlt der Darlehensgeberin auf den jeweils noch ausstehenden Darlehensbetrag einen Zins von 2,5 Prozent. Zu zahlen ist der Zins jeweils halbjährlich am 30. April und am 31. Oktober, erstmals am 30. April 2007.
6. Im Übrigen gelten für diesen Darlehensvertrag die Bestimmungen des Schweizerischen Obligationenrechts (OR 312 ff.).

Zürich, 24. Oktober 2006

Darlehensnehmer	Darlehensgeberin
Franz Kuster	Rahel Felder

Quelle: Beobachter-Ratgeber «Der Weg zum Eigenheim»

164

Darlehen für einen Wohnungskauf

165

Darlehensvertrag kündigen

Kündigung Darlehensvertrag

Sehr geehrter Herr Heller

Ich kündige den Darlehensvertrag vom 21. Mai 2005 gemäss Punkt 5 unserer Vereinbarung auf den 30. Juni 2006. Bitte überweisen Sie den fälligen Betrag von Fr. 500.– auf mein Konto Nummer 111-345.00 bei der Zürcher Kantonalbank, Filiale Oerlikon (Clearing Nummer 845).

Für die pünktliche Überweisung danke ich Ihnen.

Freundliche Grüsse

166

Wenn das Geld nicht zurückgezahlt wird

Letzte Mahnung

Sehr geehrter Herr Heller

Sie haben weder auf mein Kündigungsschreiben vom 15. Mai 2006 noch auf meine Mahnungen vom 15. und 30. Juli reagiert.

Ich setze Ihnen eine letzte Frist bis zum 15. August zur Rückzahlung des Darlehens über Fr. 500.–. Wenn Sie auch diese Frist ungenutzt verstreichen lassen, werde ich die Betreibung gegen Sie einleiten.

Lassen Sie es nicht so weit kommen. Wenn Sie mir einen annehmbaren Vorschlag unterbreiten, bin ich bereit, eine Ratenzahlung zu akzeptieren.

Freundliche Grüsse

Finanzielle Engpässe

Die Rechnungen stapeln sich und das Konto ist leer. Warten Sie nicht, bis Sie von Ihren Gläubigern gemahnt oder gar betrieben werden. So handeln Sie sich neben Ärger nämlich auch noch zusätzliche Kosten ein. Die weit verbreitete Meinung, ein Gläubiger könne erst nach drei Mahnungen die Betreibung einleiten, ist falsch. Er darf das schon tun, wenn die Zahlungsfrist auf der Rechnung abgelaufen ist. Und: Zur Einleitung einer Betreibung muss der Gläubiger noch nicht einmal beweisen, dass er überhaupt eine Forderung gegen seinen Schuldner hat.

Viele Gläubiger lassen bei einem finanziellen Engpass durchaus mit sich reden. Schreiben Sie ein Stundungsgesuch: Schildern Sie kurz Ihre Situation und unterbreiten Sie einen realistischen Zahlungsvorschlag, den Sie dann auch einhalten.

> Muster 167

Lassen Sie es gar nicht erst so weit kommen! Wie Sie die Kontrolle über Ihre Finanzen gewinnen, zeigt Ihnen der Beobachter-Ratgeber «Mit Geld richtig umgehen – So haben Sie Ihre Finanzen im Griff» (www.beobachter.ch/buchshop).

Post vom Inkassobüro: So wehren Sie sich

Manche Unternehmen geben ihre offenen Kundenrechnungen nach erfolgloser Mahnung zum Eintreiben an ein Inkassobüro weiter. Diese Büros gehen dann äusserst unzimperlich gegen säumige Schuldnerinnen und Schuldner vor. Zur ursprünglichen Forderung verrechnen sie nebst Zinsen hohe Verzugsschäden und weitere Gebühren. Doch solche Inkasso- oder Mahngebühren sind nur geschuldet, wenn sie schon beim Vertragsabschluss vereinbart wurden.

Wenn Sie zu Unrecht für solche Gebühren belangt werden, bezahlen Sie den ursprünglichen Forderungsbetrag sowie den Verzugszins und bestreiten Sie alle weiteren Kosten. Lassen Sie sich nicht von Mahnungen und Betreibungsandrohungen verunsichern.

> Muster 168

Einzelne Inkassobüros versuchen immer wieder, ihre Schuldner zum Unterschreiben einer Abzahlungsvereinbarung zu drängen. In den meisten Fällen sind in dieser Vereinbarung nicht geschuldete Forderungen und Gebühren versteckt. Mit Ihrer Unterschrift anerkennen Sie diese Forderungen. Erkundigen Sie sich also bei einer Rechts- oder Schuldenberatungsstelle, bevor Sie eine solche Abzahlungsvereinbarung unterschreiben.

Stundungsgesuch

Sehr geehrte Frau Dr. Lienhard

Ende Monat wird die Rechnung vom 18. September 2006 für meine Zahnbehandlung fällig.

Da ich im August meine Stelle verloren habe, befinde ich mich zurzeit in einem finanziellen Engpass. Wären Sie damit einverstanden, wenn ich den offenen Betrag von Fr. 1500.– in drei monatlichen Raten à Fr. 500.– bezahle? Die erste Rate würde ich Ihnen Ende Monat überweisen.

Für Ihr Entgegenkommen danke ich Ihnen. Ich versichere Ihnen, dass ich die drei Raten pünktlich überweisen werde.

Freundliche Grüsse

167

Gläubiger um Ratenzahlung bitten

Verzugsschaden

Sehr geehrte Damen und Herren

Mit Ihrer Mahnung vom 13. August (Inkasso Nummer 062356) fordern Sie neben dem ursprünglichen Rechnungsbetrag und den Verzugszinsen auch «Verzugsschaden gemäss Art. 106 OR» sowie Schreib- und Umtriebsgebühren.

Ohne ausdrückliche vertragliche Grundlage sind solche Inkassogebühren nicht geschuldet. Auch schreibt das Gesetz über die Schuldbetreibung und Konkurs (SchkG) in Art. 27 Abs. 3 vor, dass dem Schuldner die Kosten für eine gewerbsmässige Vertretung nicht überbunden werden dürfen. Aus diesem Grund überweise ich Ihnen den um diese Posten reduzierten Betrag.

Sollten Sie mich über diese Gebühren betreiben, werde ich Rechtsvorschlag erheben und Sie mit Ihrer Forderung auf den Zivilprozessweg verweisen.

Freundliche Grüsse

168

Forderung von Verzugsschaden zurückweisen

Betreiben und betrieben werden

Geht einer Gläubigerin die Geduld aus und will sie ihr Geld mit staatlicher Hilfe eintreiben, leitet sie gegen den säumigen Zahler die Betreibung ein. Ein Schuldner muss an seinem Wohnort oder an seinem Geschäftssitz betrieben werden. Der Zahlungsbefehl wird ihm durch den Betreibungsbeamten zu Hause, am Arbeitsplatz oder im Amtslokal zugestellt. Der Schuldner kann innerhalb von zehn Tagen Rechtsvorschlag erheben und damit das Verfahren vorläufig unterbrechen. Dann muss die Gläubigerin im so genannten Rechtsöffnungsverfahren die Beseitigung des Rechtsvorschlags verlangen, um das Verfahren fortsetzen zu können. Erhebt der Schuldner keinen Rechtsvorschlag, kann die Gläubigerin die Fortsetzung der Betreibung verlangen.

Natürliche Personen werden stets auf Pfändung betrieben: Bei Arbeitnehmenden wird in der Regel der Lohn gepfändet. Ist kein Lohn vorhanden oder liegt der Lohn unter dem betreibungsrechtlichen Existenzminimum, können auch wertvolle Gegenstände aus dem Hausrat des Schuldners gepfändet werden.

An dieser Stelle finden Sie nur die häufigsten Fälle, mit denen Privatpersonen konfrontiert werden. Möchten Sie – beispielsweise als Inhaber eines Unternehmens – mehr über Betreibungen und das SchKG allgemein wissen, finden Sie ausführliche, praxisnahe Informationen im Beobachter Ratgeber «So kommen Sie zu Ihrem Geld – Fordern, betreiben, klagen – wie Gläubiger richtig vorgehen» (www.beobachter.ch/buchshop).

Betreibung eingeleitet: Wie reagieren?

Ein Eintrag im Betreibungsregister kann Ihnen bei der Wohnungs- oder Stellensuche Nachteile bringen. Versuchen Sie deshalb, eine Betreibung zu vermeiden, beispielsweise indem Sie dem Gläubiger einen realistischen Abzahlungsvorschlag unterbreiten (siehe Seite 257). Wenn die Betreibung bereits eingeleitet wurde, erheben Sie Rechtsvorschlag und nehmen Sie sofort Kontakt mit dem Gläubiger auf – ebenfalls mit einem Zahlungsvorschlag. Wenn der Gläubiger die Betreibung schriftlich zurückzieht, erscheint sie nicht mehr auf Ihrem Registerauszug.

> Muster 169

Was aber können Sie tun, wenn Sie aus Schikane betrieben worden sind und der angebliche Gläubiger nicht im Traum daran denkt, die Betreibung zurückzuziehen? Dann müssen Sie sich mit der so genannten negativen Feststellungsklage ans Gericht wenden und feststellen lassen, dass die Betreibung zu Unrecht erfolgte. Zuständig ist das Gericht am Betreibungsort. Lassen Sie sich aber rechtlich beraten, bevor Sie gerichtlich gegen Ihren «Gläubiger» vorgehen.

> Muster 170

Wichtig: Die negative Feststellungsklage können Sie nur dann einreichen, wenn Sie nicht schon Rechtsvorschlag gegen die Betreibung erhoben haben. Haben Sie das bereits getan, müssen Sie beim Zivilgericht am Sitz oder Wohnort des Betreibenden Klage einreichen.

> Muster 171

Wer sich gerichtlich gegen eine ungerechtfertigte Betreibung wehren will, braucht Ausdauer! Überlegen Sie sich gut, ob Sie diesen Aufwand auf sich nehmen wollen. Wenn Ihnen der Eintrag im Register keine gravierenden Nachteile bringt, ist von einer Klage abzuraten.

Wenn Sie selber jemanden betreiben

Vielleicht kennen Sie ja auch die umgekehrte Situation: Jemand schuldet Ihnen Geld, zahlt trotz Mahnungen nicht, Sie betreiben die Person und diese stoppt das Verfahren mit dem Rechtsvorschlag. Jetzt müssen Sie beim Gericht am Betreibungsort die Beseitigung des Rechtsvorschlags, die so genannte Rechtsöffnung, verlangen.

Haben Sie gegen Ihren Schuldner ein Gerichtsurteil in den Händen, verlangen Sie die definitive Rechtsöffnung. Besitzen Sie eine von Ihrem Schuldner unterzeichnete Schuldanerkennung (zum Beispiel einen Vertrag), verlangen Sie die provisorische Rechtsöffnung. In beiden Fällen reichen Sie Ihre Forderung direkt beim Rechtsöffnungsrichter ein. Zuständig ist das Gericht am Betreibungsort. Wird Ihnen die Rechtsöffnung erteilt, können Sie die Betreibung fortsetzen und die Pfändung verlangen.

> Muster 172

Was aber, wenn Sie gar nichts Schriftliches gegen Ihren Schuldner in den Händen halten? Schenken Sie sich die Kosten einer Betreibung. Zuerst müssen Sie vor dem Zivilgericht mit einer Klage verlangen, dass Ihre Forderung anerkannt wird. Mit dem Urteil in der Hand können Sie Ihren Schuldner betreiben (und einen allfälligen Rechtsvorschlag im Rechtsöffnungsverfahren beseitigen).

> Muster 173

Rückzug einer Betreibung

Oft zahlen Schuldner, wenn sie mit dem Zahlungsbefehl des Betreibungsamts konfrontiert sind, die Rechnung doch noch. Dann sollten Sie Ihre Betreibung auch wieder zurückziehen. Dafür braucht es lediglich einen kurzen Brief ans Betreibungsamt.

> Muster 174

Betreibung Nr. 12345

Sehr geehrte Damen und Herren

Die geforderten Fr. 250.– aus der Rechnung vom 10. September zuzüglich der Betreibungskosten habe ich heute auf Ihr Konto überwiesen.

Für mein Versäumnis, welches die Betreibung zur Folge hatte, entschuldige ich mich. Wegen einer längeren Krankheit im vergangenen Oktober bin ich in eine finanzielle und auch psychische Notlage geraten.

Bitte ziehen Sie nach dem Zahlungseingang die Betreibung zurück.

Mit bestem Dank und freundlichen Grüssen

169

Bitte um Rückzug der Betreibung

Negative Feststellungsklage:
Betreibung Nr. 467, Betreibungsamt Kloten

Sehr geehrte Damen und Herren

Ich stelle folgendes Rechtsbegehren:

1. Es sei festzustellen, dass die Forderung der Comfort AG über Fr. 200.– gegen mich nicht besteht.
2. Es sei die Betreibung einzustellen.
3. Alles unter Kosten- und Entschädigungsfolgen zulasten der Comfort AG.

Begründung

Ich habe im September von der Comfort AG unbestellte Zusendungen erhalten. Nach Gesetz bin ich nicht verpflichtet, unbestellte Waren zu bezahlen oder zurückzuschicken. Trotzdem habe ich der Comfort AG telefonisch mitgeteilt, dass ich die Sendung nicht behalten wolle und dass das Paket bei mir abgeholt werden könne. Die Comfort AG hat die Waren nicht abgeholt, mir aber kurze Zeit später eine Rechnung sowie mehrere Mahnungen geschickt und mich schliesslich betrieben. Da ich bei der Comfort AG keine Waren bestellt habe, bestreite ich die Forderung.

Freundliche Grüsse

Beilage:
Kopie Zahlungsbefehl Nr. 467 vom 24. November 2006

170

Negative Feststellungsklage

Feststellungsklage

Sehr geehrte Damen und Herren

In Sachen
Kurt Schibli, Schaffhauserstrasse 15, 8302 Kloten (Kläger)
gegen
Comfort AG, Schulhausstrasse 87, 7000 Chur (Beklagte)

stelle ich folgendes Rechtsbegehren:

Es sei festzustellen, dass die Betreibung (Betreibungsnummer 467, Betreibungsamt Kloten) gegen mich zu Unrecht erfolgt ist und dass keine Forderung der Beklagten gegen mich besteht. Alles unter Kosten- und Entschädigungsfolgen zulasten der Beklagten.

Begründung

Ich habe im September von der Comfort AG eine unbestellte Zusendung erhalten. Nach Gesetz bin ich nicht verpflichtet, unbestellte Waren zu bezahlen oder zurückzuschicken. Trotzdem habe ich der Comfort AG telefonisch mitgeteilt, dass ich die Sendung nicht wolle und dass das Paket bei mir abgeholt werden könne. Die Comfort AG hat die Waren nicht abgeholt, mir aber kurze Zeit später eine Rechnung sowie Mahnungen geschickt und mich schliesslich betrieben. Auf die Betreibung habe ich Rechtsvorschlag erhoben. Da ich bei der Comfort AG keine Waren bestellt habe, bestreite ich die Forderung.

171

Klage, wenn Rechtsvorschlag erhoben wurde

Freundliche Grüsse

Beilage
Zahlungsbefehl Nr. 467 Betreibungsamt Kloten

Gesuch um provisorische Rechtsöffnung gegen Paul Arnold, Wildeggstrasse 25, 9658 Wildhaus

Sehr geehrte Damen und Herren

Ich ersuche Sie, mir in der Betreibung Nr. 235 des Betreibungsamts Wildhaus für den Betrag von Fr. 3000.– (zuzüglich Zins von 5 Prozent seit dem 1. Juni 2005) sowie Fr. 70.– für den Zahlungsbefehl die provisorische Rechtsöffnung zu erteilen.

Begründung

Am 30. September 2004 habe ich Paul Arnold ein Darlehen über Fr. 3000.– gewährt. Den schriftlichen Darlehensvertrag habe ich am 30. Mai 2006 gekündigt. Trotz wiederholter Versprechungen hat Paul Arnold das Darlehen bis heue nicht zurückbezahlt. Auf meine Betreibung vom 8. Juli hat er am 17. Juli 2006 ohne Begründung Rechtsvorschlag erhoben.

Freundliche Grüsse

Beilagen
Kopie Darlehensvertrag vom 30.9.2004
Kopie Kündigung vom 30.5.2006
Kopie Zahlungsbefehl vom 8.7.2006

172

Gesuch um provisorische Rechtsöffnung

173

Klage im Forderungsprozess

Forderungsklage

Sehr geehrte Damen und Herren

In Sachen
Beatrice Witschi, Gerechtigkeitsgasse 5, 3011 Bern (Klägerin)
gegen
Kurt Schmid, Zürichstrasse 3, 8600 Dübendort (Beklagter)

stelle ich folgendes Rechtsbegehren:

Es sei der Beklagte zu verpflichten, der Klägerin Fr. 3000.– nebst 5 Prozent Zins seit dem 1. August 2006 zu bezahlen, alles unter Kosten- und Entschädigungsfolgen zulasten des Beklagten.

Begründung

Ich habe Kurt Schmid am 20. März 2006 meinen Opel Corsa geliehen. Beim Parken streifte er eine Säule, wobei hinten rechts der Kotflügel und die Tür eingedrückt und zerkratzt wurden. Ich liess den Schaden bei der Garage Müller in Köniz reparieren. Die Reparaturkosten beliefen sich auf Fr. 3000.–. Kurt Schmid sicherte mir zwar mündlich zu, er werde für den Schaden aufkommen, weigerte sich aber, eine Schuldanerkennung zu unterzeichnen. Die Reparaturkosten ist er mir bis heute schuldig geblieben.

Freundliche Grüsse

Beilage
Rechnung Garage Müller vom 5. April 2006

174

Rückzug der Betreibung

Rückzug Betreibung Nr. 123356

Sehr geehrte Damen und Herren

Wir ziehen die oben genannte Betreibung gegen Regula Trüb, Wiesenrain 5, 8750 Glarus, zurück. Frau Trüb hat die offene Rechnung in der Zwischenzeit bezahlt.

Freundliche Grüsse

10

Behörden und Sozialversicherungen

Viele Menschen scheuen sich davor, der AHV, dem Steueramt oder gar der Polizei zu schreiben. Sie glauben, komplizierte Verfahren einhalten zu müssen, und orientieren sich an einem längst überholten Bürodeutsch. Auch bei Behörden gilt: Schreiben Sie sachlich und knapp. Unterwürfigkeit ist ebenso fehl am Platz wie Floskeln und Schnörkel. Die paar Regeln, die Sie berücksichtigen sollten, finden Sie gleich zu Anfang des Kapitels.

Ein Verfahren in Gang setzen

Überlegen Sie sich als Erstes, was Sie mit Ihrem Schreiben wollen: Geben Sie eine Information weiter, formulieren Sie einen Antrag oder erheben Sie Einsprache?

Haben Sie lediglich etwas mitzuteilen oder geben Sie eine Erklärung ab, ist das ein Brief (oder ein E-Mail) wie jeder andere auch. Sie formulieren in kurzen, klaren Sätzen, was Sie zu sagen haben. Wollen Sie sich dagegen beschweren oder ein Rechtsmittel einlegen, müssen Sie sich an einige Verfahrensregeln halten.

Geben Sie in Ihrem Schreiben immer an, wie und wann Sie zu erreichen sind. Und achten Sie darauf, dass Sie keine Fristen verpassen. Sonst ist die ganze Mühe umsonst.

Behörden sind keine Gerichte. Sie sprechen keine Urteile, sondern wenden das Gesetz in verschiedenen Bereichen an. Die Steuerbehörde verfügt, wie hohe Steuern jede und jeder Einzelne zahlen muss, das Amt für Administrativmassnahmen im Strassenverkehr erteilt Fahrausweise oder entzieht sie und das Bauamt erteilt Baubewilligungen. Wenn Sie sich gegen eine behördlichen Entscheid wehren, setzen Sie ein Verwaltungsverfahren in Gang.

- Wann immer eine Behörde über etwas entscheidet, tut sie das in Form einer **Verfügung**. Die Verfügung ist ein einseitiger, für den Empfänger verbindlicher Entscheid.
- Wer mit dem Inhalt nicht einverstanden ist, kann die Verfügung mit einer **Einsprache** anfechten. In der auf der Verfügung enthaltenen Rechtsmittelbelehrung steht, wo und innert welcher Frist Sie eine solche Einsprache einreichen müssen. In der Regel haben Sie dafür zehn bis dreissig Tage Zeit. Unternehmen Sie in dieser Frist nichts, wird die Verfügung rechtskräftig.
- Mit der Einsprache verlangen Sie, dass die verfügende Behörde ihren Entscheid überprüft. Sind Sie auch mit dem neuen Entscheid nicht zu-

frieden, müssen Sie sich mit der **Verwaltungsgerichtsbeschwerde** an das kantonale Verwaltungsgericht wenden.

- Gegen den Entscheid des Verwaltungsgerichts haben Sie schliesslich noch die Möglichkeit einer **Beschwerde ans Bundesgericht**.

Das Einspracheverfahren ist zurzeit noch kostenlos; der Weiterzug an die nächste Instanz jedoch meist nicht. Bevor Sie mit Ihrer Beschwerde ans Verwaltungsgericht oder gar ans Bundesgericht gelangen, sollten Sie unbedingt die Chancen, Risiken und Kosten abklären und sich rechtlich beraten lassen.

Das Verfahren bei den Sozialversicherungen

Meist wendet man sich an die AHV, die Krankenkasse oder die Arbeitslosenversicherung, weil man etwas beantragen will oder weil man mit einem Entscheid nicht einverstanden ist. Die Sozialversicherungen unterstehen rechtlich gesehen wie die Behörden dem Verwaltungsverfahren. Wenn Sie sich gegen den Entscheid einer Sozialversicherung wehren wollen, verlangen Sie deshalb als Erstes eine Verfügung. Gegen diese Verfügung können Sie innert 30 Tagen bei der Versicherung Einsprache erheben. Sind Sie mit dem Einspracheentscheid nicht einverstanden, können Sie Ihr Begehren innert 30 Tagen mit Verwaltungsgerichtsbeschwerde ans kantonale Versicherungsgericht (in einzelnen Kantonen ans Verwaltungsgericht) weiterziehen und schliesslich mit einer Beschwerde ans eidgenössische Versicherungsgericht gelangen.

Liebes Steueramt …

Wieder mal das Ausfüllen der Steuererklärung auf die letzte Minute verschoben und jetzt ist etwas dazwischen gekommen? Das Gesuch um Erstreckung zur Einreichung der Steuererklärung hat nur Aussicht auf Erfolg, wenn es vor Ablauf der Frist beim Steueramt eintrifft.

> Muster 175

Ganz ähnlich verhält es sich mit unbezahlten Steuerrechnungen. Vermeiden Sie unbedingt die zusätzlichen Kosten und den Ärger wegen einer Betreibung. Wer seine Steuern nicht pünktlich zahlen kann, sollte ein begründetes Stundungsgesuch einreichen. Und zwar bevor die erste Mahnung ins Haus flattert. Machen Sie dem Steueramt einen sinnvollen, annehmbaren Zahlungsvorschlag.

> Muster 176

Fristerstreckung zur Einreichung der Steuererklärung

Sehr geehrte Damen und Herren

Ich bitte Sie, mir die Frist zur Einreichung der Steuererklärung bis Ende November zu erstrecken.

Im letzten Monat habe ich eine neue Stelle angetreten und bin während der Probezeit einer grossen Belastung ausgesetzt.

Für die Bewilligung meines Gesuchs danke ich Ihnen.

Freundliche Grüsse

175

Gesuch um Fristerstreckung

Stundungsgesuch

Sehr geehrte Damen und Herrn

Bitte gestatten Sie mir, die ausstehende Steuerrechnung über Fr. 8000.– in monatlichen Raten von Fr. 1000.– bezahlen zu dürfen. Die erste Rate würde ich Ihnen Ende dieses Monats überweisen.

Im Frühjahr habe ich meine Stelle verloren und bin deswegen in einen finanziellen Engpass geraten. Da ich ab August wieder eine feste Anstellung habe, wird sich meine finanzielle Situation bald bessern.

Für Ihr Entgegenkommen danke ich Ihnen.

Freundliche Grüsse

176

Gesuch um Stundung der Steuern

Kontakt mit der Vormundschaftsbehörde

Die Vormundschaftsbehörde wird nicht nur eingeschaltet, wenn Erwachsene wegen einer psychischen Störung, einer Krankheit oder im Alter des Schutzes bedürfen. Sie ist auch zuständig für viele Fragen rund um Kinder und Jugendliche: Besuchsrechtsprobleme zwischen geschiedenen Eltern, Unterhalt für Kinder unverheirateter Eltern, Kindesschutzmassnahmen und vieles mehr. Um diesen Teil der vormundschaftlichen Aufgaben geht es auf den folgenden Seiten.

Wenn die Eltern nicht verheiratet sind

Heute ist das erste Kind nicht unbedingt ein Anlass zur Eheschliessung; immer mehr Eltern leben unverheiratet zusammen. Doch dann schaltet sich kurz nach der Geburt die Vormundschaftsbehörde ein. Sie verlangt, dass Vater und Mutter einen Unterhaltsvertrag abschliessen. So soll sichergestellt werden, dass der Unterhalt für das Kind geregelt ist, auch wenn die Eltern sich trennen.

Wie Sie den Unterhalt für Ihr Kind regeln, ist an sich Ihre Sache. Eine private Abmachung zwischen den Eltern ist jedoch nicht verbindlich; Ihr Unterhaltsvertrag muss von der Vormundschaftsbehörde am Wohnsitz des Kindes genehmigt werden.

Sind die Eltern nicht verheiratet, liegt die elterliche Sorge für das Kind bei der Mutter. Die Eltern können aber auch das gemeinsame Sorgerecht beantragen. Dazu ist eine schriftliche Vereinbarung nötig, die von der Vormundschaftsbehörde genehmigt werden muss. Unterhaltsvertrag und gemeinsame elterliche Sorge können Sie im gleichen Dokument festhalten.

> Muster 177

Für die Kinder vorsorgen

Die Verhältnisse in so genannten Patchworkfamilien sind manchmal rechtlich nicht ganz einfach: Der Mann hat eine Tochter aus erster Ehe, die Frau einen Sohn, mit dessen Vater sie nie verheiratet war, und zusammen haben die beiden auch noch ein Kind. Was passiert nun, wenn die Eltern nicht verheiratet sind und beispielsweise die Mutter stirbt? Wer erhält das Sorgerecht für den Sohn? Die Vormundschaftsbehörde entscheidet und richtet sich dabei nach dem Wohl des Kindes.

Sie können aber mitbestimmen, wer sich im Fall Ihres Todes um Ihre unmündigen Kinder kümmern soll. Verfassen Sie dazu einen Brief an die Vormundschaftsbehörde und bewahren Sie eine Briefkopie so auf, dass sie bei Bedarf rasch gefunden wird. Ihr Wunsch ist ein Wunsch – er hat keine bindende Wirkung für die Behörde. Doch diese muss Ihr Anliegen prüfen und Ihre Gründe bei der Beurteilung berücksichtigen.

> **Muster 178**

Elterliche Sorge und Unterhalt für Larissa Schneider

Kind: Schneider, Larissa, geb. 20. September 2006,
Sarganserstrasse 20, 8880 Walenstadt
Mutter: Schneider, Barbara, Sarganserstrasse 20, 8880 Walenstadt
Vater: Ritter, Hermann, Sarganserstrasse 20, 8880 Walenstadt

Lebenssituation

Hermann Ritter und Barbara Schneider leben mit dem gemeinsamen Kind Larissa in Hausgemeinschaft. Frau Schneider arbeitet Teilzeit als Verkaufssachbearbeiterin und verdient monatlich Fr. 2500.– netto. Herr Ritter arbeitet als Elektromonteur und verdient monatlich Fr. 5600.– netto. Beide Eltern haben kein Vermögen im Sinn von Art. 143 Abs. 1 ZGB.

Die Eltern wollen die Verantwortung für ihr Kind gemeinsam wahrnehmen und beantragen der Vormundschaftsbehörde, ihnen die gemeinsame elterliche Sorge gemäss Art. 298a Abs. 1 ZGB zu übertragen. Über die Anteile an der Betreuung ihres Kindes und über die Verteilung der Unterhaltskosten haben sich die Eltern wie folgt geeinigt:

1. Betreuung für die Dauer der Hausgemeinschaft

Larissa lebt im gemeinsamen Haushalt der nicht verheirateten Eltern und wird mehrheitlich von der Mutter betreut. Der Vater beteiligt sich im Rahmen seiner Möglichkeiten an der Betreuung des Kindes. Die Ferien verbringen die Eltern gemeinsam mit ihrem Kind. Die Erziehungsverantwortung nehmen Mutter und Vater gemeinsam wahr; sie verständigen sich über die notwendigen Entscheidungen im Alltag. Insbesondere alle Entscheidungen von grösserer Tragweite, welche allfällige medizinische und psychologische Betreuung, Einschulung sowie die weitere schulische und berufliche Entwicklung betreffen, werden von den Eltern gemeinsam getroffen.

2. Betreuung bei Auflösung der Hausgemeinschaft

Die gemeinsame elterliche Sorge soll auch nach der Auflösung des gemeinsamen Haushalts bestehen bleiben, sofern
- dies dem Wohl des Kindes entspricht,
- die gemeinsame Betreuung realistisch und machbar ist
- und beide Elternteile das Kind betreuen und an seinem Alltag teilnehmen.

Die elterliche Obhut soll bei einer Auflösung der Hausgemeinschaft Barbara Schneider zustehen.

177
Vereinbarung über Unterhalt und elterliche Sorge

Hermann Ritter und Barbara Schneider sind sich bewusst, dass die gemeinsame elterliche Sorge hohe Anforderungen an beide Elternteile stellt und die Gestaltung der Wohnmöglichkeiten und der Lebensführung einschränkt. Die genaue Aufteilung der Betreuung regeln sie zum Zeitpunkt der Auflösung der Hausgemeinschaft. Sie berücksichtigen dabei die tatsächlichen Lebensverhältnisse und die Bedürfnisse ihres Kindes.

Das Besuchsrecht regeln die Eltern in eigener Verantwortung. Sie nehmen dabei Rücksicht auf die Bedürfnisse und die Meinung von Larissa. Im Konfliktfall gilt folgende Minimalregel: Der Elternteil, der nicht mit Larissa zusammenlebt, ist berechtigt, das Kind jeweils jedes zweite Wochenende zu sich zu Besuch zu nehmen. Diesem Elternteil steht auch zu, auf eigene Kosten zwei Wochen Ferien pro Jahr mit dem Kind zu verbringen.

Die Eltern verpflichten sich, bei Konflikten über das Besuchsrecht oder bei Fragen zur Erziehung, die sie nicht selber lösen können, eine geeignete Fachstelle aufzusuchen.

3. Unterhalt für die Dauer der Hausgemeinschaft

Barbara Schneider und Hermann Ritter kommen gemeinsam für den Unterhalt von Larissa auf. Sie verständigen sich über den finanziellen Beitrag, den sie leisten, unter Berücksichtigung der getroffenen Aufteilung der Betreuung.

4. Unterhalt bei Auflösung der Hausgemeinschaft

4.1. Hermann Ritter verpflichtet sich, für sein Kind Larissa, das er am 15. September 2006 beim Zivilstandsamt Walenstadt anerkannt hat, einen monatlichen Unterhaltsbeitrag von Fr. 1050.– ab Auflösung der Hausgemeinschaft zu bezahlen. Dieser Unterhaltsbeitrag ist bis zum ordentlichen Abschluss einer angemessenen Erstausbildung, mindestens aber bis zum Erreichen der Mündigkeit geschuldet. Der Unterhaltsbeitrag ist bis zur Mündigkeit von Larissa monatlich im Voraus an die Mutter zu entrichten, nach Erreichen der Mündigkeit direkt an Larissa oder an einen ermächtigten Vertreter.

Der Anteil der Betreuung des nicht obhutsberechtigten Vaters ist im Unterhaltsbeitrag von Fr. 1050.– nicht enthalten und basiert auf der Minimalregel (siehe Punkt 2). Bei der Auflösung des gemeinsamen Haushalts muss der darüber hinausgehende Betreuungsaufwand von Hermann Ritter noch berücksichtigt werden. Zudem muss er für den normalen Unterhalt (Unterkunft, Verpflegung, Pflege und Erziehung) aufkommen, während sich das Kind bei ihm aufhält.

4.2. Bei ausserordentlichen Aufwendungen (Ausbildung, Zahnkorrekturen, Sport) verständigen sich die Eltern über die Beteiligung an den Kosten, die den ordentlichen Unterhalt übersteigen, und verteilen diese proportional zu ihrem Einkommen.

Vorbehalten bleibt die vertragliche oder gerichtliche Verpflichtung zur Leistung eines besonderen Beitrags bei nicht vorhergesehenen ausserordentlichen Bedürfnissen des Kindes im Sinn von Art. 286 Abs. 2 ZGB.

4.3. Hermann Ritter verpflichtet sich zur Geltendmachung und zusätzlichen Bezahlung gesetzlicher oder vertraglicher Kinder- und/oder Familienzulagen, sofern diese nicht durch Barbara Schneider bezogen werden.

4.4. Der Unterhaltsbeitrag beruht auf dem Landesindex der Konsumentenpreise (Stand Oktober 2006). Er wird auf den 1. Januar gemäss dem Novemberindex angepasst, erstmals im Januar des Jahres nach Auflösung des gemeinsamen Haushalts. Der neue Beitrag wird wie folgt berechnet:

$$\frac{\text{Beitrag gemäss Ziffer 4.1. x neuer Indexstand}}{\text{ursprünglicher Indexstand}}$$

Dieser Vertrag wird erst mit der Genehmigung durch die Vormundschaftsbehörde verbindlich (Art. 287 Abs. 1 ZGB).

Mit dieser Unterhaltsvereinbarung erklären sich einverstanden:

1. Der Vater
Walenstadt, 25. Oktober 2006 Hermann Ritter

2. Die Mutter
Walenstadt, 25. Oktober 2006 Barbara Schneider

Genehmigung: Diese Vereinbarung wurde durch die Vormundschaftsbehörde mit Beschluss vom 10. November 2006 genehmigt:

Walenstadt, 10. November 2006

Vormundschaftsbehörde Walenstadt
Katja Christen

Sorge- und Obhutsrecht

Sehr geehrte Damen und Herren

Ich bitte Sie, im Fall meines Todes das Sorge- und Obhutsrecht über meine Tochter Janina meinem Lebenspartner Jean Hutter, Zähringerstrasse 12, 8001 Zürich, zu übertragen.

Herr Hutter und ich leben seit fünf Jahren mit Janina und unserem gemeinsamen Sohn Benjamin als Familie zusammen. Sollte mir etwas zustossen, wünsche ich, dass meine Tochter Janina und ihr Bruder Benjamin weiterhin gemeinsam aufwachsen können und auf keinen Fall getrennt werden.

Freundliche Grüsse

178

Betreuung des Kindes im Todesfall regeln

Einsprachen gegen Bauprojekte

Einsprachen gegen ein Bauprojekt sind ein häufiger Grund, sich an die Behörden zu wenden: Die meisten Bauvorhaben müssen öffentlich ausgeschrieben und ausgesteckt werden. Zugleich werden auch die entsprechenden Pläne während einer bestimmten Frist öffentlich aufgelegt. Das ermöglicht es den betroffenen Nachbarn, sich ein Bild zu machen und wenn nötig zu intervenieren.

Bevor Sie gegen ein Bauvorhaben in Ihrer Nachbarschaft Einsprache erheben oder gar Rekurs einreichen, schauen Sie das Projekt genau an. Prüfen Sie vor allem, ob es den Bauvorschriften entspricht. Denn wenn das der Fall ist, hat der Bauherr einen Anspruch auf eine Bewilligung. Dann können Sie sich die Einsprache in der Regel gleich sparen.

Das Einspracheverfahren ist je nach Kanton und Gemeinde unterschiedlich geregelt. In verschiedenen Gemeinden kann man gegen ein geplantes Bauwerk zunächst Einsprache erheben. Darauf wird die Behörde in einem ersten Schritt versuchen, die strittigen Punkte zwischen dem Bauherrn und den betroffenen Nachbarn zu regeln. Dieser Teil des Verfahrens ist kostenlos. Können Sie sich mit dem Bauherrn nicht einigen, haben Sie die Möglichkeit eines Rekurses. Dafür aber fallen Kosten an.

> Muster 179 und 180

Achtung: Gewisse Kantone und Gemeinden kennen kein Einspracheverfahren. Hier müssen betroffene Nachbarn direkt Rekurs einreichen. Fragen Sie frühzeitig nach, wie das Verfahren in Ihrer Gemeinde abläuft, welche Voraussetzungen und Fristen bestehen und wie hoch die Kosten werden können. Lassen Sie sich nach einer erfolglosen Einsprache von einem Baurechtsanwalt genau beraten, bevor Sie den Rechtsweg beschreiten.

Die Einsprache wird innerhalb der Einsprachefrist eingeschrieben an die zuständige Gemeindeverwaltung geschickt. Sie können Ihre Einsprache auch gemeinsam mit anderen betroffenen Anwohnern oder mit einem Vorstoss im Gemeinderat einreichen.

Einsprache

Sehr geehrte Damen und Herren

Ich erhebe Einsprache gegen den Neubau der Mobilfunkantenne der Firma Telepro AG auf Parzelle Nr. 123/4 und stelle folgende Anträge:

1. Es sei die Baubewilligung für die geplante Mobilfunkantenne zu verweigern.
2. Es seien keine weiteren Mobilfunkantennen zu bewilligen, bis alle Mobilfunkantennen der verschiedenen Anbieter anhand einer Gemeindeplanung koordiniert sind.

Begründung

1. Die geplante Mobilfunkantenne würde unmittelbar neben unserer Liegenschaft erstellt. Damit stehen wir direkt im Strahlungsbereich der Sendeanlage. Immer mehr Fachleute sind inzwischen der Ansicht, dass die elektromagnetischen Felder von Mobilfunksendeanlagen beachtliche gesundheitliche Schäden hervorrufen können.
2. Ungefähr 200 Meter von unserer Liegenschaft entfernt ist bereits eine Mobilfunkantenne der Swisscom in Betrieb. Wir sehen nicht ein, warum diese nicht auch von den anderen Netzbetreibern benutzt werden kann.

Für die Prüfung meines Anliegens danke ich Ihnen und bin gerne bereit, es mit Ihnen zu besprechen.

Freundliche Grüsse

179

Einsprache gegen Mobilfunkantenne

180

Einsprache gegen Ponystall in Nachbarschaft

Einsprache

Sehr geehrte Damen und Herren

Wie ich dem Amtsblatt entnehme, soll auf dem Grundstück der Familie Saller (Katasternr. D3456) ein Ponystall für fünf Ponys erstellt werden. Gegen dieses Bauprojekt erhebe ich Einsprache und beantrage, dass die Baubewilligung für den Ponystall zu verweigern sei.

Begründung

Das Grundstück der Familie Saller grenzt an unseren Garten. Der Ponystall würde nahe der Grenze und direkt gegenüber unserem Sitzplatz zu stehen kommen.

Ein Stall für fünf Ponys bringt erhebliche Immissionen mit sich. Wir befürchten sowohl Geruchs- wie auch Lärmbelästigungen. Ein ungestörter Aufenthalt auf unserem Sitzplatz wäre kaum noch möglich.

Offenbar sollen einzelne Boxen des Ponystalls vermietet werden. Zudem plant die Familie Saller, Reitunterricht zu erteilen. Sowohl die Besitzer der Ponys wie die Reitschüler werden mit dem Auto zu- und wegfahren. Wir müssten also einiges an zusätzlichem Verkehrslärm hinnehmen, was in einem ruhigen Wohnquartier am Rand des Dorfes nicht zumutbar ist.

Für die Prüfung meiner Einsprache danke ich Ihnen. Gerne bin ich bereit, meine Argumente noch genauer auszuführen.

Freundliche Grüsse

Bussen, Anzeigen und andere Themen für die Polizei

Mit der Polizei hat man etwa zu tun, wenn man einen Diebstahl melden will oder für einen Anlass eine Strassensperre benötigt. Und natürlich im Verkehr: wegen Bussen, Unfällen oder Parkkarten. Vieles lässt sich direkt auf dem Polizeiposten erledigen und oft stehen vorgedruckte Formulare zur Verfügung, die nur noch ausgefüllt werden müssen. Manchmal aber muss man weitere Informationen nachreichen, will eine Anzeige erstatten oder Einsprache einlegen. Dann sind klare, informative Sätze gefragt.

> **Muster 181 und 182**

Einsprache gegen eine Busse

Wer sich gegen eine Parkbusse wehrt, kann unter Umständen ohne Strafe davonkommen. Doch wenn Sie die Beamten beeindrucken wollen, müssen Sie sich etwas einfallen lassen: Mit den klassischen Ausreden («Die Parkuhr war defekt.» – «Ich musste nur schnell zum Kiosk.» – «Ich hatte kein Kleingeld.») können Sie sich nicht vor dem Bezahlen drücken. Ein paar Situationen, in denen Ihre Chancen etwas besser stehen:

- Haben Sie ein von Schnee oder Eis verdecktes Parkfeld nicht genau getroffen, kommen Sie allenfalls ohne Busse davon. Ihr Fahrmanöver muss jedoch für die Beamten nachvollziehbar sein. Mussten Sie wegen einer Verbotstafel davon ausgehen, dass Sie illegal parken, bleibt es bei der Busse.
- Nichtwissen schützt vor Strafe nicht. Als Fahrzeuglenker sind Sie für die Beachtung der Signale verantwortlich. Nur wenn eine Parkverbotstafel – etwa wegen Sträuchern – so schlecht erkennbar ist, dass jeder durchschnittliche Fahrer sie übersehen würde, haben Sie mit dem Einwand eine Chance. Wichtig: Halten Sie in einem solchen Fall die Situation fotografisch fest, damit Sie Ihre Behauptung auch beweisen können.

- Auch ein «Notfall» ist nicht immer ein triftiger Grund, um das Falschparkieren zu rechtfertigen. Denn Parkverbote dienen in erster Linie der Verkehrssicherheit. Mit anderen Worten: Ihre Notlage muss derart gravierend sein, dass es Ihnen nicht zuzumuten war, das Auto an einem anderen Ort abzustellen. Andernfalls sticht dieses Argument nicht.
- Mit dem Einwand: «Das mobile Parkverbotsschild stand erst nachher dort», sind Sie erfolgreich, wenn er wahr ist. Aber Achtung: Die Beamten notieren alle Fahrzeuge, bevor sie mobile Parkverbote platzieren. Stellen Sie Ihren Wagen erst nachher hin, sind Sie entlarvt.

Wenden Sie sich mit Ihren berechtigten Einwänden sofort an die (Polizei-)Stelle, die den Bussenzettel ausgestellt hat. Verhalten Sie sich gegenüber den Beamtinnen und Beamten stets höflich. Und wenn es bei der Busse bleibt: Verkneifen Sie es sich, den Betrag in Raten zu begleichen – denn dann wird ein ordentliches Verfahren eröffnet, was mit zusätzlichen Kosten verbunden ist.

> Muster 183

Seien Sie sich bewusst, dass eine Einsprache weitere Verfahrenskosten auslöst. Diese müssen Sie zusätzlich bezahlen, falls Sie unterliegen. Bevor Sie also Ihre Einsprache in die Tasten hämmern, überlegen Sie sich, ob Sie bereit sind, mehrere hundert Franken zu riskieren. Je tiefer der Bussenbetrag, desto weniger lohnt es sich, die Sache weiterzuziehen.

Von: Renato Wüest
An: Gefr. Beat Stolz
Datum: Mittwoch, 5. Juli 2006, 18.32 Uhr
Betreff: Strassenfest am Murerweg

Grüezi Herr Stolz

Nach Ihrem gestrigen Anruf habe ich mit meinen Kolleginnen vom OK gesprochen und kann Ihnen jetzt die fehlenden Angaben noch schicken:

Anzahl Gäste

Am Murerweg wohnen ca. 250 Leute, die alle eingeladen sind. Wir rechnen mit mindestens 70 Gästen, es können aber gut auch 140 werden.

Musik

Die ad hoc zusammengestellte «Murerweg-Combo» wird dreimal je eine gute halbe Stunde spielen: zum Beginn ab 17.30 Uhr, dann um ca. 19.30 Uhr und nochmals ab 22.00 Uhr. Dazwischen läuft Musik von mitgebrachten CDs.

Strassensperre

Die Strassensperre brauchen wir ab 15.00 Uhr.

Ich hoffe, Sie haben nun alle nötigen Angaben und werden unser Murerweg-Fest bewilligen.

Freundliche Grüsse

181

Informationen zu einem Strassenfest nachliefern

182

Anzeige von verdächtigen Vorfällen bei einem Schulhaus

Anzeige gegen Unbekannt

Sehr geehrter Herr Frei

Unsere achtjährige Tochter ist in den letzten Wochen mehrmals mit WM-Sammelbildchen nach Hause gekommen. Auf unsere Fragen erzählte sie, ein Mann habe sie auf dem Heimweg angesprochen, ihr die Bildchen geschenkt und «so komische Sachen» gesagt. Der Mann forderte unsere Tochter auf, mit ihm zu gehen. Er wartet offenbar immer auf dem kleinen Strässchen neben dem Schulhausplatz. Gemäss der Beschreibung unserer Tochter ist der Mann «ziemlich alt», grauhaarig und eher klein.

Wir haben bei anderen Eltern nachgefragt und erfahren, dass mehrere Mädchen und Buben Ähnliches erlebt haben. Mal sind es Bildchen, mal Süssigkeiten, mit denen die Kinder angelockt werden. Die betroffenen Eltern werden Ihnen ihre Beobachtungen ebenfalls schriftlich mitteilen.

Wir haben Angst um unsere Kinder. Bitte gehen Sie der Sache sofort nach und halten Sie uns auf dem Laufenden, was die Ermittlungen ergeben.

Danke und freundliche Grüsse

183

Sich gegen eine Busse wehren

Einsprache gegen Ordnungsbusse Nr. 1234 vom 13. September 2006

Sehr geehrte Damen und Herren

Am 13. September wurde ich gebüsst, weil ich mein Auto an der Gloriastrasse im Bereich eines mobilen Parkverbots abgestellt haben soll.

Als ich meinen Wagen dort um ca. 15 Uhr parkierte, war das Parkverbot jedoch noch gar nicht ausgeschildert. Aus diesem Grund habe ich keine Verkehrsregeln missachtet.

Bitte prüfen Sie meinen Einwand und nehmen Sie die Busse zurück.

Freundliche Grüsse

Briefe an die Krankenkasse

Alle Jahre wieder: Die Krankenkassenprämien steigen und die Versicherten suchen das günstigste Angebot für die Grundversicherung. Wenn Sie Ihre Kasse wechseln möchten, beachten Sie die Fristen: Die Kündigung für die Grundversicherung muss spätestens am 30. November bei der Kasse eintreffen. Der Wechsel findet dann per 1. Januar statt. Diese Kündigungsfrist gilt für alle Versicherten und für sämtliche Franchisestufen – und zwar auch dann, wenn die Prämie nicht steigt. Sind Sie in der obligatorischen Grundversicherung mit der ordentlichen Franchise von 300 Franken, können Sie die Kasse unter Einhaltung einer dreimonatigen Kündigungsfrist auch Mitte Jahr wechseln, also auf Ende Juni.

Möchten Sie die Zusatzversicherungen wechseln, gelten andere Kündigungsfristen. Schauen Sie in Ihren Versicherungsbedingungen nach.

Es zählt nicht der Poststempel, sondern der Eingang bei der Krankenkasse. Beachten Sie Sonn- und Feiertage und schicken Sie die Kündigung rechtzeitig ab. Schicken Sie Ihre Kündigung aus Beweisgründen eingeschrieben. Eine Begründung ist nicht nötig. Es reicht der Satz: «Ich kündige meine Grundversicherung per 31. Dezember.»

Die neue Kasse muss Sie in der Grundversicherung ohne Vorbehalt aufnehmen. Anders ist dies bei den Zusatzversicherungen. Hier herrscht Vertragsfreiheit, sodass ein Versicherer Ihren Antrag ablehnen, höhere Prämien verlangen oder bestimmte Risiken von der Deckung ausschliessen kann. Bevor Sie also auch die Zusatzversicherungen kündigen, sollten Sie sich vergewissern, dass Sie bei der neuen Krankenkasse die gewünschte Deckung erhalten. Wenn nicht, haben Sie die Möglichkeit, nur die Grundversicherung zu wechseln und mit den Zusatzversicherungen bei der alten Kasse zu bleiben. Klären Sie ab, ob Ihnen dadurch zusätzliche Kosten entstehen.

> Muster 184 und 185

Ist es überhaupt sinnvoll, Zusatz- und Grundversicherung bei verschiedenen Kassen zu haben? Wie lässt sich die Prämienbelastung reduzieren? Was zahlt die Grundversicherung? Diese und viele andere Fragen finden Sie beantwortet im Beobachter-Ratgeber «Krankenkasse – Was Gesunde und Kranke wissen müssen» (www.beobachter.ch/buchshop).

Prämienverbilligung

Wer in bescheidenen wirtschaftlichen Verhältnissen lebt, hat Anspruch auf Prämienverbilligung. Einige Kantone prüfen die Steuerdaten und benachrichtigen anspruchsberechtigte Personen direkt. In anderen Kantonen müssen sich die Versicherten selber um Prämienverbilligung bemühen. Erkundigen Sie sich auf der Gemeindeverwaltung, bei welcher kantonalen Stelle Sie Ihre Anfrage oder Ihr Gesuch einreichen müssen.

> Muster 186

Streiten um Leistungen

Die Leistungen der Krankenversicherung sind im Gesetz – genauer in der Leistungsverordnung – umschrieben. Im Rahmen seiner Aufklärungspflicht muss Sie Ihr Arzt vor einer Behandlung oder einem Eingriff auch darüber informieren, ob und in welchem Umfang Ihre Kasse für die Kosten aufkommt.

Was aber, wenn die Krankenkasse die Bezahlung einer Arzt- oder Spitalrechnung dann doch ablehnt? Dann sollten Sie unbedingt eine detaillierte, schriftliche Begründung verlangen.

Die Kasse hat darauf die Pflicht, innert 30 Tagen eine Verfügung zu erlassen. Diese können Sie innerhalb von 30 Tagen nach Erhalt mit einer Einsprache bei der Krankenkasse anfechten.

> Muster 187 bis 189

Achtung: Das Einspracheverfahren ist kostenlos – nicht aber der Weiterzug Ihres Begehrens ans eidgenössische Versicherungsgericht. Bevor Sie deshalb gegen einen negativen Einspracheentscheid der Kasse Beschwerde erheben, sollten Sie sich ans Beobachter-Beratungszentrum oder eine andere Beratungsstelle wenden und Ihre Aussichten abklären.

Statt den Rechtsweg einzuschlagen, können Sie sich auch an die Ombudsstelle der sozialen Krankenversicherung wenden (www.ombudsman-kv.ch). Diese vermittelt bei Problemen zwischen den Krankenkassen und den Versicherten.

Sehr geehrte Damen und Herren

184

Kündigung der Grundversicherung

Ich kündige meine obligatorische Grundversicherung auf den 31. Dezember.

Bitte schicken Sie mir eine Bestätigung meiner Kündigung.

Danke und freundliche Grüsse

185

Grundversicherung kündigen, Zusatzversicherung beibehalten

Kündigung der Grundversicherung

Guten Tag

Ich kündige meine Grundversicherung auf den 31. Dezember.

Die Spitalzusatzversicherung Vita-Plus bleibt weiterhin bei Ihrer Krankenkasse bestehen.

Bitte senden Sie mir eine Bestätigung meiner Kündigung. Vielen Dank!

Freundliche Grüsse

186

Anfrage wegen Prämienverbilligung

Prämienverbilligung für Krankenkasse

Sehr geehrte Damen und Herren

Für meine Grundversicherung bezahle ich Fr. 330.– im Monat; dies bei einem jährlichen Nettoeinkommen von Fr. 56 000.–.

Bitte teilen Sie mir mit, ob ich Anspruch auf Prämienverbilligung habe und wo ich diesen Anspruch geltend machen kann.

Für Ihre baldige Antwort danke ich Ihnen.

Freundliche Grüsse

Übernahme der Spitalkosten

Sehr geehrte Damen und Herren

In Ihrem Schreiben vom 31. August 2006 teilen Sie mir mit, dass Sie die Kosten für meine Nasenoperation vom 5. Juni 2006 sowie für den Klinikaufenthalt vom 5. und 6. Juni in der Höhe von Fr. 2709.– nicht übernehmen.

Ich bitte Sie, mir Ihren Entscheid innert 30 Tagen mittels Verfügung samt Rechtsmittelbelehrung schriftlich zu begründen.

Freundliche Grüsse

187

Begründung verlangen, wenn Kosten nicht übernommen werden

Einsprache

Sehr geehrte Damen und Herren

Ich erhebe Einsprache gegen Ihre Verfügung vom 21. September 2006.

Die Begründung, mit der Sie die Kostenübernahme meiner Nasenoperation ablehnen, ist nicht stichhaltig: Entgegen Ihrer Behauptung habe ich mir die Nase nicht aus kosmetischen, sondern aus medizinischen Gründen operieren lassen. Wie Ihnen meine Ärztin in ihrem Gutachten vom 18. Mai 2006 bestätigte, litt ich seit einigen Jahren an Atemproblemen.

Ich halte an meinem Begehren fest und bitte Sie um einen raschen Entscheid über meine Einsprache.

Freundliche Grüsse

188

Einsprache gegen Verfügung der Krankenkasse

Beschwerde

Sehr geehrte Damen und Herren

In Sachen
Karin Hauser, Gartenstrasse 11, 6330 Cham (Beschwerdeführerin)
gegen
Krankenkasse Sonnengarten, Spitalstrasse 1, 6330 Cham (Beschwerdegegnerin)

stelle ich folgendes Rechtsbegehren:

Es seien der Einspracheentscheid vom 30. November 2006 und die Verfügung vom 21. September 2006 aufzuheben und die Krankenkasse Sonnengarten sei zu verpflichten, die Kosten der Nasenoperation vom 5. Juni 2006 samt Klinikaufenthalt vom 5. und 6. Juni 2006 in der Höhe von Fr. 2709.– zu übernehmen.

Begründung

Jahrelang hatte ich Mühe mit der Atmung. Ich litt an Kopfschmerzen und war sehr häufig erkältet. Die Hals-Nasen-Spezialistin Dr. Selma Hegner riet mir Anfang Jahr zu einer Operation. Diese Operation fand am 5. Juni im Regionalspital Cham statt. Mit dem Eingriff wurde die Nasenscheidewand begradigt. Seit dem Eingriff kann ich wieder beschwerdefrei atmen und fühle mich wieder leistungsfähig. Die Kopfschmerzen sind verschwunden und ich war seither nicht mehr erkältet. Entgegen der Behauptung der Beschwerdegegnerin haben mich nicht kosmetische Gründe zu diesem Eingriff veranlasst, sondern rein medizinische.

Freundliche Grüsse

Beilagen
Verfügung vom 21. September 2006
Einspracheentscheid vom 30. November 2006
Gutachten Dr. Hegner vom 18. Mai 2006
Operationsbericht Dr. Hegner vom 5. Juni 2006

189
Beschwerde gegen Einspracheentscheid der Krankenkasse

Fragen an die AHV

Immer wieder kommt es vor, dass Arbeitgeber die AHV-Beiträge der Angestellten nicht an die Ausgleichskasse weiterleiten. Bewahren Sie deshalb alle Ihre Lohnabrechnungen auf. Wenn Sie belegen können, dass der Arbeitgeber Ihnen die Beiträge vom Lohn abgezogen hat, werden diese Ihrem AHV-Konto nachträglich gutgeschrieben und Sie haben keine Rentenkürzung zu fürchten. Verlangen Sie alle fünf Jahre von Ihrer Ausgleichskasse einen Auszug und prüfen Sie, ob der Arbeitgeber die Beiträge überwiesen hat. Ist alles in Ordnung, können Sie die alten Lohnabrechnungen entsorgen.

Wenn Sie feststellen, dass auf Ihrer Abrechnung Beiträge fehlen, wenden Sie sich an die Ausgleichskasse und lassen sich beraten.

> Muster 190 und 191

Wer seine Rente beziehen will – egal, ob im ordentlichen Pensionierungszeitpunkt oder früher –, muss erst zum Griffel greifen. Von selbst kommt nämlich nichts. Reichen Sie Ihre Anmeldung etwa drei bis vier Monate vor Erreichen des Rentenalters bei Ihrer Ausgleichskasse ein. Es kann einige Zeit dauern, bis die nötigen Unterlagen beisammen sind und die Ausgleichskasse die Rente berechnet hat. Lässt der Bescheid auf sich warten, können Sie verlangen, dass provisorische Zahlungen geleistet werden.

Für die Anmeldung zum Rentenbezug müssen Sie ein Formular ausfüllen. Dieses erhalten Sie gratis bei Ihrer Ausgleichskasse oder können es von der Internetseite der AHV herunterladen (www.ahv.ch). Dort finden Sie auch weitere Formulare zum Bezug von Leistungen sowie Merkblätter.

190

Kontoauszug verlangen

Kontoauszug AHV Nr. 550.68.482.224

Sehr geehrte Damen und Herren

Bitte senden Sie mir einen detaillierten Auszug über meine individuellen Konten bei allen Ausgleichskassen, bei denen für mich Beiträge abgerechnet wurden.

Als Beilage lasse ich Ihnen die Kopie meines AHV-Ausweises zukommen.

Vielen Dank und freundliche Grüsse

191

Mitteilung, dass AHV-Beiträge fehlen

Fehlende AHV-Beiträge

Sehr geehrte Damen und Herren

Vielen Dank für das Zustellen meines Kontoauszugs.

Auf diesem fehlen jedoch die Beiträge für das Jahr 2004. Im Sommer 2004 habe ich während der Semesterferien als Aushilfe im Restaurant «Frohblick» serviert. Von meinem Lohn wurden mir die Sozialversicherungsbeiträge abgezogen, auf dem Kontoauszug sind sie jedoch nicht vermerkt.

Die Lohnabrechnungen für Juli, August und September lege ich Ihnen bei und bitte Sie, der Sache nachzugehen.

Vielen Dank und freundliche Grüsse

Wünsche an die Pensionskasse

An sich ist das Guthaben bei der Pensionskasse fürs Alter reserviert und kann nicht vorzeitig bezogen werden. Wer aber den Schritt in die berufliche Selbständigkeit wagt oder Wohneigentum erwerben will, darf auf das Pensionskassengeld zurückgreifen.

Wichtig: Egal, für welchen Zweck Sie Ihr Pensionskassenguthaben beziehen wollen: Wenn Sie verheiratet sind, brauchen Sie dazu die schriftliche Zustimmung Ihrer Ehefrau bzw. Ihres Ehemanns.

Wenn Sie sich selbständig machen

Damit Sie Ihre Austrittsleistung bar beziehen können, müssen Sie Ihrer Vorsorgeeinrichtung beweisen, dass es Ihnen ernst ist mit der Selbständigkeit. Dazu müssen Sie sich bei der AHV als selbständiger Beitragszahler registrieren lassen. Die Ausgleichskasse wird zur Überprüfung verschiedene Unterlagen von Ihnen verlangen, zum Beispiel den Mietvertrag für die Geschäftsräume, Offerten an künftige Kunden, Rechnungen für bereits erledigte Arbeiten, Belege von Ausgaben, die Sie im Hinblick auf Ihre Geschäftstätigkeit hatten, sowie Ihren Businessplan oder ein Konzept für Ihre Firma. Wenn die Ausgleichskasse aufgrund dieser Unterlagen überzeugt ist, dass Sie wirklich nicht mehr als Angestellter tätig sind, wird sie Sie als selbständig erwerbende Person registrieren. Mit dieser Registrierung können Sie dann bei der Pensionskasse die Auszahlung der Freizügigkeitsleistung verlangen.

> Muster 192

Pensionskassenguthaben fürs Eigenheim

Wenn Sie mit dem Pensionskassenguthaben Wohneigentum finanzieren wollen, können Sie dieses entweder verpfänden oder einen Teil davon bar beziehen (Vorbezug). Aber Achtung: Sie dürfen mit diesen Mitteln weder eine Ferienwohnung noch eine Liegenschaft zum Vermieten erwerben. Als

Wohneigentum gilt nach dem Gesetz nur eine Wohnung oder ein Haus, das Sie selber dauernd bewohnen.

> **Muster 193**

Ein Vorbezug ist nur alle fünf Jahre möglich und an einige Voraussetzungen gebunden: Bis zum Alter von 50 Jahren können Sie die gesamte Freizügigkeitsleistung bar beziehen. Danach erhalten Sie entweder den Betrag, den Sie mit 50 hätten beziehen können oder die Hälfte der aktuellen Freizügigkeitsleistung – je nachdem, welche Summe höher ist. Ein Vorbezug muss mindestens 20 000 Franken betragen und ist nur bis drei Jahre vor der Pensionierung möglich. Zudem werden auf dem Betrag Steuern fällig.

Der grösste Nachteil beim Vorbezug ist jedoch, dass damit Ihre zukünftige Altersrente reduziert wird, bei einigen Pensionskassen zudem auch die Leistungen bei Invalidität oder Tod. Deshalb ist es vorteilhafter, das Pensionskassenguthaben lediglich zu verpfänden. Dann dient das Kapital der Bank als Sicherheit und diese gewährt Ihnen dafür eine höhere Hypothek zu günstigen Bedingungen. Die Pensionskassenleistungen bleiben ungeschmälert.

Das vorbezogene Geld können Sie mit der Zeit wieder in die Pensionskasse zurückzahlen; der Mindestbetrag liegt auch dafür bei 20 000 Franken pro Rückzahlung. Die Steuern, die Sie beim Vorbezug abliefern mussten, werden Ihnen dann (ohne Verzinsung) zurückerstattet. Bewahren Sie deshalb die Steuerrechnung auf.

Begünstigung für Konkubinatspartner

Seit dem 1. Januar 2005 können Konkubinatspartner einander in der beruflichen Vorsorge begünstigen, wenn sie seit mindestens fünf Jahren zusammenleben – unabhängig davon, ob eine Seite die andere finanziell unterstützt. Dies jedoch nur, wenn das Reglement der Pensionskasse eine solche Begünstigungsmöglichkeit vorsieht. Wichtig: Sie müssen die Begünstigung Ihrer Pensionskasse schriftlich mitteilen.

> Muster 194

Auch in der freiwilligen Vorsorge (Säule 3a) können Sie Ihren Lebensgefährten bzw. Ihre Partnerin begünstigen. Auch dort müssen Sie die Vorsorgeeinrichtung schriftlich informieren.

Die Pensionskassen haben in den letzten Jahren immer wieder für Schlagzeilen gesorgt. Viele Versicherte sind beunruhigt. Möchten Sie Bescheid wissen über Ihre Altersvorsorge in der 2. Säule? Der Beobachter-Ratgeber «Pensionskasse – Vorsorge, Finanzierung, Sicherheit, Leistung» zeigt Ihnen, wie die berufliche Vorsorge funktioniert (www.beobachter.ch/ buchshop).

192

Barauszahlung bei Selbständigkeit verlangen

Auszahlung meiner Freizügigkeitsleistung

Sehr geehrte Damen und Herren

Ich werde am 1. November meine Firma «Sanitär Frank» eröffnen.

Aus diesem Grund bitte ich Sie, mein Pensionskassenkonto zu saldieren und den frei werdenden Betrag mit dem beiliegenden Einzahlungsschein per Ende Mai auf mein Bankkonto zu überweisen.

Als Beleg für meine selbständige Tätigkeit sende ich Ihnen die Anmeldebestätigung der AHV-Ausgleichskasse sowie eine Kopie des Handelsregisterauszugs.

Für die Überweisung danke ich Ihnen. Für Rückfragen stehe ich Ihnen natürlich gerne zur Verfügung.

Freundliche Grüsse

193

Anfrage für einen Vorbezug für Wohneigentum

Vorbezug für den Erwerb von Wohneigentum

Sehr geehrte Damen und Herren

Ich plane, in meiner Wohngemeinde eine Wohnung im Stockwerkeigentum zu erwerben.

Bitte teilen Sie mir mit, wie hoch das für den Erwerb von Wohneigentum zur Verfügung stehende Vorsorgeguthaben ist, mit welchen administrativen Kosten und welchen Leistungskürzungen ich bei einem Bezug zu rechnen habe. Bitte sagen Sie mir auch, ob ich bei Ihnen eine Zusatzversicherung abschliessen kann, um diese Vorsorgelücken zu schliessen.

Freundliche Grüsse

194

Begünstigung schriftlich anmelden

Begünstigung

Sehr geehrte Damen und Herren

Für den Fall meines Ablebens begünstige ich gemäss Artikel 12 des Reglements meine Konkubinatspartnerin, Frau Daria Müller.

Für eine Bestätigung danke ich Ihnen.

Freundliche Grüsse

Arbeitslos – was nun?

Melden Sie sich sofort auf dem Regionalen Arbeitsvermittlungszentrum (RAV), wenn Sie die Kündigung Ihres Arbeitgebers erhalten. Die Sachbearbeiterinnen im RAV können Sie schon während der Kündigungsfrist bei der Stellensuche unterstützen. Bringen Sie zum ersten Gespräch folgende Dokumente mit:

- AHV-Ausweis
- Wohnsitzbescheinigung der Gemeinde oder den Ausländerausweis
- Arbeitsvertrag
- Kündigungsschreiben des Arbeitgebers
- sämtliche Arbeitszeugnisse und Weiterbildungsbescheinigungen
- einen aktualisierten Lebenslauf

Wenn Sie bis zum Ablauf der Kündigungsfrist keine neue Stelle gefunden haben, müssen Sie bei der Arbeitslosenversicherung Taggelder beantragen. Diese prüft, ob Sie die nötigen Voraussetzungen erfüllen, ob Sie also genügend Beitragszeit aufweisen, ob Sie vermittlungsfähig sind und anderes mehr. Wer seine Arbeitslosigkeit nach Ansicht der Versicherung selber verschuldet hat – etwa weil er die Stelle kündigte, ohne einen neuen Vertrag in der Tasche zu haben –, muss mit einer Kürzung der Leistungen rechnen. Auch Arbeitslose, die ihren Kontrollpflichten nicht nachkommen oder sich zu wenig um eine neue Stelle bemühen, werden mit Leistungskürzungen bestraft. Je nach Verschulden können das bis zu 60 so genannte Einstelltage sein.

Das Arbeitslosenversicherungsgesetz enthält eine ganze Reihe von Vorschriften, die Missbrauch bekämpfen sollen. Es lohnt sich, genau darüber Bescheid zu wissen. Der Beobachter-Ratgeber «Arbeitslos – was tun?» zeigt anhand von vielen Beispielen, welche Rechte und Pflichten Arbeitslose haben und wie sie ihre Situation bewältigen können (www.beobachter.ch/buchshop).

Nicht einverstanden mit einem Entscheid

Verlangen Sie bei Anordnungen oder Auskünften der Arbeitslosenversicherung immer eine klare, verständliche Begründung. Wenn Sie mit einem Entscheid nicht einverstanden sind, reichen Sie innert 30 Tagen seit Erhalt der Verfügung eine schriftliche, begründete Einsprache ein und verlangen Sie eine Überprüfung.

> Muster 195

Wird Ihre Einsprache abgelehnt, können Sie innert 30 Tagen Beschwerde ans kantonale Gericht einreichen. Die Einsprache und das Verfahren vor der kantonalen Instanz sind kostenlos. Klären Sie aber unbedingt zuerst bei einer Beratungsstelle ab, wie Ihre Chancen stehen.

Sämtliche Formulare fürs RAV und die Arbeitslosenversicherung sowie alle Informationen über den Bezug und die Höhe von Arbeitslosentaggeldern finden Sie unter www.treffpunkt-arbeit.ch.

Wenn die Versicherung Geld zurückfordert

Wer von einer Sozialversicherung Leistungen bezieht, auf die er eigentlich keinen Anspruch hat, kann plötzlich zur Kasse gebeten werden: Vor allem in der Arbeitslosenversicherung kommt es immer wieder vor, dass Leistungen weiter bezahlt werden, obschon in der Zwischenzeit die Voraussetzungen dafür weggefallen sind.

Meist stellt eine Rückerstattungsforderung die Versicherten vor erhebliche finanzielle Probleme. Wenn Ihnen eine solche Schreckensbotschaft ins Haus flattert und Sie der Ansicht sind, die Forderung sei nicht gerechtfertigt, können Sie innert 30 Tagen nach Erhalt bei der zuständigen Arbeitslosenkasse Einsprache erheben.

> Muster 196

Wird Ihre Einsprache abgewiesen, erlangt die Rückerstattungsverfügung Rechtskraft. Ab diesem Datum haben Sie wieder 30 Tage Zeit, um ein Gesuch um Erlass der Rückzahlung einzureichen. Die Versicherung muss Ihrem Gesuch entsprechen, wenn folgende zwei Bedingungen erfüllt sind:

- Sie haben die Leistung gutgläubig bezogen, wussten also nicht, dass sie Ihnen nicht zustand.
- Die Rückerstattung bedeutet für Sie eine grosse finanzielle Härte.

> Muster 197

Sind Sie mit einer Rückforderung konfrontiert und wissen nicht weiter? In verschiedenen Regionen gibt es Selbsthilfegruppen und Kontaktstellen für Arbeitslose. Auch Gewerkschaften bieten Beratung an. Beobachter-Abonnenten finden Hilfe beim Beobachter-Beratungszentrum und auf der Homepage des Beobachters (www.beobachter.ch > HelpOnline).

Einsprache

Sehr geehrte Damen und Herren

Ich erhebe Einsprache gegen die Verfügung Nr. 123436 vom 15. August 2006.

Sie haben darin 30 Einstelltage verfügt mit der Begründung, ich hätte meine Kündigung selber verschuldet.

Dies trifft nicht zu: Ich wurde an meinem letzten Arbeitsplatz während Monaten massiv schikaniert. Wie Sie aus dem beiliegenden Bericht sehen können, hat mir mein Arzt aus gesundheitlichen Gründen dringend geraten, die Stelle aufzugeben

195 Einsprache gegen Einstelltage

Ich bitte Sie, Ihren Entscheid zurückzunehmen.

Freundliche Grüsse

Einsprache

Sehr geehrte Damen und Herren

Mit Verfügung vom 12. Oktober 2006 fordern Sie von mir Fr. 5000.– zurück, weil die Arbeitslosentaggelder zu hoch berechnet seien.

Aufgrund meiner Unterlagen ist die Berechnung auf den Leistungsabrechnungen korrekt. Auch waren alle Angaben auf meinen Antragsformularen richtig.

196 Einsprache gegen Rückforderung

Aus diesem Grund erhebe ich Einsprache gegen Ihre Verfügung.

Freundliche Grüsse

Erlassgesuch

Sehr geehrte Damen und Herren

Sie fordern von mir den Betrag von Fr. 5000.– zurück, weil die Arbeitslosentaggelder zu hoch berechnet waren.

Ich bitte Sie, mir diese Forderung zu erlassen. Wie Sie schreiben, waren die Beiträge falsch berechnet. Dieser Fehler war für mich nicht erkennbar. Ich wusste nicht, dass die Taggelder zu hoch angesetzt waren.

Als allein erziehende Mutter eines Kindes im Vorschulalter habe ich sehr viel Mühe bei der Stellensuche. Eine Rückzahlung brächte mich in eine grosse finanzielle Not.

Für die Prüfung meines Anliegens danke ich Ihnen.

Freundliche Grüsse

197

Gesuch um Erlass der Rückforderung

11

Schreiben für die Öffentlichkeit

Liegt Ihnen eine Sache so sehr am Herzen, dass Sie andere von Ihrer Meinung überzeugen möchten? Wollen Sie etwas bewegen oder verändern? Oder organisiert Ihr Verein einen Anlass, der weit herum bekannt gemacht werden soll? In all diesen Fällen werden Sie Texte aufsetzen – diesmal aber nicht für einen bestimmten Empfänger, sondern für ein breiteres Publikum, «die Öffentlichkeit».

Leserbriefe, die abgedruckt werden

Nicht einverstanden mit dem Artikel in Ihrem Leibblatt? Mit einem Leserbrief können Sie Ihre Meinung kundtun. Oder Sie beleuchten einen weiteren Aspekt des Themas. Mit einem Leserbrief schalten Sie sich auch in die politische Diskussion ein, vor Abstimmungen und Wahlen zum Beispiel.

Aus den vielen Leserbriefen, die täglich eingehen, muss jede Zeitung eine enge Auswahl treffen. Wenn es Ihr Text also «schaffen» soll, müssen Sie sich ein paar Regeln merken:

- Kurze Leserbriefe haben die grösste Chance, abgedruckt zu werden. Kurz bedeutet: Auf keinen Fall länger als eine Dreiviertelseite! Beachten Sie auch, dass sich jede Redaktion das Recht vorbehält, einen Brief zu redigieren und zu kürzen. Wenn Sie mit «Verstümmlungen» Ihres Werks nicht leben können, sollten Sie es besser bleiben lassen.
- Nimmt ein Leserbrief Bezug auf einen Artikel, kommt er eher in die engere Auswahl als ein Brief ohne Artikelbezug.
- Viele Redaktionen drucken lieber Briefe von Einzelpersonen als von Organisationen.
- Ein guter Leserbrief ist kurz, prägnant und vertritt eine originelle, interessante Meinung oder enthält eine wichtige Information.
- Sparen Sie sich in Ihrem Leserbrief rassistische Äusserungen oder Argumente «unter der Gürtellinie». Solche Texte druckt niemand ab.
- Anonyme Briefe werden ebenfalls nicht publiziert. Sie können jedoch wünschen, dass man in der Zeitung nur Ihre Initialen angibt.

> **Muster 198**

Leserbrief zum Stammzellenforschungsgesetz,
Basler Zeitung vom 10. Oktober

Sehr geehrte Damen und Herren

Gestern hat sich der Ständerat mit dem Stammzellenforschungsgesetz befasst. Auf Seite 13 im Inlandbund haben Sie über die Debatte berichtet.

Als Betroffener interessiert mich die Diskussion ums Transplantationsgesetz sehr. Dank einer Knochenmarktransplantation konnte ich vor vielen Jahren von einer schweren Krankheit geheilt werden. Ich würde mich freuen, wenn Sie meinen Leserbrief veröffentlichen. Herzlichen Dank im Voraus.

Freundliche Grüsse

Bald neue Heilmethoden für Leukämiekranke?

Bis heute ist die Knochenmarktransplantation die wirkungsvollste Therapie für Leukämiekranke. Die Heilmethode wurde vor vielen Jahren dank der Stammzellenforschung entdeckt. Sie ermöglichte mir und vielen anderen Menschen, diese schwere Krankheit zu überwinden.

Eine Knochenmarktransplantation ist jedoch eine riskante Behandlung. Die Abwehrreaktion des Patienten auf die fremden Zellen ist ein grosses Problem. Mit Chemotherapie muss das Immunsystem geschwächt werden, damit die fremden Stammzellen im Körper überleben. Haarausfall, Hautrötungen und Lichtempfindlichkeit waren bei mir die Folgen. Ich habe die Transplantation glücklicherweise überlebt. Heute geht es mir gut.

Doch vielleicht kann mit Hilfe der Stammzellenforschung eines Tages eine neue Therapie zur Heilung von Leukämie entwickelt werden. Zum Beispiel eine Therapie, bei der körpereigene Stammzellen verwendet werden können und Abwehrreaktionen nicht zu befürchten sind. Ausserdem entfiele die oft schwierige Suche nach einem passenden Spender. Darum unterstütze ich die Stammzellenforschung und stimme im kommenden November dem Stammzellenforschungsgesetz zu.

Fritz Hess, Muttenz

198
Leserbrief zu einem Artikel

Für eine gute Sache: die Petition

Wenn Sie nicht ausschliesslich die Meinung Ihrer Mitbürgerinnen und Mitbürger, sondern die Einstellung und die Entscheide von Politikerinnen und Politikern beeinflussen wollen, braucht es meist mehr als einen Leserbrief. Die Bundesverfassung garantiert jeder in der Schweiz wohnhaften Person das Recht, mit einer Petition Bitten, Anregungen und Beschwerden an staatliche Behörden zu richten. Im Gegensatz zur Initiative und zum Referendum dürfen also auch Kinder, Jugendliche, Ausländerinnen und Ausländer eine Petition unterschreiben. Die Behörde ist verpflichtet, Ihre Petition entgegenzunehmen und sie zu lesen.

Mit einer Petition können Sie zu einem Entscheid anregen oder eine Behörde bitten, auf einen Entscheid zurückzukommen. Je mehr Mitstreiterinnen und Mitstreiter Sie für Ihre Sache gewinnen, desto grösser das Gewicht Ihrer Anregung. Im Gegensatz zur Initiative und zum Referendum benötigt eine Petition jedoch nicht eine Mindestzahl an Unterschriften. Sie muss auch nicht innert einer bestimmten Frist eingereicht werden. Formulieren Sie Ihr Anliegen in einfachen Sätzen und bringen Sie klar zum Ausdruck, was Sie wünschen.

> **Muster 199**

Petition an den Stadtrat von Zürich für den Erhalt der Sekundarschule in Witikon

Die ganze Volksschule muss im Quartier bleiben!

Die Kreisschulpflege hat entschieden, dass es in Witikon ab dem nächsten Schuljahr keine Sekundarschule mehr geben soll. Damit soll der umstrittene Sparauftrag des Regierungsrats im Bildungswesen erfüllt werden.

Wir meinen aber, dass Witikon, ein gegenüber der Stadt deutlich abgegrenztes Quartier mit 10 000 Einwohnern, seinen Kindern die Möglichkeit bieten sollte, die ganze neun Jahre dauernde Volksschule in ihrem Quartier zu absolvieren. Diese Möglichkeit ist für zahlreiche Familien eine Voraussetzung dafür, dass sie in Witikon bleiben beziehungsweise in eine der neuerbauten Familienwohnungen in unserem Quartier ziehen. Ohne diese Möglichkeit wird der Standort Witikon für Familien unattraktiv, die Überalterung nimmt zu und für die verbleibenden Jugendlichen wird es schwieriger, sich im Quartier wohl zu fühlen.

Deshalb setzen wir uns dafür ein, dass die ganze Volksschule in Witikon bleibt.

Wir fordern, dass der Stadtrat von Zürich den Beschluss der Kreisschulpflege Zürichberg widerruft und dass die Jugendlichen, die in Witikon aufwachsen, auch in Zukunft in ihrem Quartier in die Sekundarschule gehen können.

Name, Vorname	Adresse, PLZ, Ort	Unterschrift

Bitte schicken Sie ausgefüllte Unterschriftenbögen bis 31. Januar per Post an den Quartierverein Witikon, Postfach 256, 8053 Zürich, oder geben Sie sie direkt im Gemeinschaftszentrum Witikon ab. Weiter Unterschriftenbögen können im Gemeinschaftszentrum bezogen werden.

Diese Petition wird initiiert und unterstützt vom Quartierverein, vom Elternverein, von der Interessengemeinschaft Eltern, dem Elternrat, der Suchtprävention und von der Kirchgemeinde.

199

Petition für den Erhalt der Schule im Quartier

Öffentlichkeitsarbeit für Vereine und Organisationen

Der Fussballklub veranstaltet ein Hallenturnier, der Chor ein «Chränzli» – wer einen Anlass organisiert und Publikum anlocken möchte, muss mit den Medien zusammenspannen. Öffentlichkeitsarbeit wird darum für Vereine und Organisationen immer wichtiger. Am wichtigsten ist die Zusammenarbeit mit der Presse. Und gerade hier gilt es, wichtige Regeln und Tipps zu beachten.

Mit den Medien zusammenarbeiten

Wenn Sie möchten, dass die Zeitungen und Lokalradios über eine Veranstaltung berichten, sollten Sie sie frühzeitig informieren. Aber nicht zu frühzeitig. Verschicken Sie Ihre Pressemitteilung drei Wochen vor dem «Chränzli» oder dem Hallenturnier und beachten Sie beim Formulieren folgende Punkte:

- Der Text muss alle nötigen Informationen enthalten (wer, was, wann), soll aber nicht umfangreicher sein als eine Seite. Kommen Sie zur Sache. Sofort. Schwadronieren Sie nicht von der hinter dem Anlass stehenden Philosophie und erklären Sie nicht langatmig, was damit erreicht werden soll.
- Die Redaktion sollte Ihre Pressemitteilung als Vorschau verwenden können, ohne sie lange umzuschreiben. Texten Sie den ersten Abschnitt als Zusammenfassung, sodass er auch für sich allein als kurzer Veranstaltungshinweis stehen könnte.
- Zuunterst geben Sie an, wer für die Medienarbeit zuständig ist und wie diese Person erreicht werden kann.
- Bieten Sie Bildmaterial an, indem Sie einige gute Fotos beilegen oder auf eine Internetseite verweisen, auf der Bilder zum Herunterladen bereitstehen.

Nicht nur vor dem Anlass soll in den Medien auf Ihre Veranstaltung hingewiesen werden. Schön wäre, wenn anschliessend möglichst positiv darüber berichtet würde. Legen Sie deshalb Ihrer Medienmitteilung eine Presseeinladung in Briefform samt Antwortkarte bei.

> **Muster 200 bis 202**

Rufen Sie etwa eine Woche vor der Veranstaltung die Zeitungen an und fragen Sie nach, ob eine Vorschau oder ein Artikel erscheint. Bei diesem Gespräch können Sie gleich nochmals kräftig für Ihre Sache werben.

Selber einen Artikel schreiben

Manchmal können die Redaktionen aus Kapazitätsgründen keinen Berichterstatter an den Anlass entsenden, würden aber trotzdem gerne einen kurzen Artikel abdrucken. Bieten Sie deshalb den Zeitungen einen selber geschriebenen Artikel an – ein «Eingesandtes». Ihr Text hat allerdings nur dann eine Chance, veröffentlicht zu werden, wenn Sie die folgenden Regeln beachten.

- Erstellen Sie vor dem Schreiben eine Textdisposition. Sie können dazu das auf Seite 50 abgedruckte Schema für Briefe verwenden.
- Schreiben Sie Ihren Artikel mit Titel, Lead (das ist die Artikeleinleitung vor dem Lauftext) und Zwischentiteln. Das hilft Ihnen auch, beim Thema zu bleiben. Formulieren Sie den Titel und den Lead so, dass sie zum Lesen anregen und trotzdem das Wesentliche des Artikels auf den Punkt bringen.
- Gliedern Sie den Text in thematische Abschnitte, sodass der Spannungsverlauf abgerundet ist. Beginnen Sie mit einem guten Einstieg (zum Beispiel einer spannenden Szene aus dem Wettkampf), kommen Sie rasch zum Höhepunkt (wer hat gewonnen, wer war am besten) und finden Sie zum Schluss eine nette Pointe (lustiges Zitat oder Ausblick auf das nächste Mal).
- Zählen Sie das Wichtigste zuerst auf, sodass der Spannungsverlauf linear abnimmt und der Text von hinten kürzbar ist. Diese Regel gilt besonders für Artikel über Generalversammlungen oder ähnliche Anlässe.
- Gewichten Sie: Zählen Sie nicht jede und jeden auf, die mitgemacht haben. Sonst langweilen sich Ihre Leser. Verzichten Sie darauf, im Arti-

kel dem Organisationskomitee und den Helferinnen für ihren Einsatz zu danken. Das gehört nicht in die Zeitung und es interessiert auch niemanden.

- Konzentrieren Sie sich darauf, Informationen zu vermitteln. Natürlich sollen Sie beschreiben, was Sie gesehen haben und wie toll es war. Aber: Seien Sie zurückhaltend mit Emotionen und Kommentaren.
- Befriedigen Sie die Neugier der Lesenden. Schreiben Sie so, dass diejenigen, die nicht dabei waren, das Gefühl bekommen, sie hätten etwas verpasst.
- Überarbeiten Sie Ihren Text und feilen Sie an der Sprache. Bringen Sie Ihre Aussage auf den Punkt, streichen Sie Floskeln und Füllwörter, lassen Sie Banalitäten und Selbstverständliches weg. Überladen Sie das «Fueder» nicht: Eine Aussage pro Satz und fertig.

> Muster 203

Medieninformation

9. Zürcher Turngala am 27. Januar 2007 in der Saalsporthalle

Die Turngala bewegt wieder

Am Samstag, 27. Januar lädt der Zürcher Turnverband zur alle zwei Jahre stattfindenden Turngala in die Saalsporthalle Zürich. 900 Turnerinnen und Turner in 18 Formationen aus dem ganzen Kanton haben ein spektakuläres und unterhaltsames Programm zusammengestellt. Es ist diese Mischung aus Sport, Akrobatik und Showelementen, die den Erfolg der Turngala ausmacht und gleichzeitig die Dichte und das Leistungsvermögen des kantonalen Turnsports demonstriert. Die Turngala ist seit Jahren ein wahrer Publikumsmagnet: Aufgrund des grossen Interesses wird das Programm am Nachmittag und am Abend aufgeführt.

Die Zürcher Turngala hat sich als Traditionsanlass im Januar etabliert. Zum neunten Mal bietet sie in der Saalsporthalle allen Turnfreunden Gelegenheit, die Vielfalt und die Leistungsdichte des einheimischen Turnsports hautnah mitzuerleben. Da anders als an Wettkämpfen keine Vorgaben gesetzt sind und keine Noten vergeben werden, können die Teilnehmenden ihrer Fantasie freien Lauf lassen und das Publikum mit ungewöhnlichen Kreationen und Experimenten überraschen.

In diesem Jahr machen 900 Turnerinnen und Turner aus allen Teilen des Kantons mit. Die 18 Gruppen haben eine 90-minutige Show auf die Beine gestellt, in der es nie einen Ruhepunkt gibt. «Turngala bewegt» lautet denn auch das Motto, das nicht nur für die Teilnehmenden gilt, sondern auch für die Moderation. Das Bewegungsvirus soll das Publikum anstecken.

Die einzelnen Nummern vereinen alle Elemente des Turnsports wie Gymnastik, Geräteturnen und Aerobic. Durch Show- und Akrobatikeinlagen erhalten sie jenen Pfiff und Unterhaltungswert, die den Reiz der Turngala ausmachen. Der Anlass wird dabei sowohl dem Spitzen- wie auch dem Breitensport gerecht und lädt alle Generationen zum Mittun ein. So treten allein aus Flaach 80 Kinder auf.

Die Turngala wird am Nachmittag und Abend aufgeführt. Die Nachmittagsvorführung beginnt um 13.30 Uhr, die Abendvorführung um 18 Uhr. Der TV Gossau sorgt für die Festwirtschaft. Fotos und Tickets gibt es unter www.turngala.ch.

Medienstelle 9. Zürcher Turngala
Fiona Berger, Zürichstrasse 13, 8000 Zürich, fiona.berger@turngala.ch,
Tel. 078 123 45 67

200

Medieninformation für Vereinsanlass

201

Begleitbrief zur Medieninformation mit Einladung

Einladung zur 9. Zürcher Turngala

Sehr geehrte Damen und Herren

Die 9. Zürcher Turngala steht vor der Tür. Am 27. Januar 2007 schalten wir in der Saalsporthalle die Scheinwerfer ein.

Die beiliegende Pressemitteilung orientiert Sie über diesen turnerischen Leckerbissen, der jedes Mal ein breites Publikum aus dem ganzen Kanton Zürich in die Saalsporthalle lockt. Wir sind sicher, dass sich auch Ihre Leserinnen und Leser für die spektakuläre und farbenfrohe Show mit 900 Mitwirkenden interessieren.

Wir freuen uns auf eine Vorschau oder eine Berichterstattung in Ihrer Zeitung. Gerne stellen wir Ihnen eine Auswahl an Fotos zur Verfügung.

Auf Ihren Besuch an der 9. Zürcher Turngala freuen wir uns schon heute. Bitte füllen Sie beiliegende Antwortkarte aus, dann können wir Ihnen Ihre Tickets rechtzeitig zustellen.

Mit sportlichen Grüssen

202

Bestellkarte für Pressekarten

Antwortkarte

9. Zürcher Turngala am 27. Januar 2007 in der Saalsporthalle Zürich

Medium: ______________________________

Name Journalistin/Journalist: ______________________________

Redaktionsadresse: ______________________________

Telefonnummer: ______________________________

E-Mail-Adresse: ______________________________

☐ Ich besuche die Nachmittagsvorstellung (13.30 Uhr).
☐ Ich besuche die Abendvorstellung (18.00 Uhr).
☐ Ich komme in Begleitung.
☐ Ich bringe eine Fotografin/einen Fotografen mit. Name: ____________
☐ Ich benötige ☐ eine ☐ zwei Parkkarten.

Datum ____________ Unterschrift ____________

Einsenden bis 15. Januar 2007 an Fiona Berger, Zürichstrasse 13, 8000 Zürich, fiona.berger@turngala.ch, Tel. 078 123 45 67

Turngala begeistert

Turnen und Tanzen sind in. Unter dem Motto «Turngala bewegt» zeigten Zürcher Turnerinnen und Turner an der 9. Zürcher Turngala einen Querschnitt durch den Breiten- und Spitzensport im Kanton.

Punkt sechs Uhr abends legt die Damenriege Dietlikon los: in knallgelben Hosen und schwarzem Oberteil ziehen sie mit ihrem peppigen Team-Aerobic-Programm die Zuschauer vom ersten Moment an in ihren Bann. Die Turngala bewegt – nicht nur die Teilnehmenden, sondern auch das Publikum. Die Saalsporthalle ist bis auf den letzten Platz ausverkauft. Über dreitausend Zuschauerinnen und Zuschauer wollen sich diese Turnshow nicht entgehen lassen.

Wenn sich die Zürcher Saalsporthalle von einer nüchternen Turnhalle in eine riesige Showbühne verwandelt, dann steht die Turngala auf dem Programm. Bereits zum neunten Mal trafen sich 900 Turnerinnen und Turner in 18 verschiedenen Formationen, um dem begeisterten Publikum Turn- und Bewegungskunst vom Feinsten zu zeigen. Es ist diese Mischung aus Sport, Akrobatik und Show, die den Erfolg der Turngala ausmacht. Gleichzeitig demonstriert sie die Dichte und das Leistungsvermögen des Turnsports im Kanton Zürich.

Viele Nummern überraschten dank der Kombination verschiedener Sportarten. Sei es der Turnverein Rüti, der mit seiner Nummer «Pirates of Gym» gewagte Trampolinsprünge mit rhythmischer Gymnastik vereint. Oder der TV Bauma, der mit seiner «Holmen Kombi» nicht nur bodenständiges Barrenturnen, sondern auch tänzerische Einlagen bietet. Besonders beliebt ist die bekannte Turnergruppe «Men GymZüri»: Sie kombinieren Aerobic mit Biertrinken und Fussball-Schauen. Nur kurze Zeit später wirbeln die Turner aus Andelfingen als Roboter und Cowboys durch die Halle.

Bei dieser Vielfalt an Präsentationen wunderts nicht, dass sich die Zürcher Turngala längst zum viel beachteten Traditionsanlass etabliert hat. Die Turngala beweist: Das Turnen im Verein hat trotz Konkurrenz der Fitnessstudios keineswegs an Attraktivität und Beliebtheit verloren.

203

Eigener Pressebericht über Vereinsanlass

Anhang

Bücher, die weiterhelfen

Allgemeine rechtliche Ratgeber

Alt-Marín, Alois u.a.: ZGB für den Alltag – Kommentierte Ausgabe aus der Beobachter-Beratungspraxis. 6. Auflage, Beobachter-Buchverlag, Zürich 2006*

Ruedin, Philippe; Christen, Urs; Bräunlich Keller, Irmtraud: OR für den Alltag – Kommentierte Ausgabe aus der Beobachter-Beratungspraxis. 5. Auflage, Beobachter-Buchverlag, Zürich 2006*

Strebel, Dominique: Alles, was Recht ist – Rechtsfragen des Alltags schnell beantwortet. 2. Auflage, Beobachter-Buchverlag, Zürich 2005

Ratgeber zum Thema Wohnen

Birrer, Mathias: Nachbarrecht – Handbuch für Eigentümer und Mieter. Beobachter-Buchverlag, Zürich 2003

Birrer, Mathias: Stockwerkeigentum – Kaufen, finanzieren, leben in der Gemeinschaft. 3. Auflage, Beobachter-Buchverlag, Zürich 2005

Mühlethaler, Beatrix; Haas, Stefan: Natürlich wohnen und bauen – Ratgeber für ökologisches Einkaufen und Renovieren. Beobachter-Buchverlag, Zürich 2004

Westermann, Reto; Meyer, Üsé: Der Weg zum Eigenheim – Kauf, Bau, Finanzierung und Unterhalt. 5. Auflage, Beobachter-Buchverlag, Zürich 2006

Westermann, Reto; Meyer, Üsé; Schettler, Ulrike: Umbauen, renovieren, erweitern – Machen Sie das Beste aus Ihrem Eigenheim. Beobachter-Buchverlag, Zürich 2006

Zihlmann, Peter; Jakob, Martin: Mietrecht. 5. Auflage, Beobachter-Buchverlag, Zürich 2004

Ratgeber zum Thema Familie

Bisig, Nicole; Noser, Walter: Gut begleitet durch die Schulzeit – Wegweiser für Eltern. Beobachter-Buchverlag, Zürich 2004

Eigenmann, Ruth: Allein erziehen, so schaff ich's – Kinder, Rechtliches, Existenz sichern. Beobachter-Buchverlag, Zürich 2006

Von Flüe, Karin: Im Reinen mit den letzten Dingen – Ratgeber für den Todesfall. 3. Auflage, Beobachter-Buchverlag, Zürich 2006

Haas, Esther; Wirz, Toni: Mediation – Konflikte lösen im Dialog. 2. Auflage, Beobachter-Buchverlag, Zürich 2006

Hauser, Sonja: Eherecht – Was Paare heute wissen müssen. 2. Auflage, Beobachter-Buchverlag, Zürich 2005

* als Set günstiger

Hauser, Sonja: Zusammen leben, zusammen wohnen – Was Paare ohne Trauschein wissen müssen. 4. Auflage, Beobachter-Buchverlag, Zürich 2004

Schawalder, Vreni: Unser Verein – Aktiv als Mitglied und Vorstand. 2. Auflage, Beobachter-Buchverlag, Zürich 2006

Studer, Benno: Testament, Erbschaft. 13. Auflage, Beobachter-Buchverlag, Zürich 2005

Trachsel, Daniel: Scheidung. 14. Auflage, Beobachter-Buchverlag, Zürich 2006

Trachsel, Daniel: Trennung – Von der Krise zur Lösung. Beobachter-Buchverlag, Zürich 2005

Ratgeber zum Thema Arbeit

Ammann, Karin: Time-out, Ausstieg auf Zeit – So klappts mit Job, Geld, Wohnung. Beobachter-Buchverlag, Zürich 2005

Arbeitslos, was tun? 3. Auflage, Beobachter-Buchverlag, Zürich 2005

Bräunlich Keller, Irmtraud: Arbeitsrecht – Vom Vertrag bis zur Kündigung. 9. Auflage, Beobachter-Buchverlag, Zürich 2006

Bräunlich Keller, Irmtraud: Mobbing – was tun? So wehren Sie sich am Arbeitsplatz. Beobachter-Buchverlag, Zürich 2006

Dacorogna, Trudy: Stellensuche mit Erfolg – So bewerben Sie sich richtig. 10. Auflage, Beobachter-Buchverlag, Zürich 2005

Winistörfer, Norbert: Ich mache mich selbständig – Von der Geschäftsidee zur erfolgreichen Firmengründung. 10. Auflage, Beobachter-Buchverlag, Zürich 2005

Ratgeber zum Thema Kaufen und Geld

Botti, Giuseppe: Bottis Geldbuch – Sparen, anlegen, finanzieren mit dem Beobachter-Geldexperten. Beobachter-Buchverlag, Zürich 2006

Hermann, Ruth: Mit Geld richtig umgehen – So haben Sie Ihre Finanzen im Griff. 3. Auflage, Beobachter-Buchverlag, Zürich 2004

Krampf, Michael: So kommen Sie zu Ihrem Geld – Fordern, betreiben, klagen – wie Gläubiger richtig vorgehen. Beobachter-Buchverlag, Zürich 2006

Lüthy, Heini: Steuern leicht gemacht – Praktisches Handbuch für Angestellte, Selbständige und Eigenheimbesitzer. 2. Auflage, Beobachter-Buchverlag, Zürich 2005 (Beiblatt mit Neuerungen 2006)

Rehsche, Guntram; Richle, Thomas: Richtig vorsorgen – Finanziell gesichert in die Pensionierung. Beobachter-Buchverlag, Zürich 2006

Ursenbacher, Ruedi: Richtig versichert – Haftpflicht-, Hausrat-, Auto- und andere Versicherungen im Überblick. 8. Auflage, Beobachter-Buchverlag, Zürich 2005 (Beiblatt mit Neuerungen 2006)

Ratgeber zum Thema Behörden und Sozialversicherungen

Aeschlimann-Vogel, Elisabeth; Noser, Walter: Vormundschaft – Von der Beistandschaft bis zur Fürsorgerischen Freiheitsentziehung. 2. Auflage, Beobachter-Buchverlag, Zürich 2003

Kieser, Ueli; Senn, Jürg: Pensionskasse – Vorsorge, Finanzierung, Sicherheit. Beobachter-Buchverlag, Zürich 2005

Leiser, Daniel: Meine Rechte im Strassenverkehr – Alles, was Automobilisten, Zweiradfahrer und Fussgänger wissen müssen. Beobachter-Buchverlag, Zürich 2004

Zanoni, Urs: Krankenkasse – Was Gesunde und Kranke wissen müssen. Beobachter-Buchverlag, Zürich 2005

Bücher zu Grammatik und Schreibregeln

Duden – Die deutsche Rechtschreibung. 24. Auflage, Bibliographisches Institut & F. A. Brockhaus AG, Mannheim 2006

Heuer, Walter; Flückiger, Max; Gallmann, Peter: Richtiges Deutsch. 26. Auflage, Verlag Neue Zürcher Zeitung, Zürich 2004

Sager, Max; Thiriet, Georges: Regeln für das Computerschreiben. Verlag SKV, Zürich 2000

Schneider, Wolf: Deutsch für Kenner – Die neue Stilkunde. 2. Auflage, Piper Verlag, München 2006

Adressen und Links

Allgemeine Rechtsberatung

Beobachter-Beratungszentrum
Das Wissen und der Rat der Beobachter-Fachleute stehen in acht Rechtsgebieten im Internet und am Telefon zur Verfügung.

HelpOnline: rund um die Uhr im Internet unter www.beobachter.ch

Telefon: Montag bis Freitag von 9 bis 13 Uhr. Direktnummern der Fachbereiche unter Tel. 043 444 54 00

Wer den Beobachter abonniert hat, profitiert gratis von der Beratung. Wer kein Abo hat, kann online oder am Telefon eines bestellen und erhält damit sofort Zugang zu den Beratungsleistungen.

Viele erstinstanzliche Gerichte bieten Rechtsberatung an, ohne zum Einzelfall Stellung zu nehmen; im Telefonbuch zu finden unter Bezirksgericht, Kreisgericht, Arbeitsgericht, Zivilgericht.

www.djs-jds.ch
Demokratische Juristinnen und Juristen Schweiz DJS
Neuengasse 8
3011 Bern
Tel. 031 312 83 34
Liste der Mitglieder mit Spezialgebieten

www.swisslawyers.com
Schweizerischer Anwaltsverband
Marktgasse 4
3001 Bern
Tel. 031 313 06 06
Liste der Mitglieder mit Spezialgebieten. Die Adressen der kantonalen Anwaltsverbände mit Rechtsauskunftsstellen finden Sie auf der Homepage.

Adressen zum Thema Wohnen

www.hausverein.ch
Hausverein Schweiz
Postfach 7324
6000 Luzern 7
Tel. 041 420 68 11
Zusammenschluss sozialer, umweltbewusster Haus- und Wohnungseigentümer

www.mieterverband.ch
Schweizerischer Mieterinnen- und Mieterverband
Postfach
8026 Zürich
Tel. 043 243 40 40
Beratung und Rechtsschutz für Mieterinnen und Mieter; Vertragsvorlagen. Die Adressen der kantonalen Verbände finden Sie auf der Homepage.

www.mietrecht.ch > Schlichtungsbehörde
Hier finden Sie die für Ihren Wohnort zuständige Schlichtungsstelle.

www.shev.ch
Hauseigentümerverband Schweiz
Mühlebachstrasse 70
8008 Zürich
Tel. 044 254 90 20
Vertritt die politischen und wirtschaftlichen Interessen der Hauseigentümer; Beratung für Mitglieder. Die Adressen der kantonalen Verbände finden Sie auf der Homepage.

www.stockwerk.ch
Schweizerischer Verein für Stockwerkeigentum
c/o Romang & Partner Rechtsanwälte
Holbeinstrasse 20
8008 Zürich
Tel. 044 265 60 60
Plattform der Stockwerkeigentümer

Adressen zum Thema Familie

www.frauenzentrale.ch
Frauenzentralen Schweiz
Sekretariat: Frauenzentrale Zug
Tirolerweg 8
6300 Zug
Tel. 041 725 26 00
Beratung für Frauen; Muster für Konkubinatsverträge. Die Adressen der kantonalen Frauenzentralen finden Sie auf der Homepage.

www.hauswirtschaft.ch
Hauswirtschaft Schweiz
Tribschenstrasse 7
6002 Luzern
Tel. 041 368 58 06
Dossier für Hausangestellte mit Musterverträgen, Lohnrichtlinien, Beispielen für Lohnabrechnung

www.infomediation.ch
Adressen von Mediatorinnen und Mediatoren

www.mediation-svm.ch
Schweizerischer Verein für Mediation
Rankried 8
6048 Horw
Tel. 041 342 17 63
Adressen von Mediatorinnen und Mediatoren

www.notariate.zh.ch > Download > Bereich Notariat
Formulare für Testamente, Ehe- und Erbverträge

www.schule-elternhaus.ch
Schule und Elternhaus Schweiz
Postfach 1143
5611 Anglikon
Tel. 056 622 02 59
Vertritt als gösste Elternorganisation der Deutschschweiz die Interessen der Eltern. Die Adressen der Sektion in Ihrer Region finden Sie auf der Homepage.

www.spo.ch
Patientenorganisation Zürich
Häringstrasse 20
8025 Zürich
Tel. 044 252 54 22
Muster für Patientenverfügungen; weitere Beratungsstellen in Bern, Lausanne, Olten und St. Gallen

www.tierimrecht.org
Stiftung für das Tier im Recht
Wildbachstrasse 46
8034 Zürich
Tel. 043 443 06 43
Hinweise zur Tierhaltung; Kaufverträge für Heimtiere

Adressen zum Thema Arbeit

www.bezirksgericht-zh.ch > Formulare
Formular für arbeitsrechtliche Klage; auch in anderen Kantonen verwendbar

www.gleichstellungsbuero.ch > Recht > Schlichtungsstellen
Liste der kantonalen Schlichtungsstellen gegen Diskriminierung im Erwerbsleben

www.mobbing-zentrale.ch
Mobbing-Zentrale Schweiz
Postfach 438
3065 Bolligen-Station
Tel. 031 921 11 09
Adressen von Beratungsstellen

www.seco.admin.ch > Arbeit
Verschiedene Links und Informationen zu arbeitsrechtlichen Themen

www.sgb.ch
Schweizerischer Gewerkschaftsbund
Monbijoustrasse 61
3000 Bern 23
Tel. 031 377 01 01
Adresssen für Rechtsberatung in Ihrer Region

Adressen zum Thema Kaufen und Geld

www.bakom.ch > Dienstleistungen > Nützliche Infos
Tipps zum Umgang mit und zum Schutz vor elektronischer Werbung

www.betreibung-konkurs.ch
Website des Berufsverbands der Betreibungs- und Konkursbeamten mit Links zu den meisten Kantonen; Adressen von Betreibungs- und Konkursämtern, Formulare, Merkblätter

www.budgetberatung.ch
Budgetberatung Schweiz
Arbeitsgemeinschaft Schweizerischer Budgetberatungsstellen ASB
Hashubelweg 7
5014 Gretzenbach
Tel. 062 849 42 45
Merkblätter, Budgetbögen und Adressen von Beratungsstellen in Ihrer Region

www.edsb.ch
Eidgenössischer Datenschutzbeauftragter
Feldeggweg 1
3003 Bern
Tel. 031 322 43 95
Informationen zum Thema Datenschutz und gespeicherte Daten

www.ombudscom.ch
Ombudsstelle für die Telekommunikation

www.ombudsman-touristik.ch
Ombudsmann der Schweizer Reisebranche
Postfach
8801 Thalwil
Tel. 044 722 22 62
Vermittelt zwischen Kunden und Reisebüros

robinsonliste@dmverband.ch
SDV-Robinsonliste
Blegistrasse 1
6343 Rotkreuz
Tel. 041 798 19 48
Sperrung Ihrer Adresse für Direktmailings

www.schulden.ch
Dachverband Schuldenberatung
Feerstrasse 13
5001 Aarau
Tel. 062 822 82 11
Adressen der Fachstellen für Schuldensanierung, hilfreiche Informationen

www.versicherungsombudsman.ch
Ombudsman der Privatversicherung und der SUVA
Postfach
8022 Zürich
Tel. 044 211 30 90
Vermittelt zwischen Versicherten und Versicherern

Adressen zum Thema Behörden und Sozialversicherungen

www.ahv.ch
Viele nützliche Informationen zur AHV, Merkblätter, Formulare für Rentenbezug

www.bvgauskuenfte.ch
Beratungsstelle des Vereins BVG-Auskünfte
Sozialzentrum
Ausstellungsstrasse 88
8005 Zürich
Tel. 044 447 17 17
Beratungsangebote auch in Bern, Brugg, Frauenfeld, Luzern und St. Gallen

www.ombudsman-kv.ch
Ombudsstelle der sozialen Krankenversicherung
Morgartenstrasse 9
6003 Luzern
Tel. 041 226 10 10
Vermittelt zwischen Versicherten und Krankenkassen

www.treffpunkt-arbeit.ch
Informationen zur Arbeitslosenversicherung, Formulare. Unter > Arbeitslos, was tun? > Adressen finden Sie die Adressen der Regionalen Arbeitsvermittlungszentren RAV.

Adressen zum Thema Rechtschreibung

www.admin.ch > Index > R
Regeln der neuen deutschen Rechtschreibung

www.duden.de
Regeln der neuen deutschen Rechtschreibung, Sprachberatung, Duden-Suche nach Wörtern; kostenloser Newsletter mit Tipps und Informationen zu Grammatik und Sprachgebrauch (www.duden.de/newsletter)

Stichwortverzeichnis

A

B

schwarz = Seiten mit erklärendem Text, blau = Nummern der Muster

D

E

F

G

H

I

schwarz = Seiten mit erklärendem Text, blau = Nummern der Muster

L

M

N

O

P

schwarz = Seiten mit erklärendem Text, blau = Nummern der Muster

R

S

T

U

V

schwarz = Seiten mit erklärendem Text, blau = Nummern der Muster

W

Z